MOEWIG
SCIENCE FICTION

H. J. Alpers

KOPERNIKUS 11

Herausgegeben von Hans Joachim Alpers

MOEWIG
Deutsche Erstausgabe

MOEWIG Band Mr. 3637
Moewig Taschenbuchverlag Rastatt

Aus dem Englischen/Amerikanischen/Französischen
von Hannelore Hoffmann und Joachim Körber

Umschlagillustration: Rowena Morill/Schlück
Umschlagentwurf und -gestaltung: Franz Wöllzenmüller, München
Redaktion: Hans Joachim Alpers
Verkaufspreis inkl. gesetzl. Mehrwertsteuer
Auslieferung in Österreich:
Pressegroßvertrieb Salzburg, Niederalm 300, A-5081 Anif
Printed in Germany 1984
Druck und Bindung: Elsnerdruck GmbH, Berlin
ISBN 3-8118-3637-4

Inhalt

Michael P. Kube-McDowell

Murphys Planet

MURPHY'S PLANET

Die erste inoffizielle Nachricht erreichte Jon Lane über seine Soziometrikerin.

„Würde es Sie interessieren, einmal eine Weile hinter diesem Schreibtisch hervorzukommen?"

Lane, Draco-Koordinator des Advance Exploration Service - AES - schaltete seinen Arbeitsstatus auf Unterbrechung und sah auf. „Was zu tun?"

„Die Schürfstelle möchte, daß wir uns den Planeten noch einmal ansehen, den wir vor acht Jahren freigegeben haben. Sie haben sich endlich entschlossen, dort mit dem Schürfen zu beginnen, und dabei sind sie auf einige Dinge gestoßen, mit denen sie nicht fertig werden können. Wie ich hörte, sind Sie für die Nachfolgemission ausgewählt worden."

Lane gab sich keine Mühe, seine Unzufriedenheit zu verheimlichen. „Wollen sie mich auf Feldstatus zurückstufen?"

„Soweit ich gehört habe, nicht. Die Sache ist ernst genug, daß sich jemand mit unserem Status darum kümmern soll."

Lane schien nicht überzeugt. „Welcher Planet?"

„Kaillex-5."

„Mit der Erkundung von dem hatte ich gar nichts zu tun", sagte Lane verwirrt. „Das muß gewesen sein, oh, mal sehen … *Mantis,* glaube ich."

„Stimmt."

„Tatsächlich konnte ich gar nichts damit zu tun haben. Das war lange, bevor ich hierherkam. Ich begreife das nicht. Warum ich?"

„Weil Ihre Soziometrikerin sagt, daß Sie für eine Abwechslung von der Schreibtischroutine dankbar sein würden."

„Die Arbeitsmoral ist tief unten, was?"
„Ein wenig."
Lane stützte das Kinn auf die Hände. „Und was hatte meine Soziometrikerin sonst noch zu sagen?"
„Daß Ihre Realitätsorientierung stärker als bei den meisten Menschen ist. Daß Ihre Unsicherheitstoleranz größer ist als bei den meisten Menschen. Und daß Sie extrem anpassungsfähig sind."
„Warum ist das wichtig?"
Die Soziometrikerin lächelte. „Weil das Schürfteam zurückkam, und bei allen war eine Schraube locker."
„Das gehört zu Ihrem einfühlsamen Psychologenjargon, was? Irgendwelche Einzelheiten?"
„Nein, aber morgen kommt ein Frachter an, der auf der Advance Basis Neun Zwischenhalt gemacht hat, wo das Team unter Quarantäne und Beobachtung gestellt wurde. Vielleicht haben sie etwas gehört."

Die Mannschaft der *Homebound* hatte die Geschichte nicht nur gehört, sie konnte von gar nichts anderem mehr sprechen. Innerhalb von zwei Stunden nach Ankunft des Schiffes wußte das gesamte Personal von Draco Station - ausgenommen jene, die schliefen oder sich in einer Konferenz befanden, oder beides - sämtliche erdenklichen Einzelheiten. Lane erfuhr sie, zusammen mit fünf anderen, von einem der Mechtechs der *Homebound* als Gegenleistung für eine warme Mahlzeit und eine konstante Zufuhr von Getränken in der Besucherkantine.
„Es war ein völliges Fiasko", berichtete der Mechtech. „Sie brachen früh auf und gaben schließlich einen Notruf durch. Nach allem, was wir hörten, haben sie damit zu lange gewartet. Der Kommandant des Shuttle möchte den Dienst quittieren, sobald sie ihn lassen. Der Chemtech kann ohne Schlafmittel nicht mehr schlafen, und beim Biotech müssen sie aufpassen, daß er sich nicht permanent einschläfert. Die Untersuchungschemikerin glaubt, daß sie berufen ist, eine Kirche zu gründen, nach all den Wundern, die sie dort gesehen hat."

„Wunder?“ fragte Lane.

„Das hat sie gesagt“, antwortete der Mechtech ohne Eile, seine Mahlzeit zu Ende zu bringen. „Die Bosse nannten es ‚Anomalien‘. Nette Art zu sagen, daß wir nicht wissen, was zum Teufel da vor sich geht.“ Der Mechtech lächelte.

„Braucht nicht viel, um eine Bande von Prospektoren aus der Fassung zu bringen“, schniefte einer der Zuhörer.

„Ich glaube, das hätte selbst euch Weißkittel fertiggemacht“, polterte der Mechtech.

„Was?“ fragte der Skeptiker herausfordernd.

„Daß sich ein Element in einem geschlossenen Untersuchungsbehälter in ein anderes umwandelt.“

„Klingt ganz nach einem Ulk.“

„Könnte ein Ulk Glycerin bei Raumtemperatur zum Kochen bringen, indem er ein totales Vakuum darum erschafft? Oder die Titan-Tantal-Legierung in den Schiffslandestützen in etwas Ähnliches wie Glas verwandeln?“ Er sah den Skeptiker erwartungsvoll an.

„Nun – Sie sagten doch, daß das Team verrückt war“, sagte der Wissenschaftler und sah sich nach Unterstützung um.

„Vielleicht hat das sie so gemacht.“

Lane sagte nichts. Nun verstand er, warum sie ihn wählen würden. Es war, wie seine Soziometrikerin gesagt hatte. Während Lanes achtjähriger Arbeit hatten vier verschiedene Schürfkommandos die besondere Klarheit seiner Beobachtungen gelobt. Seine Gabe bestand in geistiger Disziplin, der Fähigkeit, alle Vorbehalte abzuschütteln und eine neue Welt nach ihren eigenen Gesetzen zu akzeptieren. Als Folge dessen erkannte er das Offensichtliche schneller und das Verborgene bereitwilliger. Für ihn war es so natürlich, daß es unerwähnenswert wurde, und manchmal fragte er sich, warum nicht auch andere seine Tiefe der Wahrnehmung hatten. Aber nachdem er doppelt so lange als der Durchschnitt in einem Beruf tätig war, in dem das Lernen aus Erfahrung die eigene Nützlichkeit minderte und manchmal zu fatalen Überraschungen führte, war er gezwungen, sich sein Talent einzugestehen.

Während er dem Mechtech zuhörte, spielte er schon mit dem Gedanken, sich freiwillig zu melden, aber es war nicht nötig. Am nächsten Tag baten die Operatoren Lane zu sich und teilten es ihm offiziell mit, worauf der Wirbelwind begann.

Der Wirbelwind endete damit, daß Lane und sein Team sich mit dem Erkundungsschiff *Vanadis* im Orbit über Kaillex-5 befanden und Lane sich fragte, wie alles in nur zehn Wochen hatte bewerkstelligt werden können.

Das war teilweise darauf zurückzuführen, daß die Kommandantur höchste Priorität gegeben hatte, um den allgegenwärtigen und zersetzenden Gerüchten ein Ende zu machen, die den besonnenen, von offizieller Seite herausgegebenen Berichten vorauseilten. Lane wurde gesagt, er solle nicht auf so unbedeutende Trivialitäten wie Kosten achten, denn die Kommandantur würde alle anfallenden Kosten übernehmen. Die Personalabteilung gestattete ihm, sowohl vom permanenten Stab als auch von den drei auf Draco anwesenden Erkundungsteams seine Mitarbeiter auszuwählen. Kaum zusammengestellt, hämmerte das Team binnen drei Tagen ein Experimentprotokoll heraus, und die Nachschubabteilung bearbeitete die Materialanforderungen in fünf.

Transport kümmerte sich um den Abflug. Da keine angemessenen Shuttleträger zur Verfügung standen - die Schürfstelle hielt diejenigen, die ihr gehörten, pausenlos im Einsatz und verlangte dauernd nach mehr -, schloß Transport ein Abkommen mit einer privaten Forschergruppe und erhielt auf diese Weise ein Schiff der älteren *Apus*-Klasse mit Besatzung. In dessen Frachträumen konnte man nicht nur das Shuttle und alle anderen übergroßen Ausrüstungsgegenstände unterbringen, auch die Labors waren denen neuerer Erkundungsschiffe überlegen, da dieses Schiff noch aus der Zeit stammte, als jedes Raumschiff noch selbst seine Analysen durchgeführt hatte.

Zu Schwierigkeiten war es nur gekommen, als Lane darauf bestanden hatte, daß ein Mitglied des Teams, das von Kaillex-5 geflohen war, mit an Bord genommen werden sollte. Die hinfälligen Ausflüchte, die die Weigerung begleiteten – daß die Quarantäne nicht aufgehoben werden dürfte, daß das Vermischen der Mannschaften zu Disziplinproblemen führen würde –, machten Lane deutlich, wie peinlich den Bossen der Kommandantur die ganze Angelegenheit war. Aber Lane bestand darauf, und schließlich erteilte man ihm die Erlaubnis für einen Abstecher zur Advance Basis Neun, wo Wayne Blanchard an Bord genommen wurde.

Lane besah sich Blanchard flüchtig, als der Phystech an Bord kam, gewann aber keinen klaren Eindruck. Blanchard war das älteste Mitglied des Schürfteams gewesen und reagierte auf die zunehmende Kahlheit seines Kopfes damit, daß er sich einen Vollbart wachsen ließ. Das Resultat sah sehr eigentümlich aus, als hätte die Schwerkraft sein Haar vom Kopf in die Wangen gezogen. Sein Spitzname, Bobo, deutete auf eine ganz andere Persönlichkeit hin als die, die er zur Schau stellte, Blanchard war still, sogar zurückhaltend. Er war weder unwillig noch begierig darauf, nach Kaillex-5, dem man den Namen Murphys Planet gegeben hatte, zurückzukehren. „Ein Ort“, sagte Blanchard zu Lane, „wo selbst Dinge schiefgehen, die gar nicht schiefgehen können.“

Einen Blick auf Blanchards wahre Persönlichkeit erhielt Lane aber doch. Das war, nachdem die Soziometrikerin der *Vanadis* berichtete, daß Blanchard den Großteil seiner Freizeit alleine verbrachte, und davon wiederum die meiste Zeit in der Schiffsbibliothek. Lane fand ihn schließlich über einem Physikbuch grübelnd.

„Probleme bei der Lösung?“ fragte Lane im besten Ich-verstehe-schon-Tonfall.

„Sie wissen nicht die Hälfte von allem“, sagte Blanchard düster, ohne ihn anzusehen. „Das wirklich irre Material haben wir gar nicht im Bericht erwähnt.“

Er zögerte, seufzte. „Ich glaube, mich erwischte es endgültig am Tag vor unserer Abreise ... Ich machte eine Pause und ging außerhalb des Shuttles spazieren. Plötzlich hatte alles einen grünlichen Schimmer, wie ein schlecht eingestellter Videomonitor. Es war Kaillex. Hatte die Farbe verändert. Ich sah die zweite Veränderung - zu blau. Dann ein Braun, in dem alles tot aussah. Dann ein Scharlachrot, in dem Murphys Planet wie die Hölle aussah, an die meine Großmutter glaubte." Er schüttelte langsam den Kopf. „Es muß eine Lösung geben, aber ich weiß einfach nicht genug, sie zu finden."

Nach der Ankunft über Kaillex-5 verwandelte sich das wissenschaftliche Team von Passagieren in ungeduldige Passagiere. Aber die *Vanadis* mußte erst ihre eigenen Aufgaben erledigen. Das Schiff nahm einen tiefen Kartografierorbit ein, richtete weitreichende Instrumente auf die Oberfläche und wiederholte die Messungen, die das AES-Schiff *Pe* vor neun Jahren durchgeführt hatte. Lane brachte einige Zeit in einer Beobachtungskuppel zu. Die dünne, fast wolkenlose Atmosphäre erlaubte einen ungehinderten Blick auf die fleckige, braungelbe Oberfläche des Planeten. Ein einziger ovaler See starrte wie ein böses kosmisches Auge zu ihm herauf.

Schließlich zog sich die *Vanadis* in einen höheren, geosynchronischen Orbit zurück, wo drei Aufklärungs- und Datenrelaysatelliten - kurz AufSats genannt - in gleichen Abständen um den Globus herum ausgesetzt wurden. Erst dann informierte der Kapitän der *Vanadis* Lane davon, daß er nun bereit war, mit den Landevorbereitungen zu beginnen. Lane betrachtete die besonderen Sicherheitsvorkehrungen, die hierzu getroffen wurden.

Zuerst sollte das Flammenschiff die überfüllte Frachtschleuse des Erkundungsschiffs verlassen, eine unbemannte Sonde, die ursprünglich als Waffe konzipiert worden war. Sie folgte ihrem vorprogrammierten Kurs und schwebte über der verlassenen Basis der Prospektoren. Von dort säuberte sie die Oberfläche, wobei sie die einfachen Pflanzen zu einer dünnen Schicht grauschwarzer Asche zerstrahlte. Eine zweite Sonde wurde hinuntergeschickt, die den Boden mit tödlichen Strahlen belegte und ihn bis in eine Tiefe von fünfzig Zentimeter sterilisierte.

Als nächstes kam das winzige, zweisitzige Kommandantenboot des Schiffes zum Einsatz, das die Lichtung mit Fibrokeramik besprühte und so den Boden mit einer undurchdringlichen, perlmuttähnlichen Schicht überzog. Das Boot kreiste zehn Minuten, während die Masse erstarrte, dann landete es. Rasch entluden sie acht wie scharfzackige Metallsterne geformte Antennen, die sie rings um das Lager herum aufstellten. Während dieser Prozedur wurde Lane an Bord des Prospektor-Shuttles *Banife* gebeten, wo der Rest seines Teams wartete - vier Wissenschaftler, ein Datenanalytiker, ein Pilot-Mechtech, sowie Blanchard. Endlich waren sie an der Reihe.

Die *Banife* flog mit großer Geschwindigkeit ein, denn ihre Schwerkraftbeugegeneratoren erlaubten magenumstülpende, nichtballistische Manöver. Während sich der Shuttle der Oberfläche näherte, verließ das Boot den Landeplatz, umkreiste ihn einmal und flog mit per Funk übermittelten besten Wünschen himmelwärts. Die Erleichterung darüber, daß ihr Teil nun erledigt war, wurde zwar nicht ausgesprochen, war aber allzu deutlich.

An Bord der *Banife* herrschte ein gänzlich anderer Geist. Von dem Augenblick an, als der sechzig Meter lange, flügellose Bulk des Shuttles am Landeplatz aufgesetzt war, machten sich die Mitglieder des Teams an die Arbeit. Die letzte Fensorantenne wurde teleskopartig aus dem Schiff ausgefahren und vervollständigte den Energiekokon, der sie von den Lebensformen des Planeten isolierte. Andere machten sich daran, die vier im Notfall entbehrlichen Schlafräume - Biopoden - zu entfalten, die in der Hülle des Schiffs verstaut gewesen waren, sowie die Systeme des Shuttles von Flug auf Bodenaufenthalt umzuschalten. Nur Lane und Blanchard saßen in der vordersten Kabine.

„War das alles wirklich nötig?“ fragte Blanchard unglücklich und deutete auf die verwandelte Landschaft draußen.

„Sind Sie denn nicht einverstanden?“

„Es scheint mir übertrieben - als befänden wir uns im Krieg.“

„Irgendwie müssen wir die Zahl der Variablen eingrenzen. Würden Sie lieber die ganze Zeit einen E-Anzug tragen?“

Das Schmerzgeheul, das in diesem Augenblick hinter dem Shuttle laut wurde, verhinderte eine Antwort.

Lane und Blanchard waren unter den letzten, die Labor B erreichten. Sie fanden Randy, den Chemiker, der sich in einer Ecke auf dem Fußboden wand, seine Hände und Unterarme waren gerötet und begannen, Blasen zu bilden. Francie Aungst kniete an seiner Seite, flüsterte beruhigende Worte und kramte in der Arzneimitteltasche an ihrer Seite nach der Brandsalbe. Die Aluminiumoberfläche eines Labortischs war gekrümmt und verbrannt, alles war mit dem gelben Puder des Brandbekämpfungssystems bedeckt.

„Was ist geschehen?“ wollte Lane wissen.

„Verdammt, wenn ich das nur sagen könnte“, antwortete McLeod, der Pilot. „Ich hörte ihn schreien und kam hierher. Die ganze Tischplatte brannte, die Flammen schlugen einen halben Meter hoch.“

„Wie geht es ihm?“ wandte sich Lane an Aungst.

„Verbrennungen zweiten Grades. Schock. Ich würde ihn gerne in eines der Biopoden bringen.“

„Randy? Womit haben Sie gearbeitet?“

Der Chemiker verzog das Gesicht, bevor er antwortete, da Aungst seinen rechten Arm mit einer weichen Brandbinde umwickelte. „Nichts“, antwortete er leise. „Ich wollte mich gerade hinsetzen und die Protokolle durchgehen.“

„Keine Lösungsmittel? Keine Reagenzien?“

Randy schüttelte den Kopf.

„Okay, Francie, bringen Sie ihn zu Bett“, sagte Lane und wandte sich dem Labortisch zu. Er blies den gelben Puder von einem Teil der Oberfläche weg und legte einen weißen Überzug bloß, der das immer noch warme Metall bedeckte. „Ich will wissen, was das ist.“

„Das kann ich erledigen“, erbot sich Ban'du, der Physiker.

„Wenn Randy eine Weile ausfällt, können Sie seine Experimente zusätzlich zu Ihren übernehmen?“

„Möglich. Wenn ich ein wenig Unterstützung für Handlangerarbeiten bekomme, ja.“

„Die bekommen Sie“, versprach Lane. „Okay, Leute, fangen wir an. Koordiniert den Beginn eurer Arbeit mit den Leuten der

Vanadis. Lynn, vergessen Sie nicht, daß das Beiboot morgen wegen der Boden-, Luft- und Wasserproben herunterkommt. Sie und Garth machen sich besser an die Arbeit."

Blanchard blieb zurück, als sich die anderen entfernten. „Es geht los", sagte er, als sie gegangen waren.

Er deutete zum Tisch.

„Schon gut, es hat angefangen. Ihre Leute und Sie sind weg vom Haken. Gott läßt die Würfel rollen", sagte Lane verdrießlich. „Zufrieden?"

Aber das war Blanchard eindeutig nicht. Sein Gesicht zeigte Besorgtheit, seine Stimme klang niedergeschlagen. „Ich hoffe, daß es nicht so weitergeht", sagte er und begab sich zu Ban'du.

Seltsamerweise schien das Feuer im Labor, wie Lane herausfand, beim Rest des Teams keinen Eindruck hinterlassen zu haben. Sie teilten sich die unausgesprochene Ansicht, daß der Chemiker etwas so unglaublich Dummes getan haben mußte, daß er den Ruf des Planeten zu Hilfe nahm, um sich der Peinlichkeit zu entziehen. Als bedauerlicher Laborunfall schuf der Zwischenfall kein Ungleichgewicht und erforderte keine neuen Erklärungen. Die anderen waren so unberührt und unbeeindruckt, daß Lane seine eigene Einschätzung anzuzweifeln begann und sich fragte, ob er seine Wahrnehmung nicht von seinen Erwartungen hatte kolorieren lassen. Das fragte er sich so lange, bis der „Alle-Mann-auf-ihre-Plätze"-Alarm warnend durch das gesamte Shuttle hallte.

„Strahlenalarm", sagte McLeod zu Lane, als er in die Kabine kam.

„Sind alle drinnen?"

„Ja, Sir. Es handelt sich um Mikrowellenstrahlung, Frequenz etwa zehn zum zehnten Zyklus."

„Röntgenstrahlen?" fragte Lane überrascht.

„Ja – aber kein Radar. Es gibt keine einzelne Quelle. Sie kommt von überall rings um uns herum. Und die Intensität ist selbst hier drinnen viel zu hoch. Ich schätze sie auf fünf Watt oder mehr."

„Die zugelassene Höchstdosis beträgt ein Hundertstel Watt", sagte Garth hinter ihnen. Die Stimme des Biologen war ruhig, aber besorgt. „Wahrscheinlich erfahren wir augenblicklich schon eine Diathermie."

„Ich kann nichts spüren", protestierte McLeod.

„Das werden Sie auch nicht", sagte Lane, der sich nach vorne beugte und die Datendisplays betrachtete. „Können Sie keine genaue Quelle ausmachen, damit wir etwas tun können?"

„Tut mir leid ... es gibt einige heiße Punkte, aber ..."

„Wie viele?"

„Neun. Acht kreisförmig um das Schiff, einer vertikal zu uns ..."

„Die Fensoranordnung", sagte Lane plötzlich.

McLeod drehte den Kopf und starrte ihn an. „Kann nicht sein", beharrte er. „Unmöglich, daß die Einheit als Klystron funktionieren kann."

„Schalten Sie sie ab."

„Aber, Kommandant ..."

„Verdammt! Wir werden von unserem eigenen Fensorfeld geröstet. Schalten Sie es ab!"

McLeod gehorchte widerwillig. Das Kreischen des Alarms, an das sie sich mittlerweile gewöhnt hatten, ließ plötzlich nach.

McLeod saß im Steuersessel, biß sich auf die Unterlippe und schüttelte den Kopf. „Unmöglich."

„Dieses Wort würde ich nur vorsichtig gebrauchen, solange wir hier sind", sagte Lane sanft.

„Das muß eine Art Trick sein", sagte McLeod störrisch. „Ich kenne diese Einheit in- und auswendig ..."

„Trick, Mac? Wer sollte den bewerkstelligen? Es gibt kein eingeborenes Leben. Nicht einmal Tiere."

„Außer Kobolden", sagte Garth amüsiert.

Lane wandte sich an den Biologen. „Werden wir deswegen Probleme bekommen?"

„Ich glaube nicht. Sie haben ein wenig zu schwitzen begonnen - ich auch. Wir geben die innere Hitze wieder ab. Die Augen sind am empfindlichsten - wir werden auf grauen Star achten müssen. Die einzigen Schäden bestehen wahrscheinlich in einigen zerstörten Proteinmolekülen hier und da im Körper."

„Wenn wir Glück haben."

„Wir hatten Glück", sagte Garth ernst. „Wir könnten jetzt *Sapiens*-Steaks sein." Mit einem Nicken, das „Danke" heißen sollte, entfernte er sich wieder in sein Labor.

„Ich werde die Anlage auseinandernehmen und herausfinden, was geschehen ist", versprach McLeod leise.

„Wenn Sie damit fertig sind, packen Sie sie weg. Wenn wir ihr nicht vertrauen können, werden wir sie auch nicht benutzen. Auf den Alarm möchte ich mich nicht verlassen, denn beim nächsten Mal funktioniert der vielleicht auch nicht."

Vierzig Minuten später erhob sich Skiff 41 mit Garth und der planetaren Wissenschaftlerin Katherine Grey an Bord über das Lager, wendete scharf und jagte dann nach Osten, um Proben zu sammeln. Lane sah ihm skeptisch nach, wenngleich er und Blanchard immer noch die einzigen zu sein schienen, die sich Gedanken machten. Das Beinahe-Desaster mit dem Fensormechanismus wurde bald zu einer Geschichte, die man erzählen konnte, wenn sie zur Advance Basis Neun zurückkehrten, sogar für McLeod. Lane hörte mit, wie er scherzhaft behauptete, er habe das Ganze selbst arrangiert, weil er seinen schmerzenden Rücken warm halten wollte. Doch nicht lange danach hörte das Scherzen auf, und Lane mußte wieder in die Kabine eilen, um einen anderen Alarm zu überprüfen: Skiff 41 war abgestürzt.

„Wir waren nur etwa fünfzig Meter über den Bäumen", berichtete Katherine, „daher war es nicht ganz so schlimm, wie es hätte sein können. Aber Garths rechter Arm ist gebrochen, und ich glaube kaum, daß der gute alte 41 sich jemals wieder in die Lüfte erheben wird."

„Haben Sie eine Vorstellung, was geschehen sein könnte?" fragte Lane und merkte, daß der Rest des Teams sich hinter ihm drängte. „Haben die Schwerkraftbeuger versagt?"

„Das ist es ja gerade, was mich so verwirrt. Ich weiß nicht, ob Sie jemals mit etwas bruchlanden mußten", funkte Katherine zurück. „Das passiert so langsam, daß man dabei alles mitschreiben könnte. Ich habe auf das Armaturenbrett geachtet. Die Beuger hatten die ganze Zeit grünes Licht."

„Schon gut, das ist jetzt nicht so wichtig", sagte Lane, der sich ihres Publikums bewußt war. „Wenn Sie in keiner unmittelbaren Gefahr sind, bleiben Sie einfach dort. Ich werde Mac mit dem anderen Skiff schicken, um Sie zu holen."

„Das ist vielleicht nicht die beste Idee", antwortete die Geowissenschaftlerin. „Wir sind etwa neun Kilometer entfernt. Wir können in etwa neunzig Minuten zurückkehren und unterwegs sogar noch einige Proben einsammeln. Wenn der E-Anzug überlastet wird, werde ich Garths Arm schienen. Nebenbei, das war sein Vorschlag. Auf diese Weise müssen Sie weder den anderen Skiff, noch jemandes Haut riskieren. Ich werde den Flugschreiber zur Auswertung mitbringen."

Die Anwesenheit der anderen Mitglieder des Teams machte es Lane unmöglich, ihr zu widersprechen und damit vielleicht alle mit seinen Ängsten anzustecken. „Sie haben das bereits entschieden, was?"

„Ich glaube schon", sagte Katherine fröhlich.

„Na gut. Melden Sie sich alle halbe Stunde und reduzieren Sie die Stops auf ein Minimum. Und wenn Garth es nicht schafft, lassen Sie sich abholen."

„Roger. Dann bis bald."

„Im Flugschreiber wird man nichts finden", sagte Blanchard leise. „Hinterher war nie etwas nicht in Ordnung."

Lane wandte sich ihm zu. „Was meinen Sie damit?"

„Meine Vermutung ist, daß der Planet einfach hinaufgegriffen und den Skiff aus der Luft geholt hat."

„Sie meinen ein Masscon. Eine Gravitationsanomalie."

„Ich habe keine Erklärungen - nur Beschreibungen."

„Sie reden Unsinn, das tun Sie."

„Gewiß", sagte Blanchard. „Murphys Planet ist das Produkt eines irrationalen Geistes. Die Frage ist nur, wessen."

Der Absturz des Skiff war der Wendepunkt. Von diesem Augenblick an sah das Team buchstäblich über die Schulter und fragte sich, was als nächstes passieren würde. Zwar brachten die Experimente exakt vorhersehbare Ergebnisse, aber außerhalb des Labors spielte die Welt verrückt.

Die Sorge nahm zu, als Katherine bei ihrer dritten, verspäteten Meldung durchgab: „Wir müssen die E-Anzüge ausziehen, daher wird dies das letzte sein, was ihr vor unserer Ankunft von uns hört." Sie duldeten keine Fragen und gaben keine Erklärungen ab – nur geheimnisvolles Schweigen.

Es wurde bereits dunkel, und Lane stand kurz davor, Mac mit Skiff 17 loszuschicken, als Garth und Katherine schließlich aus dem verfilzten Gestrüpp am Rand des Lagers auftauchten. Bevor die anderen sich auf sie stürzen konnten, um ihrer Neugier Genüge zu tun und Dampf abzulassen, übergab Lane Garth Francies Obhut und führte Katherine rasch zu seinem Biopod.

Dort ließ sie sich mit offensichtlicher Erleichterung auf dem Rand der Koje nieder. Lane vermutete, daß ihr Wunsch, sich der Länge nach hinzustrecken, groß war.

„Alles in Ordnung mit Ihnen?" fragte er, als er Spuren von Tränen und die Flecken auf ihrer Kleidung bemerkte.

„Mehr oder weniger. Jetzt."

„Was geschah mit den E-Anzügen?"

„Die Atemwiederaufbereitung fiel aus – wir mußten sie ausziehen, sonst wären wir sicher unterwegs umgekippt."

„Bei beiden Anzügen?"

„Innerhalb weniger Minuten. Ich weiß, Sie sind der Meinung, wir hätten uns abholen lassen sollen. Aber ich konnte nicht die Verantwortung dafür übernehmen, jemand anderen in diesen Alptraum starten zu lassen", sagte sie inbrünstig.

„Warum? Was ist geschehen?"

Katherine atmete tief durch. „Ein *Ding*, etwas ... ich weiß nicht was ..." Sie schluckte und begann von vorne. „Dinge wurden nach uns geworfen. Es fing damit an, daß sich Sandteufel neben uns herbewegten, dann eskalierte es." Sie drehte sich und zog die Bluse hoch. „Mich traf ein Stein genau hier." Sie zeigte darauf, aber das war unnötig. Lane konnte den faustgroßen purpurnen Bluterguß deutlich sehen.

„Wir gingen Rücken an Rücken", erklärte sie, „um uns gegenseitig zu beschützen. Darum hat es so lange gedauert."

„Konnten Sie sehen, woher sie kamen?"

„Manchmal. Am anderen Ende war aber niemand. Sie erhoben sich vom Boden und schleuderten sich selbst auf unsere Köpfe zu. Und ... da war noch etwas. Garth hat es nicht gesehen, nur ich." Sie wandte den Blick ab. „Ich bin nicht einmal sicher, ob *ich* es gesehen habe. Eine silberne Kugel, etwa einen Meter im Durchmesser - nicht fest, nur glühende, um Dunkelheit geschlungene Spinnweben." Sie sah auf. „Ich weiß, wie sich das anhört", sagte sie. „Kommandant, wenn ich das sagen kann, ohne daß es wie ein Vorschlag aussehen soll: Jetzt weiß ich, weshalb Bobos Team so überhastet geflohen ist."

„Zu mir dürfen Sie das sagen, aber zu sonst niemandem. Und nun lassen Sie sich besser von Francie untersuchen."

„Gut." Sie erhob sich mühsam. Als sie an ihm vorbeiging, nahm er ihre Hand. „Kath - ich bin froh, daß Sie wohlbehalten zurück sind", sagte er.

„Und ich erst", antwortete sie und biß sich auf die Lippen, um Tränen der Erleichterung oder Frustration, oder beides, zurückzuhalten. „Ich wollte nicht im Dunkeln dort draußen sein."

Als Teamkommandant hätte Lane normalerweise ein eigenes Biopod zugestanden. Aber Blanchard verstärkte das Team um eins, daher mußte Lane es mit ihm teilen. Als Folge davon erlebte er später in der Nacht etwas, das in seiner Jugend eine vertraute Erfahrung gewesen war: Er lag im Dunkeln, lauschte dem Atmen und den unruhigen Bewegungen einer anderen Person und wußte, daß keiner von ihnen bald einschlafen würde. Schließlich brach Blanchard das Schweigen.

„Der Rückstand des Feuers war Aluminiumoxid."

„Das überrascht mich nicht", sagte Lane und sah in Richtung der Decke. „Ich nehme an, Ihr Wert ist gestiegen, da wir nun dasselbe erleben wie Ihre Leute."

„Ich bin kein Paria mehr, wenn Sie das meinen. Aber Jon, Sie haben nicht das gesehen, was wir gesehen haben. Dies ist anders."

„Wie anders?"

„Persönlicher. Wir waren nie in Gefahr. Was beim ersten Mal geschah, als ich hier war, erinnerte mehr an Salonkunststückchen - anfangs belustigend, wie ein zum Leben erwachter Zeichentrickfilm, später dann beunruhigend, aber niemals lebensgefährlich."

„Ich wollte, wir wären in einer ebenso glücklichen Lage", sagte Lane niedergeschlagen. Haben Sie gehört, daß ich Randy morgen zur *Vanadis* zurückschicken werde, wenn das Beiboot kommt? Er kann nicht arbeiten, daher haben sie mir ihren Chemtech ausgeliehen."

„Sie hören mir nicht zu", beklagte sich Blanchard. „Ich sage Ihnen, daß sich der Charakter der Vorfälle drastisch geändert hat. Damals waren sie nicht böse. *Und* sie begannen nicht so kurz nach der Landung."

„Und das bedeutet?"

„Ich weiß nicht, was es bedeutet. Aber ich glaubte, Sie sollten es wissen. Darum haben Sie mich ja mitgebracht, nicht wahr?"

„Ja, natürlich", sagte Lane müde. „Aber ich habe schon genug Rätsel. Wenn Sie mit irgendwelchen Lösungen kommen, werde ich viel empfänglicher sein."

Das Beiboot kam kurz nach neun. Der Pilot, ein junger Leutnant, gab sich große Mühe, jedem persönlich zu begegnen und ermutigende Worte zu sprechen, gewissermaßen als psychologischer Rückhalt. Lane bewunderte dieses Bemühen, war aber zu zynisch, selbst davon zu profitieren. Der nächtliche Schlaf hatte wenig dazu beigetragen, seine Wut über die Verlogenheit von Murphys Planet verrauchen zu lassen.

Der Chemtech der *Vanadis* meldete sich bei Lane. „Ich wurde gebeten, Sie auf eine Anomalie aufmerksam zu machen, die wir oben festgestellt haben", sagte er und reichte ihm ein Erinnerungsmodul.

„Was ist das?“

„Der Analyse der Daten von den AufSats zufolge, hat es den Anschein, als würde Murphys Planet einen Neutrinoschatten werfen.“

„Das liegt außerhalb meines Spezialgebiets. Bitte erklären Sie es mir.“

„Nun ... natürlich ist der hiesige Stern die Quelle der Neutrinos. Als Teil der Umweltstudien maßen wir den Partikelstrom sowohl auf der Tag- als auch auf der Nachtseite des Planeten. Die Ergebnisse hätten in beiden Fällen dieselben sein müssen. Ein so kleiner Körper ist für Neutrinos praktisch transparent. Aber die Ergebnisse der Nachtseite waren um sechzig Prozent geringer. Das bestätigten alle drei AufSats. Es gibt nur eine Erklärung, nämlich daß etwas dort unten ein außergewöhnlich starker Neutrinoabsorber ist.“

„Das Geisterteilchen ...“, sagte Lane mit weit entfernt klingender Stimme.

„Ja, Sir. Kann ich jetzt an die Arbeit gehen, Sir? Nach allem, was ich so hörte, ist es um so besser, je weniger Zeit man hier verbringt.“

„Hmm? Oh, gehen Sie nur.“ Lane blieb noch einen Augenblick stehen und sah zu, wie sein verletzter Chemiker an Bord des Beibootes ging. Sein Verstand ordnete die Ereignisse des vergangenen Tages zu einem neuen Muster. Dieses Muster war zwar noch unvollständig, aber zusammenhängend und vielversprechend, und Lane begab sich zum Shuttle.

Sein erster Besuch galt dem Bibliotheksterminal in seiner Kabine, in dem er sowohl das Modul des Chemtechs, als auch die Informationen über Neutrinos las: beinahe masselose, hochenergetische Teilchen, die bei bestimmten subatomaren Reaktionen entstanden. Sie waren erstaunlich unbeeinflußbar durch Materie - ein typisches Neutrino konnte durch lichtjahredicke Bleiplatten reisen, bevor es absorbiert wurde, daher der Name „Geisterteilchen“. Es war im zwanzigsten Jahrhundert von dem irdischen Wissenschaftler Wolfgang Pauli postuliert worden, um Neutron-Proton-Umwandlungen zu erklären, aber es war so flüchtig, daß ein Vierteljahrhundert vergehen mußte, bevor es experimentell nachgewiesen werden konnte. Lane erfuhr, daß die besten natürlichen Neutrinoabsorber Gallium-71 und Indium-115 waren, aber selbst hiervon waren gewaltige Mengen nötig. Mit diesem Wissen bewaffnet, suchte er Katherine im Untersuchungslabor auf.

„Beide sind sehr selten“, lautete ihre Antwort. „Kaum mehr als Spurenelemente in der Oberfläche, aber weiter unten könnte mehr sein. Ich kann mit ziemlicher Sicherheit sagen, daß beide zusammen nicht mehr als ein Hundertstel Prozent der Planetenmasse ausmachen. Warum?“

Er zeigte ihr die Daten über die fehlenden Neutrinos. „Wie paßt die Absorption so vieler Neutrinos ins Energiebudget des Planeten?“

„Das würde verschiedenes erklären. Der Planet ist etwas wärmer, als ich erwartet hätte, betrachtet man die Entfernung von seinem Stern und das Ausmaß interner Radioaktivität. Tatsächlich kann ich mir nicht erklären, weshalb es überhaupt noch flüssiges Wasser gibt, es sei denn, die Erwärmung hätte erst kürzlich stattgefunden. Wie dem auch sei, er ist auf dem besten Weg, zur Wüste zu werden.“

„Schön und gut. Ich lasse Ihnen dieses Modul hier, da Sie wahrscheinlich noch damit arbeiten müssen.“

Lanes nächster Besuch galt der winzigen Datenverarbeitungsanlage. Da Francie am Bibliotheksterminal saß, hatte Lane im Innern keinen Platz mehr zum Stehen. „Francie, hat jemand in der Literatur nach Zwischenfällen gesucht, wie wir sie erleben?“

„Ich. Bobo auch, glaube ich. Allerdings erfolglos.“

„Vielleicht suchen wir in der falschen Literatur. Vielleicht sind diese Dinge gar nicht in den wissenschaftlichen Speichern enthalten. Versuchen Sie es statt dessen in den soziologischen Archiven.“

„Soll ich meine Arbeit für Ban’du lassen und mich statt dessen damit befassen?“

„Ich denke schon. Ich werde Ban’du sagen, daß seine Analysen verschoben worden sind.“

Ban'du und Blanchard waren im Labor A und kalibrierten das Mößbauer-Spektrometer für ein Experiment.

„Alle Resultate sind immer noch nominal", sagte Ban'du steif.

„Ich wollte keinen Bericht - nur die Antwort auf eine Frage", versicherte Lane. „Diese ... äh ... Ereignisse, die wir erlebten. Könnten Sie die alle nachvollziehen, wenn genügend Energie und die entsprechenden Instrumente vorhanden sind?"

Ban'du machte ein finsteres Gesicht. „Über die meisten Zwischenfälle liegen mir nicht genügend Daten vor. Aber ich bezweifle, daß wir *etwas* davon nachvollziehen könnten, wie die Umstände auch sein mögen."

„Jon, damit stimme ich ganz und gar nicht überein", sagte Blanchard und trat nach vorne.

Ban'du sah ihn düster an.

„Ich weiß, das ist anmaßend von mir, da ich nur ein Tech bin. Aber Sie wissen, Jon, daß ich hart hieran gearbeitet habe. Die Antwort auf Ihre Frage heißt *ja*. Es ist alles möglich", sagte Blanchard. „In manchen Fällen existieren die nötigen Instrumente nur in der Theorie, was teilweise daran liegt, daß wir einen direkteren Weg beschreiten würden, wollten wir so etwas tun. Ich meine, weshalb einen Stein mit einem Kraftfeld werfen, wenn man es einfacher mit den Muskeln kann? Aber soweit ich sagen kann, sind diese Vorkommnisse keine Ausnahmen. Sie könnten Täuschungen sein."

„Mit den zur Verfügung stehenden Daten kann ich das nicht bestätigen", sagte Ban'du eisig.

„Dann schätze ich, daß Bobo derjenige ist, mit dem ich sprechen möchte", sagte Lane betont. „Kommen Sie." Er nickte mit dem Kopf in Richtung Tür.

„Was liegt an?" fragte Blanchard, während er Lane auf den Flur folgte.

Lane erzählte ihm von den verschwundenen Neutrinos. „Wir sprechen von einer riesigen Energiemenge. Im Energiebudget des Planeten taucht sie als wahllose Wärme auf - das kann Katherine bestätigen. Wie sie eingefangen wird, ist ein großes Fragezeichen. Aber ich habe eine gute Idee, wozu sie verwendet wird – wenigstens ein Teil davon. Um die seltsamen Zwischenfälle zu bewerkstelligen, die hier stattfinden."

„Ich verstehe – aber in manchen Fällen würde es die Fähigkeit erfordern, die Energie buchstäblich Quantum für Quantum zu manipulieren."

„Aber das ist kein Energieproblem. Das ist ein Problem der Instrumente – der Ausführenden. Dem müssen wir nachspüren."

„Und was soll ich dabei tun?"

„Die AufSats-Daten zeigen keine Beziehung zwischen dem Teilchenstrom und der Länge der Spur durch den Planeten. Das läßt auf ein Oberflächenphänomen schließen. Nennen wir es eine N-Falle. Die Daten zeigen ebenfalls große Unterschiede von Punkt zu Punkt. Das deutet darauf hin, daß es bestimmte Brennpunkte gibt, Ballungen von N-Fallen, wo diese Energie eingefangen und gespeichert wird. Mehr noch, die Unterschiede ändern sich von Orbit zu Orbit. Was dafür spricht, daß die N-Fallen mobil sind."

„Sie suchen einen Weg, diese N-Fallen aufzuspüren", sagte Blanchard leise.

„Ja."

„Nun – was diese N-Fallen auch sein mögen, hundert Prozent effizient können sie nicht sein. Es muß einen Verlust, eine undichte Stelle geben. Aber mir ist unklar, wie wir das gegen diese Hintergrundstrahlung herausfinden wollen." Er strich abwesend durch seinen Bart, während er laut dachte. „Ich weiß nicht. Wenn undichte Stellen da sind, sollte man sie finden können. Kann ich Mac haben?"

„Ja."

„Okay." Er entfernte sich einen Schritt, dann blieb er stehen. „Diese N-Fallen ... Sie denken dabei doch nicht in rein mechanischen Begriffen, oder?"

„Kein Kommentar."

„Schon gut, aber warum ich? Warum lassen Sie nicht alle daran arbeiten?"

„Weil sie nichts anderes tun als darüber nachdenken könnten, und ich verlasse mich darauf, daß die Disziplin der Routine sie so lange wie möglich intakt erhält."

„Es passiert doch gar nichts."

„Sie waren beide Male hier und sehen es immer noch nicht. Die Zwischenfälle fanden immer um oder nach dem hiesigen Mittag statt. Heute wird es zu weiteren kommen, verlassen Sie sich darauf", sagte Lane grimmig.

„Woher wollen Sie das wissen?"

„Weil eine der größten Anhäufungen von N-Fallen dem Lauf der Sonne folgt - und die ersten Ausläufer davon müßten uns in etwa einer Stunde erreichen."

Lanes ängstliche Prophezeiung erwies sich als richtig, denn zur Mittagszeit nahm die Natur ihrer Welt wieder einen irrationalen Charakter an, und dieses Mal war Unbekümmertheit keine wirksame Gegenmaßnahme.

Ban'du, auf den ein Glasregen herabfiel, als das normalerweise inerte Argon in einer Leuchtstoffröhre an der Decke explodierte, wurde wütender als gewöhnlich. Er hielt dem leeren Labor einen weitschweifigen Vortrag darüber, daß es unmöglich war zu arbeiten, wenn man dauernd von unbedeutenderen Geistern gestört wurde.

Garth, der im Bug eingeschlossen wurde, als Tür und Rahmen zu einer einzigen Masse verschmolzen, rettete sich in Solipsismus und erklärte, alles außerhalb der Wände seiner Kabine existiere nur kraft seines Willens. Nachdem er seine Unzufriedenheit mit der derzeitigen Form der Welt verkündet hatte, zog er sich in sich selbst zurück, um eine neue auszudenken.

Katherine, die sich einer momentanen Lähmung ausgesetzt sah, während der sie nicht einmal atmen konnte, drängte Lane in eine Ecke und verlangte, daß er sie sofort zur *Vanadis* zurückbringen sollte. Als sie sich wieder hinreichend unter Kontrolle hatte, um verlegen zu sein, gab er ihr den Auftrag, den immer noch eingeschlossenen Garth wieder in die Realität zurückzuholen.

Lane fand Francie an der Datenkonsole der Steuerzentrale.

Sie litt nur an Frustration. Der Bibliothekscomputer steckte irgendwo in seinem selbstkorrigierenden Fehlersuch-Programm, und Francie konnte ihn nicht dazu bringen, konstruktiv zu antworten.

„Konnten Sie etwas herausfinden, bevor er ausflippte?“ fragte er sie. „Zwischenfälle wie die, die wir gesehen haben?“

„Oh, ja – Tausende von Zitaten, als ich erst einmal herausgefunden hatte, daß jede Kultur ihre eigenen Erklärungen dafür hat. Geheimnisse werden nicht geduldet. Eine ganze Schar fand ich unter religiösen Erscheinungen, UFOs, übersinnlichen Ereignissen. Aber die Daten sind Müll. Populärer Medien-Nervenkitzel. Gruseleinlagen für Quatschköpfe, und über neunzig Prozent entpuppen sich als Enten. Aber es gibt auch ein paar echte, fast alle von der Erde, fast alle aus der zweiten Hälfte des zweiten Jahrtausends. Nicht exakt dasselbe, aber von derselben Art.“

„Bleiben Sie dran“, befahl Lane und ging weiter. Als er am Labor B vorbeikam, hörte er merkwürdige Geräusche und blieb stehen. Er entdeckte den Chemtech der *Vanadis,* der in einer Ecke lag und lachte und weinte zugleich. Auf dem Tisch, wo der Tech gearbeitet hatte, kletterte die Flüssigkeit in drei offenen Bechergläsern leise an den Glaswänden empor und floß über auf die Tischplatte.

Mit einem Gefühl der Hilflosigkeit ging Lane weiter den Flur hinab. Aber die unverständlichen Laute des armen Kerls verfolgten ihn, ein Eingeständnis der und ein Protest gegen die Absurdität von Murphys Planet.

„Die Zeit läuft uns davon, Leute“, sagte Lane, der unter dem doppelt breiten Türrahmen des Ausrüstungslagers stand. „Ich möchte nicht ohne eine Lösung von hier weg, aber wenn wir nicht bald verschwinden, können wir es vielleicht überhaupt nicht mehr. Haben Sie etwas?“

„Kopfschmerzen“, murmelte McLeod.

„Die Einheit ist für den Test bereit“, sagte Blanchard hastig. „Stellen wir das zurück, wenn wir können.“

„Können wir nicht“, sagte McLeod kurz angebunden. „Zehn

Minuten - maximal fünfzehn. Sagen Sie mir, wo Sie es haben wollen, wenn ich fertig bin, und dann verschwindet. Sie auch, Bobo."

„Nach draußen", sagte Lane und ließ die Anmaßung des Mechtechs durchgehen. Er führte Blanchard zur Heckschleuse, wobei er unterwegs kurz anhielt, um Katherine per Interkom zu sagen, daß sie den Shuttle zum Start vorbereiten sollte. Ihr freudiger Aufschrei war auch ohne elektronische Verstärkung zu verstehen.

„Wollen Sie es jetzt erklären?" fragte Blanchard, der Lane die Stufen hinab zur Verbundmaschine folgte.

„Kontrolle der Umwelt", sagte Lane und studierte das Unterholz außerhalb des Lagers. „Ein grundlegendes Ziel aller Lebewesen. Wir haben sie durch unsere Maschinen. Aber sie sind nicht das einzig mögliche Instrumentarium." Lane schüttelte den Kopf. „Ich weiß genau, daß sie dort draußen sind und zusehen."

„Sie?"

„Die perfekte Verteidigung gegen die Invasion durch eine Rasse, die auf Maschinen angewiesen ist", sagte Lane, der laut dachte. „Weitaus besser, als sie mit Maschinen übertreffen zu wollen." Er wandte sich an Blanchard. „Dieses Ding, das Sie gebaut haben, wie funktioniert es? Was werde ich sehen?"

„Es ist eine Versuchsanordnung, um zwei Inputs miteinander zu vergleichen - Emission und Reflexion. Wir konnten sie hoffentlich davon überzeugen, daß sie den Hintergrund als weißes Rauschen akzeptiert - alles, was sie ‚sehen' kann, wird vom Display subtrahiert. Dasselbe Prinzip wie bei den Autokorrelatoren der AufSats."

McLeod erschien am oberen Treppenende. Er trug die massige, unbeholfen aussehende Einheit.

„Sie hat keine Aufzeichnungskapazität", warnte Blanchard. „Und der Output ist visuell. Wir hatten keine Zeit für ausgefeilte Finessen."

„Die werden auch nicht nötig sein, hoffe ich."

McLeod kam zu ihnen. „Scheint okay."

„Richten Sie sie auf den Rand des Lagers."

„Aber dort draußen ist nichts", protestierte McLeod.

„Tun Sie, was ich sage!"

Das Display blieb schwarz. „Das ist die niederste Frequenz, die es wahrnehmen kann. Ich lasse sie jetzt das Spektrum durchlaufen."

Hinter ihnen knirschte Metall und summten Motoren, als die Biopoden langsam zusammengefaltet wurden.

„Da!" sagte Blanchard plötzlich.

Ein unregelmäßiges gelbes Netz, wie ein von innen beleuchtetes gesprungenes Ei, tauchte auf dem Display auf. Einen Augenblick später gesellten sich zwei blaue Netze dazu, die langsam von rechts hereinschwebten und sich gemächlich in verschiedene Richtungen drehten, während sie sich voranbewegten. Die Elemente jedes Netzes wurden heller und verblaßten zu keinem Muster, so als wäre kaum Anregungsenergie vorhanden.

„Darin sind sie gut", sagte Blanchard ehrfürchtig. „Jedes weniger als ein Millionstel Watt. Vor dem normalen Strahlenhintergrund würden sie niemals auffallen."

„Aber was sind sie?" wollte McLeod wissen, der endlich die Sprache wiederfand.

„N-Fallen", sagte Blanchard. „Neutrinofresser."

„Mehr als das", sagte Lane. „Kobolde. Poltergeister. Feen." Er nahm McLeod die Einheit weg, dann schwenkte er sie nach links, schließlich in die Höhe. Die Wesen waren rings um sie herum, in einem Dutzend Farben und doppelt so vielen Formen, in ständiger anmutiger Bewegung. „Sehen Sie nach, ob wir zum Abflug bereit sind", sagte Lane zu McLeod. Der Pilot widersprach nicht.

„Sogar noch mehr als das", murmelte Lane fast zu sich selbst. „Brüder aus der Heimat."

„Pardon?" fragte Blanchard, der neben ihm stand.

„Als die ersten Neutrinoastronomen den Strom von der irdischen Sonne zu messen begannen, entdeckten sie nur etwa ein Drittel der von den Physikern vorhergesagten Neutrinos", erklärte ihm Lane. „Für die Teilchenphysik war das ein echtes Problem. Aber damals verwendeten sie riesige unterirdische Tanks voller Chemikalien als Detektoren. Kompakte Detektoren, die man außerhalb der Erde verwenden konnte, kamen erst viel später - und zu dem Zeitpunkt stimmte die Teilchenzahl dann. Etwa zu der Zeit, als das erste AVLO-Schiff erbaut wurde."

„Diese Wesen waren auf der Erde - und dann verschwanden sie?"

„Und wir brachten sie hierher - vor neun Jahren mit der *Pe.*" Er lächelte. „Wieviel Platz brauchen sie denn schon?"

„Aber warum sind sie gegangen?"

Lane lachte.

„Wer weiß? Vielleicht lockten unsere Fusionsreaktoren die Jungen weg von den Alten - wenn sie Junge haben. Vielleicht macht ihnen unsere Bioelektrizität zu schaffen, und wir haben sie einfach verdrängt. Vielleicht haben wir ihr Schamgefühl zutiefst verletzt." Er wurde ernst. „Einer Sache bin ich mir jedoch ganz sicher - sie kennen uns seit langer Zeit, und sie haben kein großes Interesse daran, wieder einen Planeten mit uns zu teilen. Sie haben Ihr Team erschreckt und weggejagt. Aber wir kamen zurück, als wollten wir bleiben - und da haben sie zurückgeschlagen und versucht, uns ihren Planeten so unattraktiv wie möglich zu machen."

„Kommandant Lane! Bereit zum Start", rief McLeod von der Bugschleuse.

„Das ist ihnen gelungen", meinte Blanchard.

„Wir kommen", rief Lane als Antwort. Er war verwirrt von der Unwirklichkeit und Schönheit der geisterhaften Bilder, die das Display enthüllt hatte. *Kreisende Lichtnetze, was bin ich für euch? Fünfzehn Planeten habe ich untersucht, die Leben trugen, aber etwas wie euch habe ich nie gesehen. Immer konnte ich Kontakt herstellen. Immer fand ich die Form von Materie. Immer die herrschende Kraft der Evolution. Aber wir haben nichts gemeinsam außer einem gegenseitigen Mißtrauen.* „Die Beantwortung einer Frage führt immer zu neuen, nicht? Ich würde gerne noch etwas länger bleiben, um über sie zu arbeiten", sagte Lane. „Wie gelingt ihnen Struktur ohne Materie? Wie nehmen sie uns wahr? Haben sie einen Lebenszyklus oder nur ein Leben?"

Während er sprach, flackerte ein blaugrünes Netz auf dem Display grell auf und wuchs, als würde es sich nähern. Eine weiße Lichtlanze schoß auf sie zu, und dann wurde der Bildschirm schwarz. Dann schrie Lane auf und warf das Gerät zu Boden. Er und Blanchard betrachteten die Module, die Bildröhren, der Rahmen, der alles hielt, und alles begann zu zerfließen, scharfe Kanten wurden weich, flüssig. Nach wenigen Augenblicken war nur noch eine silberne amorphe Masse übrig – und ein pulsierender Obloid aus Energie, der darüber schwebte.

„Andererseits könnte unsere Besuchszeit aber auch schon längst abgelaufen sein", sagte Lane und schob Blanchard hastig zum Shuttle. Sein klopfendes Herz strafte seinen flapsigen Ton Lügen, und er zog sich ebenfalls vorsichtig zurück. Der Obloid folgte ihnen und drängte sie in die richtige Richtung.

Als Lane die Stufen der Treppe erreicht hatte, ließ der Obloid von der Verfolgung ab, verblaßte zu einem glitzernden, kugelförmigen Netz und verschwand. Lane zögerte. „Hier werden keine Kolonien errichtet werden", sagte er, wußte aber nicht, ob und wie sie ihn verstehen konnten. „Wenn ich etwas zu sagen habe, werdet ihr diesen Planeten für euch allein haben." Dann drehte er sich um und eilte in das Shuttle.

Garths Freilassung im Augenblick ihres Abflugs erweckte in Lane die Frage, ob es nicht doch zu einem Kontakt gekommen war.

Jörg Weigand

Der Störfaktor

Als er nach dem Frühstück, die abgespülte Kaffeetasse und die zwei Teller abtrocknend, am Terminal vorbeischlenderte, leuchtete ihm die rote „I" entgegen. Er hatte am Abend vergessen zu desaktivieren.

Vor Schreck hätte er beinahe das Geschirr fallen lassen und konnte gerade noch nachfassen, ehe es Scherben gab. Hoffentlich hatte niemand von der Abteilung im Rathaus …

Energieverschwendung war nach Paragraph 17, Ziffer 2, Absatz 2 der Dienstanordnung für städtische Angestellte ein schweres Vergehen, auf das im Wiederholungsfall sogar Entlassung stehen konnte. Zwar gab es Spötter, die behaupteten, das An- und Ausknipsen der Apparaturen und Lampen schade denen mehr und bringe größeren Verschleiß, mithin auch höhere Kosten, als wenn man alles aktiviert lassen würde - doch eine solche Weltsicht paßte nicht in die behördliche Ordnung.

Und die behördliche Ordnung war für Rupert Bohnes gleichbedeutend mit persönlicher Sicherheit. Denn in einer Zeit der Massenarbeitslosigkeit, die durch immer neue Rationalisierungsmaßnahmen in Industrie und Verwaltung weiter angeheizt wurde, bot ein Arbeitsplatz im öffentlichen Dienst Sicherheit. Auch wenn es sich nur um eine Halbtagsbeschäftigung handelte.

Genau das hatte den Verwaltungsangestellten Bohnes daran gereizt, als man ihm angeboten hatte, er könne seine Arbeitszeit halbieren - bei entsprechend geringerem Gehalt natürlich. Da er Junggeselle war und für niemanden sonst sorgen mußte, da er sich bei der neuen Regelung vor allem seine Arbeitszeit nach Belieben einteilen konnte, war dies eine verlockende Offerte gewesen, die Rupert Bohnes auch nach kurzem Überlegen angenommen hatte.

Denn neben allen zeitlichen Vorteilen gab es noch ein weiteres, ein örtliches Plus: Bohnes mußte sich nicht mehr außer Hause begeben, um seine Arbeit zu erledigen. Arbeitsplatzanalysen hatten nämlich ergeben, daß es angesichts der neuen Technologien billiger war, solchen Mitarbeitern wie Bohnes eine Arbeitsstelle in ihren Wohnungen einzurichten, als ihnen Räume im Rathaus oder in einer seiner Dependencen vorzubereiten.

Über den Zentralcomputer wurde Bohnes als Sachbearbeiter seine Arbeit zugewiesen. Die Akten mit dem Sperrvermerk seines Terminals waren nur für ihn abrufbar; Zusatzinformationen konnte er sich über seinen Bildschirm besorgen.

Und da eine Art automatischer Stechuhr genau darüber wachte, daß die verbindliche Arbeitszeit pro Woche eingehalten wurde, konnte sich der jeweilige Angestellte seine Arbeit nach Belieben, etwa nach dem Wetter draußen, einteilen.

Das ging so lange gut, wie keine Dienstverfehlungen zu beanstanden waren. Energieverschwendung gehörte dazu. Besser, wenn Bohnes sich gleich an seinen Arbeitsplatz begab. Vielleicht machte das einen guten Eindruck, bewies Eifer und konnte ein wenig ausgleichend wirken …

Das Sozialreferat, Abteilung V, „Familienbeihilfen für Einkommensschwache", war eines der größten der Stadtverwaltung – verständlich angesichts der Arbeitsmarktlage im ganzen Lande. Darüber hinaus mußte das Referat, als einziges von insgesamt zwanzig, laufend ausgeweitet werden.

Rupert Bohnes seufzte.

Diese Akte 201163-LP-4566-X-0 kam immer wieder vom Zentralcomputer an ihn zurück, versehen mit Markierungen wie „Eilt!", „Dringend", „Sofort zur Bearbeitung". Irgend etwas mußte er bei diesem Vorgang bisher übersehen haben, irgend etwas machte er jedesmal falsch. Aber was?

Er blickte aus dem Fenster, das auf einen Kinderspielplatz wies. Jetzt am Vormittag war es ruhig, denn die meisten Kinder, abgesehen von den kleinsten, waren im Kindergarten oder in der Schule. Am Nachmittag war hier manches Mal soviel Leben und Geschrei, daß er flüchten mußte. Aber trotz dieses Nachteils hatte er immerhin einige Bäume im Blickfeld, die den Platz säumten – mehr als die meisten Menschen sahen, wenn sie aus ihrer Wohnung nach draußen blickten.

Er wandte sich wieder dem Bildschirm zu. Diese Akte machte ihn noch wahnsinnig. Leo Pultschek hieß der Mann, hatte sechs Kinder. Sechs Kinder! In diesen Zeiten. Dieser Mensch mußte nicht ganz bei Trost sein. Richtig verantwortungslos, was er da trieb. Aber wohl immer mit derselben Frau. Die Akte gab keinerlei Hinweise auf eine Scheidung, auf den Tod der Frau oder auf die Heirat mit einer zweiten.

Da hatte er, Bohnes, es doch besser. Als Junggeselle ging er einfach in eines der vom Amt für Kommunikation eingerichteten Treffs. Dort fand sich immer ein weibliches Wesen, das bereit war mitzukommen. Immer mit derselben Frau … Irgendwie tat ihm dieser … wie hieß er doch? Pultschek! … irgendwie tat er ihm leid.

Irgendwann hatte dieser Pultschek zu Protokoll gegeben und das Band an das Sozialreferat der Stadt weitergereicht, sie seien zu Hause auch fünf Kinder gewesen. Eine richtige Familie brauche Kinder, viele Kinder, sonst sei sie keine Familie.

Ha, Familie! Bohnes war froh, daß er auf niemanden Rücksicht nehmen mußte. Das hätte ihm gerade noch gefehlt, sich nach den Wünschen von Kindern richten zu müssen! Ihm reichte es schon, wenn ab und an eines der Mädchen etwas wollte, was ihm nicht in den Kram paßte. War er an der Kleinen intensiver interessiert, dann mußte er wohl oder übel solchen Wünschen nachgeben. Meist war dies aber der erste Anstoß zum Bruch. Wünsche hatten die manchmal …

Er löschte Akte 201163-LP-X-0 vorläufig ab. Mit seiner Konzentration war es heute nicht weit her. Besser, wenn er die Arbeit sein ließ, für den Augenblick zumindest. Morgen war auch noch ein Tag. Und überhaupt hatte er sein Soll für diese Woche schon erfüllt, und dabei war heute erst Donnerstag. Wenn er wollte, konnte er morgen immer noch etwas auf Vorrat arbeiten.

Er würde in die Stadt gehen, jetzt gleich, Einkäufe machen. Daher desaktivierte er das Terminal und stand auf. Von dem Gewicht des menschlichen Körpers befreit, schnappte die Lehne des Stuhls in ihre Ausgangslage zurück. Bohnes schnitt eine Grimasse. Die Augen schmerzten ihn, wie immer nach der Bildschirmarbeit. Vielleicht sollte er deswegen doch einmal zum Arzt, wie es die Stadt allen Heimarbeitern per Videotext des Gesundheitsamtes von Zeit zu Zeit riet.

Bohnes streckte sich. Die Verspannungen im Rücken wurden auch nicht besser. Wie mit Nadeln stach es bis in die vordere rechte Brusthälfte. Er mußte sich einen Termin beim Masseur geben lassen. Halbherzig machte er einige Gymnastikübungen, die nach der Arbeit am Bildschirm empfohlen wurden. Es half ja doch nichts, die Verspannungen blieben.

Was mußte er eigentlich in der Stadt besorgen?

Das war ein weiterer Vorteil seiner augenblicklichen Arbeit: Wenn er die Wohnung verließ, dann war er frei. Dann blieb alles hinter ihm; er konnte tun und lassen, was er wollte.

An der Wohnungstür verhielt er abrupt. Beinahe hätte er vergessen, durch den Spion zu sehen, den er sich vor einigen Monaten hatte einbauen lassen. Mit seiner Hilfe konnte er den gesamten Flur von seiner Wohnung überblicken. Das war wichtig, denn er liebte keine Belästigungen.

Damals nämlich, ehe er sich den Spion anbringen ließ, hatte es danach ausgesehen. Mehr durch Zufall war ihm aufgefallen, daß die Familie, deren Antrag er gerade ablehnend bearbeitet hatte, dieselbe Adresse besaß wie er. Und als er wenige Tage später gerade seine Wohnung verließ, stieß er mit einer Gruppe von Menschen zusammen, die sich über die Ablehnung des Sozialamtes aufregte. Klammheimlich war er daran vorbeigeschlüpft, es hatte ihn auch niemand erkannt oder mit dem Ablehnungsbescheid in Verbindung gebracht. Aber seit jener Zeit fürchtete er, daß die Leute im Haus herausbekommen könnten, woran er arbeitete. Deswegen hatte er den Spion einbauen lassen.

Seine Erregung war damals nur sehr langsam abgeklungen. Als er wieder zu Hause gewesen war, hatte er sich – ganz außerplanmäßig – noch einmal die entsprechende, fertig bearbeitete Akte vorgenommen. Es war eine Ermessensentscheidung gewesen. Er hätte den Antrag auch positiv aufnehmen können, aber als er damals die Unterlagen durchgesehen hatte, war ihm sofort klar gewesen, daß dies ein „Nein" geradezu herausforderte. Schließlich konnte das Sozialreferat nicht alle Forderungen erfüllen. Und im übrigen war Eile geboten gewesen, denn der Antrag war schon ein halbes Jahr alt. Irgendwie war er ihm durch die Finger gerutscht, hatte er ihn vergessen. Warum hatte ihn auch die Zentrale nicht daran erinnert? Also hatte er die Ablehnung eingetippt.

Draußen im Flur konnte er niemanden erblicken. Da klingelte es von der Straße her. Über die Gegensprechanlage fragte er nach. Der Telegrammbote.

Er drückte auf den Öffner, wartete, bis der Uniformierte die Treppe hochkam.

„Sind Sie Herr Rupert Bohnes?" fragte der Bote.

„Geben Sie her", antwortete er

„Sofort!" bestätigte der Mann, und ehe sich Bohnes versah, saß er auf dem Steinfußboden des Flurs. Sein Gegenüber hatte ihm eine mächtige Ohrfeige versetzt.

„Was soll das?" fragte er stammelnd, vom Boden aus hochblickend.

„Einen schönen Gruß auch von meinen sechs Kindern soll ich Ihnen ausrichten, Herr Sachbearbeiter, und wir sind alle sehr dankbar darüber, daß Sie das Kindergeld so zügig überweisen lassen."

„Sechs ... äh, was ... Kinder ...?"

„Ja, sechs sind es."

„Ich ... ich meine ... ich verstehe nicht", stotterte Bohnes, immer noch am Boden kauernd.

„Woher haben Sie eigentlich meine Adresse?"

„Vom Rathaus, woher sonst? Ich heiße übrigens Pultschek, Leo Pultschek. Falls Ihnen das was sagt."

Pultschek! Die Akte, diese verdammte Akte!

„Aber ich arbeite dauernd daran", verteidigte er sich. „Irgend etwas stimmt damit nicht."

„Mein Antrag ist in Ordnung", behauptete Pultschek. „Das weiß ich genau."

Gegenüber dieser Anmaßung in Behördenangelegenheiten überkam Bohnes plötzlich eine grenzenlose Wut. Er stemmte sich hoch, kam wieder auf die Beine, wenn auch zunächst etwas schwankend, und stellte sich vor dem anderen auf. „Was bilden Sie sich eigentlich ein?" herrschte er ihn an. Seine Stimme klang fest und bestimmt. „Sie können das ja gar nicht beurteilen."

Pultschek schaute verdutzt. „Hören Sie …"

„Jetzt spreche ich", zischte Bohnes. „Sie halten den Mund. Ihr Antrag ist ganz und gar nicht in Ordnung. Ja, da bin ich mir jetzt ganz sicher. Sonst würde er nämlich nicht immer wieder zurückkommen."

„Wir brauchen das Geld dringend", lenkte Pultschek ein.

„Da kann ich doch nichts dafür", fertigte ihn Bohnes ab. Und dann auf einmal schrie er: „Hauen Sie ab, und belästigen Sie keine Amtsperson!"

Pultschek versuchte es noch einmal: „Im Rathaus hat man mir …"

„Die werden auch noch was von mir zu hören kriegen. Meine Adresse … Ha! Verschwinden Sie, Sie Störenfried!"

Bohnes geriet jetzt in Fahrt. Was sich solche Leute einbildeten! Erst setzten sie sechs Kinder in die Welt, und dann wollten sie auch noch … Und belästigten ihn, Bohnes, den Sachbearbeiter Bohnes, vor seiner Wohnungstür.

„Seien Sie froh, wenn ich Sie nicht anzeige", schrie er wieder, so laut, daß es im Treppenhaus widerhallte. „Verschwinden Sie schon!"

Und Pultschek drehte sich um und schlich davon.

Bohnes aber rief ihm hinterher: „Versuchen Sie das nie wieder, Sie Störenfried, Sie! Ohne Leute wie Sie ginge unsere Arbeit viel schneller. Man sollte Sie alle einfach nicht beachten. Links liegenlassen. Damit Sie es nur wissen, Sie sind ein Störfaktor für unsere Arbeit, jawohl, ein Störfaktor, der eliminiert werden müßte. Haben Sie mich verstanden? Sie sind ein ..."

Die Haustür klappte hinter Pultschek ins Schloß.

„... ein Störfaktor."

Sechs Kinder, dachte Bohnes. Eine Unverschämtheit. Und verschloß die Wohnungstür sorgfältig. An den Störfaktor Pultschek dachte er schon nicht mehr.

Er würde sich ab sofort ein verlängertes Wochenende genehmigen, schließlich war sein Arbeitssoll für die Woche bereits erfüllt.

John Park

Der Geist und die Maschine

THE GHOST AND THE MACHINE

Am Fuß der Krankenhaustreppe blieb Ferrel stehen. Er hatte den Kragen hochgeschlagen, eine Hand in der Tasche seines Übermantels fingerte nach dem Telegramm. Er sah die Straße zurück: brauner Abfall in den Rinnsteinen, Quecksilberdampflampen zwischen ihm und den Sternen. Die Geste war theatralisch, erkannte er, Pose für ein Publikum, das gar nicht da war. Er zuckte die Achseln und ging hastig die Stufen hinauf. Er lächelte, als er sich dem Empfang näherte. „Guten Abend, Mrs. J. Adrett, wie immer."

„Dr. Ferrel." Sie drückte Tasten am Computerterminal. „Um diese Tageszeit muß es eine lange Fahrt sein."

„Autopiloten erledigen die ganze Arbeit. Sie sind gut, auch wenn ich sie nicht entworfen habe."

Sie betrachtete Symbole auf dem Videoschirm. „Ihr Vater ist im selben Zimmer. Sie können gleich hinaufgehen. Man erwartet Sie."

Er hielt das Lächeln, bis er sich von ihr abgewandt hatte, dann ließ er seine Gesichtsmuskeln abschlaffen. Er ging an den Aufzügen vorbei zur Treppe. Selbst nach so vielen Jahren brauchte er noch Zeit, um eine Ansprache vorzubereiten, die die Kluft zwischen Vater und Sohn überbrücken konnte. Er tastete wieder nach dem Telegramm. *Ein weiterer Rückfall.* Irgendwo auf dem Weg hierher hatte er den Gedanken akzeptiert, daß er diese Stufen zum letzten Mal hochsteigen würde. Er nahm den Geruch von Bohnerwachs und Desinfektionsmitteln wahr, hörte die Laute der Klimaanlage und gedämpfte Stimmen. Er blieb stehen und preßte Stirn und Handflächen gegen die kühle Wand, wobei er den Atem anhielt und an ein anderes leises

Gebäude und ein Zimmer mit Weiden vor den Fenstern dachte. Die Wand war fest und real. Er ging weiter. Der grüngestrichene Flur war ihm vertraut, eine wartende Bühnendekoration. Eine der Neonröhren an der Decke flackerte.

Schließlich erreichte er Zimmer 142, wo ihn eine blonde Krankenschwester an der Tür erwartete. „Vorerst zehn Minuten“, sagte sie leise. „Er ermüdet sehr schnell.“

Ferrel nickte und sah an ihr vorbei. Sein Vater saß im Bett und las in einem technischen Journal. Das Leselicht betonte die eingefallenen Schatten unter seinen Wangenknochen. Ferrel lauschte den Schritten der Krankenschwester, die im Flur verklangen. Er hustete und betrat das Zimmer.

„Ah. Du hast es also geschafft, ja?“ Die Stimme seines Vaters war tiefer, als er sie in Erinnerung hatte, und heiser. Ferrel merkte plötzlich, wie weiß das Haar seines Vaters geworden war, wie faltig die Haut um Nacken und Kinn. Sein Vater verblaßte zu einem alten, sterbenden Mann, wie alle anderen.

„Behandeln sie dich gut? Was liest du da?“ Ferrel konnte die Nervosität in seiner Stimme hören. Mit den Worten war es genauso.

„Sie suchen nach diesem Ding in mir, dem Geist deiner Mutter. Er ist wohlgenährt, ausgeruht und fit - ich wußte, daß sie mich auf die eine oder andere Art bekommen würde. Interessanter Artikel hier, du solltest ihn lesen, wenn du Gelegenheit hast. ICR-Ergebnisse von der oberen Jupiteratmosphäre. Ich erinnere mich, als wir die ersten guten Daten vom Fleck bekamen. Du könntest jetzt bei diesem Team sein, weißt du. Als ich ging, waren sie immer noch auf der Suche nach jemandem, der sich den Weg nach oben erkämpfen möchte. Du könntest dort sein, wo ich mittlerweile war.“

„Das weiß ich“, murmelte Ferrel. „Du hast es schon oft gesagt. Siehst du, darüber möchte ich gerne sprechen - *warum?* Wir konnten nie miteinander reden. Hast du dich nie gefragt, warum ich statt dessen in die Kybernetik gegangen bin? Anfangs tat ich es nicht, obwohl ich hätte sollen. Ich wollte weggehen, dem Fluch der Sphinx entkommen ... Das Dumme bei einem

Automaten, jedenfalls von der Sorte, wie wir sie bauen können, ist die Tatsache, daß er seinem Programm gehorcht. Er ist der Sklave seines Machers. Ich hatte mich nie gefragt ..." Er befeuchtete die Lippen. „Ich tat das fünf Jahre lang, und erst als Katherine mich verließ, war ich gezwungen, darüber nachzudenken, was ich tat. Kannst du mir folgen?"

Sein Vater zuckte die Achseln. „Du hättest bei ihr bleiben sollen. Wie war ihr Name?"

„Katherine."

Ferrel schluckte und fuhr fort. „Ich fing an zu erkennen, was vor sich ging, als ich feststellte, daß ich mich in einen Job hineingearbeitet hatte, der darauf hinauslief, einen Roboter zu entwickeln - einen Ersatz für Menschen -, um die Jupitermonde zu erkunden. Ein Sklave seines Schöpfers."

„Es ist etwas Lohnendes für einen Sohn, seinem Vater zu folgen, oder nicht?" Ferrel sah ihn an, sah die runzlige Maske, die den Autokraten verbarg, den zu konfrontieren er gekommen war. „Ich habe mein Leben", sagte sein Vater, „dieser Arbeit gewidmet. Ich hatte erwartet, euch und eure Kinder starten zu sehen. Ich wollte die Sterne für meine Nachkommen." Sein Vater machte eine unbestimmte Geste zur Wand. „Ich schätze, irgendwie habe ich angenommen, ich würde dabeisein und es selbst sehen." Beunruhigt sah Ferrel, daß die Hände seines Vaters zitterten, wobei sie die Seiten des Journals willkürlich knickten und wieder glätteten. „Auch deine Mutter kann nicht glücklich gewesen sein. Anita. Ich wußte nicht ... ich habe angenommen, ich würde dabeisein und es selbst sehen. Dann betrachtete ich eines Nachts die Sterne, und es war, als wichen sie zurück, als fielen sie fort von mir, und da wußte ich, wußte ich ... Zehn Tage später war ich hier. Ich habe angenommen, ich würde dabeisein, und dann wußte ich. Und jetzt das."

Erstarrt sah Ferrel, wie seinem Vater Tränen in die Augen traten. Er konnte das kalte Licht auf seinem Gesicht sehen, das dort zu erstarren schien. Irgendwo in seinem Kopf wiederholte eine Stimme etwas, das er immer gewußt, aber nie geglaubt hatte: *Ich habe ihn nie gekannt. Ich habe ihn nie gekannt.*

Er saß fassungslos da, und dann begann sein Vater zu husten.

Ferrel griff nach vorne, die Hände wie Zangen geformt, aber sein Vater schüttelte den Kopf. „Du kannst nichts tun. Hol die Schwester.“ Eine rosa Schliere war auf seinen Lippen.

Ferrel drückte den Knopf über dem Bett und wartete, während die blonde Schwester kam und seinem Vater eine Injektion verabreichte. Sie wandte sich an Ferrel und schüttelte den Kopf. „Sie gehen besser zurück in den Wartesaal. Der Arzt ist unterwegs, aber Ihr Vater wird in jedem Fall einige Stunden bewußtlos sein. Sie können nichts tun.“

Er ging steif zum Wartesaal zurück. Das Licht war eiskalt, aber er stumpfte dagegen ab. Eine Frau in mittleren Jahren und ein junges Mädchen - Schwester und Enkelin eines Patienten? Mutter und Tochter - betrachteten die Bilder in einem Theatermagazin. „Siehst du“, sagte die Frau, „der alte Mann verbirgt sich hier hinter der Abschirmung und hört zu.“

Ferrel betrachtete sie, bis eine Ärztin ihn in ihr Büro rief und ihm mitteilte, daß sein Vater gestorben war, ohne nochmals das Bewußtsein zu erlangen.

Im Mondlicht wallte und kroch der Nebel über den Freeway. Es würde früher Morgen sein, bis er zu Hause war. Ferrel ließ den Autopiloten die Straßensensoren abtasten und saß bewegungslos, während er die roten Sterne betrachtete, die vor ihm brannten, die Scheinwerfer, die ihm wie Sonnen entgegenstürzten. *Was ich gesehen habe. Was, glaubst du, war es, Michael?* Sprühregen benetzte die Windschutzscheibe, und die Ultraschallwischer und Luftdüsen griffen ein, die wahnsinnige Lichtströme erzeugten, bis die Scheibe klar war. Er bewegte sich nicht. *Was denkst du? Ich bin immer noch bei dir. Was empfindest du?*

Nichts. Nichts.

Du wirst morgen wieder zur Arbeit gehen, nicht wahr, als wäre nichts geschehen. Du wirst weitergehen, zu folgen versuchen ...

Hinter ihm erblühte der Nebel in Licht. Ein silbergrauer Sportwagen, ein Troika mit niederem Cockpit, tauchte rechts neben ihm auf. Er schien im Nebel zu schweben.

Wonach schaust du …

Die Turbinen heulten, dann war der Wagen vor ihm und verschwamm zu zwei roten Heckleuchten, die in den Nebel führten.

Endlos.

Ferrel schüttelte den Kopf. Er schaltete den Autopiloten ab, schaltete herunter und trat das Gaspedal bis zum Anschlag durch. „Laß mich allein", flüsterte er. „Jetzt ist es zu spät." Der Troika fuhr immer noch voraus.

Er verfehlte fast eine Biegung der Straße und riß den Wagen herum. Einen Augenblick später war der Nebel einer klaren Nacht gewichen. Der linke Blinker des Sportwagens flackerte gelb auf, als der Troika auf seine Fahrspur schwenkte. Seine Bremslichter spiegelten sich im nassen Straßenbelag, und plötzlich war die Straße voraus von einem Lastwagen und einer Familienlimousine versperrt.

Er hielt die Geschwindigkeit, bis seine Scheinwerfer sich auf der Karosserie des Troika spiegelten, betätigte die Lichthupe, tippte einmal kurz die Bremse an, drehte dann das Lenkrad drei imaginäre Raster weiter und überholte links.

Der Nebel hinter ihm war ein bleicher See, die Sterne schienen klar. Er wartete darauf, daß die Lichter des Troika im Rückspiegel auftauchen würden, aber die Straße war zweihundert Meter hinter ihm verlassen. Er atmete unregelmäßig aus, plötzlich erschöpft und enttäuscht, dann schaltete er den Autopiloten wieder ein und ließ sich nach Hause fahren.

Jupiter war eine gestreifte Scheibe, die blaß an der hinteren Wand zu sehen war. Ferrel stand am Rand der betonierten Mondlandschaft und sah den Roboter an, der eine vorbereitende Untersuchung erfuhr. Er hörte Schritte hinter sich und wußte, daß es George Minkov war, der gekommen war, um gesellschaftlichen Ritualen Genüge zu tun.

„Morgen", sagte Ferrel, ohne den Blick vom Roboter abzuwenden. „Und morgen. Und morgen."

„Mike?"

„Sein Stündchen auf der Bühne, George. Guten Morgen."

George runzelte die Stirn. „Ich hörte vom ... wir haben es alle gehört. Es kam in den Nachrichten."

Ferrel beobachtete, wie der Roboter Arme und Kopf auf Befehl des Hauptcomputers bewegte. Er sagte; „Alles in allem gesehen, war er ein Mensch. Seinesgleichen werde ich nie mehr wiedersehen." In seinem Kopf dauerte der Rhythmus fort.

„Was? Oh ... ja. Sind Sie sicher, daß Sie jetzt damit weitermachen wollen? Ich meine, so weit sind wir nicht hinterher, und ein paar von uns meinten ...

Nun war der Roboter nicht mehr mit dem Computer verbunden. Er wartete müßig mit eigenem aktivierten Prozessor. Ferrel wandte sich zu George und spürte, wie seine Mundwinkel in die Höhe gingen. „Keine Bange, ich werde dranbleiben. Ich werde meine Gedanken so beschäftigt wie möglich halten." Das Licht wurde gedämpft und ließ den Roboter zwischen den Betonkratern unter der flachen Jupiterscheibe zurück. „Showtime. Gehen wir aus dem Weg. Weiß jeder, was er zu tun hat?"

„Hoffentlich. Wir geben die Resultate auf den Schirm, für alle Fälle ..."

„Falls ich hierbleibe und die Fehlersuche übernehme. Klar."

Der Roboter bahnte sich einen Weg nach vorne. Ferrel konnte seine Füße auf der harten Oberfläche scharren hören. Er erreichte das beschädigte Instrumentenbündel und wandte sich ihm zu. Ferrel sah die blanken Photorezeptoren vor sein Gesicht schwingen und schloß die Augen. Er fühlte sich wieder kalt. *Es ist etwas Lohnendes ...*

„Scheiße", sagte George. „Zum Teufel damit."

Die Lichter gingen wieder an, und drei Techniker eilten auf den Roboter zu, der neben den Instrumenten erstarrt war. Ferrel beobachtete sie, wie sie den Roboter auf einen Wagen luden und wegrollten.

„Sieht aus, als sei es Zeit für meinen großen Auftritt, was?"

„Himmel, Sie sind ja so verdammt cool, nicht?" George verschränkte die Finger über dem Bauch. „Wir wissen beide, was passieren wird, wenn so ein Ausfall auf Callisto vorkommt."

„Wir sind beide unsere Jobs los, George. Zusammen mit vielen anderen. Möchten Sie mitkommen und mir beim Doktorspielen zusehen?“

Er betrachtete das Durcheinander aus Papieren auf seinem Schreibtisch und das Videoterminal des Computers unter dem Escher-Kunstdruck an der Wand, und wieder spürte er die Kälte auf der Haut. „Setzen Sie sich, George, setzen Sie sich. Dies wird nicht weh tun, und vielleicht gibt es ja etwas für Sie zu tun.“

Er tippte Befehle in die Tastatur ein, worauf sich Papier aus dem Drucker auf seinen Schreibtisch ergoß. Eine ganze Menge für einen nachgemachten Verstand, dachte er. „Ich werde mir das gleich durchsehen. Sehen wir zuerst die audiovisuelle Aufzeichnung an. Ein rascher Blick in Chummeys Kopf. Ein Glück, daß wir nicht so transparent sind, was?“ Der Bildschirm erhellte sich, undeutlich war die Felslandschaft auszumachen, wie der Roboter sie wahrnahm. „Ich nehme die letzten zwanzig Sekunden. Viertelgeschwindigkeit.“

Er tippte einen weiteren Befehl, worauf sich der Blickwinkel zu verändern begann. Vage Schemen glitten vorüber. Oben waren Lichter zu sehen, verschwommen, aber brillant. Ob etwas mit den Photoverstärkern nicht stimmte? Die Lichter kamen zum Stillstand. Wellen schienen über den Bildschirm zu huschen, durch sie hindurch konnte er Stühle, Kabel und Gesichter wahrnehmen. Der Bildschirm schimmerte. Töne wurden laut, gingen aber in einem plötzlichen Dröhnen unter. Die Szene zerfloß, als eine klare schwarze Woge darüber hinwegging, und zersplitterte in Bruchstücke. Die Lichter oben schienen sich über ihm zusammenzuballen und zu verschmelzen. Dann war nichts mehr.

„Er nahm die Zimmerbeleuchtung wahr, nicht? Können Sie etwas damit anfangen? Mike?“

Ferrel drehte langsam den Stuhl herum. „Sie haben es bemerkt, nicht? … Nein, wahrscheinlich nicht.“ Er schloß die Augen. „Schon gut, sieht ganz so aus, als sei es doch eine Aufgabe für mich. Ich werde noch die Ausdrucke überprüfen, aber es sieht ganz so aus, als würde es an der Software liegen.“ Er hatte die Hände um die Stuhllehnen verkrampft.

Er sah, wie George die Achseln zuckte und aufstand. „Programme, George. Hartdrahtige DNS und über zwanzig Jahre Subroutineentwicklung. Was läßt uns zum Jupiter fliegen - sind wir einfach darauf programmiert? Und was passiert, wenn etwas auftaucht, das nicht eingeplant war, womit das Programm nicht fertig werden kann? Wenn die Sterne zurückgezogen werden, oder, sehen Sie: diese Gesichter auf dem Bildschirm ... Chummey hätte von da gar nichts wahrnehmen dürfen. Die Lichter waren schon schlimm genug, aber sie waren wenigstens nur verschwommen. Aber er hat uns und den ganzen Aufbau gesehen, und das hat ausgereicht, sein Bild vom Universum zu zerstören. Als Hamlet dem Geist seines Vaters begegnete, stellte es sein Weltbild auf den Kopf, und außer dem Tod hatte nichts mehr eine Bedeutung für ihn. Was heißt diese Zeile - interpretiere das Spiel der Puppe. Ist das alles, George, Puppen, die Puppen programmieren, sich selbst als Puppen wieder neu zu erschaffen?“

„Ganz sicher, daß es Ihnen gut geht?“

„Müde, George, nur müde. Schon gut.“

„Kamera, Licht, Aktion“, murmelte Ferrel zu George im hinteren Abschnitt des Raumes, als der Roboter reaktiviert wurde. Er ging vorwärts.

„Sie waren schnell. Was haben Sie getan?“

„Die Sensorroutine neu justiert. Einige ausgebrannte Archetypen ersetzt, die Libido höhergestellt, den kategorischen Imperativ elektropoliert ... Sehen Sie, wie er sich bewegt, die reinste Poesie, diese Anmut. Grenzenlos in Fähigkeiten, Form und Bewegung. Eben wäre er beinahe gestürzt, George. Besser die Servos überprüfen. Aber ich glaube, nun ist er bereit für den nächsten Teil seiner Ausbildung. Keine Sorgen mehr wegen seines Verstandes oder eines Makels im Charakter. Jetzt gehört er Ihnen. Bis morgen.“

Die Wohnung war wieder kalt, und vom Rhythmus von Beethovens Allegretto erfüllt. Ferrel aß ein belegtes Brot und betrachtete die Meilensteine seines Lebens im Bücherregal. Koestler neben Bronowski neben Ginsburg und Watts. *Dichtung? Nicht einmal gute Dichtung! Ich habe dich nicht ausgebildet, damit du deinen Geist mit so etwas vergeuden kannst ...*

Alles in allem gesehen, war er ein Mensch. Ein Mensch, der in seinem Zimmer, eine Treppe höher, gearbeitet hatte. *Es ist mir egal, was du gewonnen hast, wenn ich hier drinnen bin. Ich arbeite ... Ich habe wichtige Arbeit. Ich werde mich wieder mit dir unterhalten, wenn du zur Vernunft gekommen bist ...*

Etwas Lohnendes für einen Sohn.

Die durchschimmernde schwarze Woge, das Dröhnen des Chaos und die verschmelzenden, fallenden Lichter.

Sklave seines Schöpfers.

Was empfindest du?

Nichts.

Er dachte an Freeways, die sich vor ihm erstreckten und ihn zu dem locken wollten, was jenseits der Lichter lag. Er stellte sich das graue Auto vor, das ihn durch die unwirkliche Nacht verfolgt hatte, sah, wie sie durch den Nebel fuhren und in Finsternis und mit kreischenden Bremsen das suchten, was am Ende des nebligen Highways im Mondschein lag.

Er nahm die Autoschlüssel und ging die Stufen zur Tiefgarage hinab.

Scheinwerfer brannten ihm entgegen und verschwanden wieder. Er war sich der Sterne über ihm bewußt. Ein Licht am Armaturenbrett verriet ihm, daß die Geschwindigkeitsmonitore der Straße wieder nicht funktionierten.

Er fuhr etwa eine halbe Stunde, als er den Troika vor sich fahren sah, knapp unterhalb der Geschwindigkeitsbegrenzung. Er betätigte die Lichthupe und raste links vorbei. Nach wenigen Sekunden hörte er, wie die Turbinen wieder verlangsamten. Ihre Scheinwerfer bohrten Tunnel in die Dunkelheit. Er verkrampfte sich in Erwartung des Rennens.

Statt dessen setzte der Troika den rechten Blinker und fuhr auf eine Ausfahrt. Er folgte. Sie fuhren über Straßen unter Quecksilberdampflampen in einen Vorort, der ihm vage vertraut war. Drei Stockwerke hoch verkündete eine Leuchtschrift in roten Großbuchstaben *Elsinore,* und dann *Club,* bevor die Einfahrt sie vor ihm verbarg.

Er parkte und suchte nach dem Fahrer des Troika. Eine große blonde Frau mit glattem Haar kam auf ihn zu. Ihr Gesicht bildete eine Parodie der Unschuld. Einen Augenblick kam sie ihm wie eine vertrauende Ophelia vor. Bist du ehrlich, bist du aufrecht? Wo ist dein Vater?

Sie sah ihn rasch an. „Ich fürchte, das habe ich nicht mitbekommen. Wollen Sie es noch einmal versuchen?"

Plötzlich hatte er Angst. Er hatte den Text vergessen und stand im Begriff, eine Szene zu spielen, von der er nicht wußte, ob sie Tragödie oder Farce war. Mit der Furcht fingen Stimmen in seinem Kopf an zu sprechen, die flüsterten und riefen, einander unterbrachen, beratschlagten und verspotteten. Durch sie hindurch hörte er sich sagen: „Nymphe, in deiner Gegenwart seien all meine Sünden erinnert."

„So sei es. Und da wir schon von Sünden sprechen müssen, an welche hätten Sie denn gedacht?" Sie lächelte prüde, dann lachte sie etwas zu laut. *Überdramatisierend,* sagte eine Stimme. *Hat ihre Rolle nicht im Griff.*

„Ich wollte auf den letzten Akt warten", sagte er und spürte, wie er grinste. Er wartete auf ein Aufblitzen von Gefühlen, aber da war nichts. Er schien die Szene von einem Ort wenige Zentimeter hinter seinen Augen wahrzunehmen.

Sein Mund sprach, sein Mund lächelte. Sie gingen gemeinsam inmitten von Lichtern und Stimmen. Ihre Lippen lächelten und sprachen. Da war Musik und Licht. Er trank und sah ihr beim Rauchen zu, rauchte und sah ihr beim Trinken zu. Sie gingen zur Tanzfläche, wo die Musik ihnen ihre eigene Richtung aufzwang. Er stellte sich auf den schneller werdenden Beat ein und spürte die Beschwingtheit des Drinks in seinen Adern. Sie grinste ihn an und lockte mit geöffneten Armen. Er tanzte auf dem Trommelfell über dem Abgrund und grinste zurück, sein Blick glitt von ihrem wippenden Haar zu den Gestalten, die jenseits des Lichts saßen. Er fragte sich, ob er in Katatonie erstarren und ob die Bühnenarbeiter kommen und ihn wegtragen würden.

Später gingen sie zu ihren Wagen und fuhren durch verlassene Straßen, danach gingen sie zu Fuß und unterhielten sich bruchstückhaft. Die Nacht war kalt und voller Nebel. Er fühlte ihren Blick auf sich und wußte, das war sein Stichwort, daher blieb er stehen und nahm sie in die Arme. Licht glitzerte in ihrem Haar und auf der Silberkette um ihren Hals. Er sah ihr in die Augen und sagte leise: „Weißt du, dies ist eine beschissene Art, sich auf eine Beerdigung vorzubereiten."

Sie schüttelte langsam, mit weitschweifiger Sorgfalt den Kopf. „Nein", sagte sie und sah ihn an, „aber wenn du die ersten drei Takte in F-Dur pfeifst, stimme ich ein." Sie verbarg den Kopf an seiner Schulter und schüttelte sich vor Lachen.

Sie gingen weiter, und er erinnerte sich, daß nicht einmal ein nachgemachter Verstand auf drei Meter Computerausdrucken erfaßt werden konnte.

Er folgte ihr in ihre Wohnung, wobei er unbestimmt an Neuronen und Pulsschläge dachte, das schwarze Wogen, das vor dem Aufflackern und Fallen der Lichter folgt, und inwiefern sich ein Systemzusammenbruch vom Tod unterschied.

„Was murmelst du da?" fragte sie stirnrunzelnd. Sie deutete in die Wohnung. „Gefällt es dir? Nicht so geräumig wie eine Kathedrale und auch nicht so tief wie ein Brunnen, aber es wird genügen."

„Wozu genügen?"

„Den Menschen zu dienen. Es ist ein Kochbuch. Feuer brennen, Kessel blubb're. Ich bin eine Hexe, die am Tag an unwissenden Opfern die Schwarzen Künste erprobt."

„Und in der Nacht?"

„Ah, dann ... dann erprobe ich sie an wissenden Opfern, die

meine Macht zu schätzen wissen." Sie drehte sich um. „Es werde Licht." Die halbe Wand erhellte sich als Fernsehschirm. Ferrel stellte erstaunt fest, daß er vom Callisto-Observatorium auf den Jupiter hinabblickte. Sie ging zur Tür. „Nach dreimaligem Schütteln von diesem oder jenem bin ich wieder hier. Geh nicht weg."

Das Gesicht seines Vaters erschien kurz auf dem Bildschirm, wurde von Aufnahmen vom Callisto verdrängt, über dessen Oberfläche spinnenbeinige Explorer huschten. Ferrel stand auf, fand die Kontrollen und stellte die Lautstärke höher. Das Bild wurde ausgeblendet, dann begann ein Werbespot. Ein grauhaariger Mann mit dunklen, stechenden Augen begann eine Litanei über Religion. Ferrel hatte von diesen neuen kosmologischen Kulten gehört, hatte ihrer Propaganda bisher aber immer entgehen können. Sein Verstand begann zu wandern.

„Mein Sonntagskirchenkleid. Gefällt es dir?" Sie reichte ihm ein Glas. Im Hintergrund sprach der Apostel von Galaxien, Ballungen von Galaxien, Ballungen von Ballungen, die alle auseinanderflogen.

Ferrel sah sie an und nickte. Er trank einen Schluck von dem Alkohol. „Es zeigt ... deinen Geschmack." Er trank noch einmal. Das Zimmer schien etwas dunkler zu werden und sich auszudehnen. Sie hatte ein Muttermal auf der linken Schulter und Schatten unter den Augen. Ihr Mund lächelte und ihre Augen waren groß und starrend, wie er nun sehen konnte, aber die Pupillen waren klein.

Er sah wieder zum Bildschirm. Der Mann beugte sich nach vorne und hob die Stimme. „Und alles, was wir am Nachthimmel sehen - auch alles jenseits davon, bis zur fernsten Reichweite unserer größten Teleskope, alles, was wir begreifen können, fliegt immer noch nach dieser gewaltigen Explosion auseinander. Die Wissenschaft sagt uns, daß es sich irgendwann einmal wieder zusammenziehen wird, kleiner und kleiner werden wird - aber zu was?"

Ferrel wünschte sich, der Mann möge erstarren und weggetragen werden, aber er fuhr fort, und Ferrel mußte zuhören.

„Zu was? Zu seiner ursprünglichen Form, zu einem Raum, den ich hier in meinen beiden Händen halten könnte, den man in einer Nußschale unterbringen könnte - aber noch kleiner, unvorstellbar klein. Der ganze Nachthimmel flammt auf und wird zu einem Punkt, der kleiner ist als die Spitze einer Stecknadel … Und außerhalb davon …“

Ferrel drückte unvermittelt einen Knopf und verwandelte den Bildschirm wieder in eine Wand. Er atmete schwer. Er betrachtete die Frau, die den leeren Schirm anstarrte. Ihr Gesicht war schlaff und ausdruckslos.

„Tut mir leid“, sagte er. „Wolltest du …?“

Sie schüttelte den Kopf, doch ihr Gesicht blieb ohne Ausdruck.

„Geht mir auf die Nerven“, sagte er. „‚Diese salbungsvollen alten Narren.‘“

Sie nickte und sagte nach einem Augenblick: *„Hamlet.* Zweiter Akt.“ Sie sah ihn rasch an. „Erinnerst du dich, was vorher kommt?“

„Nein.“ Er schluckte, denn ihre Kälte machte ihn unbehaglich.

„Nein. Ich auch nicht.“

Sie schwiegen. Er konnte jede Einzelheit ausmachen, merkte aber, daß das Zimmer dunkler war, daß die Wände auseinandertrieben und den Raum um ihn herum vergrößerten.

Nach einem zeitlosen Intervall wandte sie sich mit leiser Stimme an ihn: „Weißt du, warum ich mit diesem Auto nachts herumfahre, ohne mich an Geschwindigkeitsbegrenzungen zu halten?“ Ihre Stimme schien wie aus großer Entfernung zu ihm zu dringen.

„Nein, aber wenn du die ersten drei Takte summst …“ Die Expansion schien zum Stillstand gekommen zu sein. Eine Pause trat ein. Er hörte sich selbst mit leiser Stimme sagen: „Und weißt du, warum ich dich gestern abend mit noch höherer Geschwindigkeit links überholt habe?“

Sie lächelte nicht. „Wahrscheinlich aus denselben Gründen wie ich.“

„Und die wären?" Die Kontraktion hatte angefangen. Er sah helle Lichter über sich, die Wände rückten immer enger zusammen, drückten, während er und sie separat blieben.

Sie zuckte die Achseln. „Spielt keine Rolle." Er sah sie an, und sie betrachtete ihre Hände. „Es ist wirklich nicht so wichtig." Die Wände rasten aufeinander zu und zerquetschten den Raum dazwischen. Er konnte das dumpfe Dröhnen ihrer Annäherung hören. Die Lichter verließen ihre Positionen und begannen zu fallen. Sie bewegte sich erschöpft auf ihn zu. Er wußte, als nächstes würde die schwarze Woge der Vision kommen, und er vermied es, sie zu berühren.

Dies war ein Skript, dem sie beide zu folgen vermochten. Er sah sich auf die Stichworte reagieren, die ihr Körper lieferte. Sein Körper spielte seine Rolle perfekt, schuftete sich zum Höhepunkt, erbebte und blieb dann still liegen. Ihr Atmen schien durch grenzenlose, leere Räume zu hallen.

Er rollte auf die Seite und sah sie an. Sie sah zur Decke, ihre Wangen waren schlaff, ihr Atem rasch und flach. Er schloß die Augen und erinnerte sich an eine längst vergangene Zeit, als er mit seinem Vater im Regen gestanden hatte. Er hatte einen Regenschirm balanciert und dabei mit nur einem Finger den gebogenen Griff gestützt. Er versuchte zu schlafen.

Er ging die Treppe hoch und folgte der Musik zum Arbeitszimmer seines Vaters. Ganz oben flackerte eines der Lichter. Er sah genauer hin, und plötzlich war es eine gestreifte Scheibe, die sich ihm näherte. Er lief vor ihr weg ins Arbeitszimmer, das zu den Sternen geöffnet war. Da waren die Bücherregale, der Perserteppich, der lederbezogene Schreibtisch, aber der Stuhl war leer und würde es immer bleiben. Eine schwarze Woge stieg auf und erhob sich über die ganze Szene zu den Sternen. Sie flammten auf und wurden zurückgezogen, und einen Augenblick konnte er durch sie hindurch die Präsenz sehen, die beobachtete und richtete und befahl. Seine Rolle in dem Schauspiel war vorbei. Er sank mit dem Gesicht in den leeren Stuhl, weinte und wartete darauf, daß alles vorüber sein würde.

Er erwachte kalt und elend. Es war immer noch Nacht, aber sie hatten die Wandleuchte gegenüber angelassen, damit er ihr Gesicht sehen konnte. Ihr Rücken war gekrümmt, so daß sie zur Decke sah, und ihr Atem ging langsam und schwer. Im Profil war sie häßlich. Sehnen standen von Nacken und Kiefer vor, der Mundwinkel war herabgezogen, ihr Auge war fast geschlossen, glitzerte aber, die Wangen waren eingefallen. Übelkeit überkam ihn. Er schloß die Augen.

„Schläfst du?" murmelte sie. Er zuckte zusammen, antwortete aber nicht. „Selbstverständlich schläfst du, warum sollte ich sonst mit dir sprechen? Natürlich schläfst du. Diese Nacht ist der Spaß vorbei, weshalb solltest du wach bleiben? Schlaf den heilenden Schlaf. Das ist besser, als der Hexe zuzuhören oder so über die Freeways zu rasen, wie sie es tut. Eigentlich ist alles ein Spiel. Zweihundert Pferdestärken und ein Wettrennen zum Grab. Ich dachte immer, da wäre noch mehr. Als würde etwas am Ende des Highways warten, oder wenigstens, als hätte es jemand geplant und würde zusehen. Aber da ist nichts." Ferrel zitterte und ballte die Fäuste. Nach einem Augenblick fuhr sie fort. „Du bringst also einen mit hierher, und manchmal tun sie dies, und manchmal sagen sie das, aber meistens schlafen sie hinterher einfach ein. Und macht das etwa einen Unterschied?" Ferrel dachte an den bewegungslos dastehenden Roboter, der darauf wartete, daß man ihn wegtrug. „Macht das einen Unterschied? Das frage ich dich, aber du schläfst, und das ist die Antwort ... ich hätte daheim bleiben und mich zurückhalten sollen." Es folgte eine lange Pause. Ferrel hörte, wie ihr Atem schneller und tiefer wurde. *Bewege dich,* sagte er zu sich. *Sag etwas.* Er lag still, seine Muskeln wie erstarrt. Sie flüsterte: „Hätte daheim bleiben sollen. Lange Nacht. Lange, lange Nächte. Zu viele. Hätte daheim bleiben sollen ... O Gott – es *lohnt* sich nicht."

Ferrel atmete flach und wünschte sich, er könnte schlafen. Sie holte tief Luft und hielt den Atem an, dann stieg sie aus dem Bett. Er hörte sie ins Wohnzimmer gehen, wo sie ihre Mäntel gelassen hatten. Sie machte sich an etwas zu schaffen – wahrscheinlich suchte sie etwas in ihrer Handtasche, dachte er. Er vernahm ein leises, dumpfes Klappern, dann hörte er sie ins Badezimmer gehen. Die Tür schloß sich leise, wurde aber nicht abgeschlossen. Um ihn nicht aufzuwecken, erkannte er. Danach wieder Stille. Nach einem Augenblick glaubte er, sie atmen zu hören, und etwas ließ ihn aufhorchen. Ein Hahn gluckerte, Wasser floß in ein Glas. Er sprang aus dem Bett und rannte zu ihr.

Mit der Handfläche schlug er auf den Lichtschalter, und ihr Gesicht sprang auf ihn zu, wütend und ängstlich. Er entwand ihr das Pillenglas, das er auf den Kachelboden fallen hörte. Etwas riß in ihm los. Er packte sie, zwang ihren Kopf über das Waschbecken und würgte sie, bis sie den Mund öffnete und sein Daumen einen Klumpen roter und blauer Kapseln aus ihrer Kehle emporförderte. Er schüttelte sie an den Schultern und brüllte sie an: „Gib ihm nicht nach!“ Dann fuhr er flüsternd fort: „Kämpfe dagegen an, wenn es real ist. Hasse es!“

Plötzlich hörte er auf und trat zurück. Sie sahen einander an. Sie wischte sich den Mund ab. Er rechnete damit, daß sie weinen würde, aber sie sah ihn nur an, während er erschauderte und nach Atem rang.

Ihre blassen Lippen zuckten. Sie schluckte. „Das Schauspiel ist das Wesentliche“, flüsterte sie heiser und ohne zu lächeln. Sie kam zu ihm.

Ja, dachte er: Bis die nächste schwarze Woge emporsteigt. Ja, ja. Er folgte ihr zurück ins Bett und hielt sie in den Armen, bis sie eingeschlafen war.

Greg Bear

Die Musik des Blutes

BLOOD MUSIC

Es existiert ein Prinzip in der Natur, das meines Wissens noch niemand deutlich dargelegt hat. In jeder Stunde werden eine Myriade Trillionen winzigster lebender Dinge - Bakterien, Mikroben, „Tierchen" - geboren und sterben, ohne viel zu gelten, es sei denn in der Masse ihrer Existenz und der Anhäufung winzigster Effekte. Sie haben keine weitreichende Wahrnehmung. Sie leiden nicht. Wenn eine Milliarde stürben, hätte das bei weitem nicht dieselbe Tragweite wie der Tod eines einzelnen Menschen.

Innerhalb der Grenzen der Bedeutsamkeit aller Lebewesen, klein wie Mikroben oder groß wie Menschen, besteht eine Gleichheit an „Elan", so wie die Zweige eines Baumes zusammen genommen so dick sind wie die Äste darunter und die Äste zusammen wiederum so dick wie der Stamm.

Das zumindest ist das Prinzip. Ich glaube, Vergil Ulam war der erste, der es verletzt hat.

Es war zwei Jahre her, seit ich Vergil zuletzt gesehen hatte. Meine Erinnerungen hatten kaum etwas mit dem braungebrannten, lächelnden, gutangezogenen Mann gemein, der vor mir stand. Wir hatten am Vortag telefonisch eine Verabredung zum Essen getroffen, und nun standen wir einander unter der breiten Flügeltür der Angestelltencafeteria des Mount Freedom Medical Center gegenüber.

„Vergil?" fragte ich. „Mein Gott, Vergil!"

„Schön, dich zu sehen, Edward." Er schüttelte mir fest die Hand. Er hatte zehn Kilo abgenommen und sah nun straffer, wohlproportionierter aus. In der Schule war Vergil ein pummeliger, rothaariger, zahnlückiger Pfiffikus gewesen, der Türgriffe unter Strom setzte, uns Punsch gab, der unsere Pisse blau machte und nie eine Verabredung bekam, außer mit Eileen Termagent, der viele seiner körperlichen Charakteristika zu eigen waren.

„Du siehst phantastisch aus", sagte ich. „Hast du einen Sommer in Cabo San Lucas verbracht?"

Wir gesellten uns der Schlange an der Theke zu und wählten das Essen aus. „Die Bräune", sagte er, während er sich einen Beutel Schokogetränk griff, „kommt daher, daß ich drei Monate unter der Höhensonne verbracht habe. Meine Zähne wurden kurz nach unserem letzten Treffen gerichtet. Den Rest werde ich dir auch erklären, aber dazu brauchen wir einen Platz, wo nicht jeder so ohne weiteres zuhören kann."

Ich führte ihn in die Raucherecke, wo drei hartgesottene Qualmer an sechs Tischen saßen.

„Glaub mir, es ist mein Ernst", sagte ich, während wir die Tabletts abräumten. „Du hast dich verändert. Du siehst gut aus."

„Ich habe mich mehr verändert, als du weißt." Sein Ton war geheimnisvoll wie in einem Film, und er unterstützte den Satz mit einem theatralischen Anheben der Brauen. „Wie geht es Gail?"

Gail ging es gut, sagte ich ihm, sie unterrichtete an der Schwesternschule. Wir hatten im Vorjahr geheiratet. Sein Blick richtete sich auf das Essen auf seinem Teller - Ananasscheiben und Hüttenkäse, ein Stück Bananencremekuchen -, und er sagte, wobei seine Stimme beinahe knisterte: „Fällt dir sonst noch etwas auf?"

Ich kniff angestrengt die Augen zusammen. „Nö."

„Sieh genauer hin."

„Ich bin nicht sicher. Doch, du trägst keine Brille mehr, klar. Kontaktlinsen?"

„Nein. Brauche ich auch nicht mehr."

„Und du bist gut angezogen. Wer sucht dir denn jetzt die Kleider aus? Ich hoffe, sie ist ebenso sexy wie geschmackvoll."

„Candice ist nicht ... war nicht für das gehobene Niveau meiner Kleidung verantwortlich", sagte er. „Ich bekam einfach einen besseren Job und konnte mit mehr Geld um mich werfen. Wie es so kommt - mein Geschmack in Sachen Kleidung ist besser als in Sachen Essen." Er grinste das alte, selbstmißbilligende Vergil-Grinsen, endete aber mit einem seltsam höhnischen Ausdruck. „Wie auch immer, sie hat mich verlassen, ich habe meinen Job verloren und lebe vom Eingemachten."

„Langsam", bat ich. „Das kommt ein bißchen dicht hintereinander. Warum nicht alles der Reihe nach? Du hattest einen Job. Wo?"

„Genetrop Corporation", sagte er. „Vor sechzehn Monaten."

„Habe ich noch nie gehört."

„Du wirst. Sie werden nächsten Monat auf den Markt kommen. Und abgehen wie eine Rakete. Sie haben den Durchbruch mit MABs geschafft. Medizinisch ..."

„Ich weiß, was MABs sind", unterbrach ich ihn. „Wenigstens in der Theorie. Medizinisch Anwendbare Biochips."

„Sie haben einige, die funktionieren."

„Was?" Nun war es an mir, die Brauen hochzuziehen.

„Mikroskopische Logikschaltkreise. Man injiziert sie dem menschlichen Körper, sie lassen sich nieder, wo man es ihnen sagt, und beseitigen Probleme. Mit Dr. Michael Bernards Billigung."

Das war beeindruckend. Bernards Ruf war makellos. Er gehörte nicht nur zu den Großen der Genetikforschung, sondern hatte auch während seiner Zeit als Neurochirurg wenigstens einmal im Jahr für Schlagzeilen gesorgt, bevor er sich zurückgezogen hatte. Titelgeschichten in *Time, Mega, Rolling Stone.*

„Das alles muß geheim bleiben - Markt, Durchbruch, Bernard, alles." Er senkte die Stimme. „Aber du kannst tun und lassen, was du willst. Ich bin fertig mit diesen Scheißkerlen."

Ich pfiff durch die Zähne. „Kann mich reich machen, was?"

„Wenn du das willst. Natürlich kannst du auch einige Zeit mit mir verbringen, bevor du zu deinem Mittelsmann läufst."

„Natürlich." Er hatte weder Hüttenkäse noch Kuchen angerührt. Aber er hatte die Ananasscheiben gegessen und die Schokomilch getrunken. „Erzähl mir mehr."

„Nun, während des Medizinstudiums trainierte ich für die Laborarbeit. Biochemische Forschung. Ich hatte auch immer schon einen Hang zum Computer. Daher brachte ich mich durch die beiden letzten Jahre ..."

„Indem du Westinghouse Software Packs verkauft hast", sagte ich.

„Schön, daß sich meine Freunde daran erinnern. So kam ich mit Genetron in Kontakt, als sie gerade anfingen. Sie hatten schwere Geldgeber im Rücken und alle Laboreinrichtungen, die man sich nur erträumen kann. Sie stellten mich ein, und ich machte rasche Fortschritte.

Vier Monate lang machte ich meine eigene Arbeit. Mir gelangen einige Durchbrüche ..." Er machte eine nonchalante Gebärde mit der Hand. „Dann begab ich mich in Richtungen, die sie als verfrüht ansahen. Ich bestand darauf, und da nahmen sie mir mein Labor weg und übergaben es einem kriecherischen Duckmäuser. Ich konnte meinen Anteil des Experiments retten, bevor sie mich feuerten. Aber ich war nicht gerade vorsichtig ... oder vernünftig. Daher geht es jetzt außerhalb des Labors weiter."

Ich hatte Vergil immer als ehrgeizig, kleinlich und nicht besonders feinfühlig betrachtet. Seine Beziehungen zu Vorgesetzten waren nie harmonisch gewesen. Wissenschaft war für ihn wie eine Frau, die man unmöglich haben konnte und die plötzlich die Arme öffnet, lange bevor man für die Liebe reif ist – und plötzlich hat man Angst, die Chance zu vertun, den Preis zu verlieren und mit Glanz und Gloria baden zu gehen. Anscheinend war es ihm so ergangen. „Außerhalb des Labors? Ich verstehe nicht."

„Edward, ich möchte, daß du mich untersuchst. Gründlich untersuchst. Vielleicht eine Krebsdiagnose. Dann werde ich dir alles erklären."

„Du möchtest eine Fünftausend-Dollar-Untersuchung?"

„Was immer in deiner Macht steht. Ultraschall, NMR, Thermogramme, alles."

„Ich weiß nicht, ob ich zu allem Zugang haben kann. NMR-

Totalskandierung gibt es hier erst seit einem Monat. Verdammt, eine teurere Methode konntest du dir kaum aussuchen ..."

„Dann Ultraschall. Mehr wirst du nicht brauchen."

„Vergil, ich bin Geburtshelfer, kein Labortechniker für Glamourboys. OB-GYN, Zielscheibe aller Witze. Wenn du dich in eine Frau verwandelst, kann ich dir helfen."

Er beugte sich nach vorne und hätte fast den Ellbogen im Kuchen abgestützt, vermied es aber, indem er ihn im letzten Augenblick zurückzog. Der alte Vergil hätte ihn genau getroffen. „Untersuche mich genau, und du wirst ..." Er kniff die Augen zusammen und schüttelte den Kopf. „Untersuche mich einfach."

„Ich vereinbare also einen Termin für Ultraschall. Wer wird bezahlen?"

„Blaue Karte." Er lächelte und hielt eine medizinische Kreditkarte in die Höhe. „Ich habe ein bißchen mit dem Personalcomputer bei Genetron gespielt. Medizinische Kosten bis hunderttausend Dollar werden sie nie überprüfen."

Er wollte Geheimhaltung, daher traf ich allein die Vorbereitungen. Ich füllte die Formulare persönlich aus. Solange alles pünktlich und ordnungsgemäß bezahlt wurde, konnten die Untersuchungen ohne offizielle Kenntnisnahme über die Bühne gehen. Ich selbst stellte meine Dienste nicht in Rechnung. Schließlich hatte Vergil einmal meine Pisse blau gefärbt. Wir waren Freunde.

Eines Nachts kam er spät. Ich hatte normalerweise keinen Dienst, war aber länger geblieben und erwartete ihn im dritten Stock dessen, was die Schwestern den Frankenstein-Flügel nannten. Ich saß auf einem orangefarbenen Plastikstuhl. Als er kam, sah seine Haut unter dem Fluoreszenzlicht olivfarben aus.

Er entkleidete sich und ich legte ihn auf dem Tisch zurecht. Als erstes fiel mir auf, daß seine Knöchel geschwollen aussahen. Aber sie waren nicht angeschlagen worden. Ich betastete sie mehrmals. Sie schienen gesund, sahen aber merkwürdig aus. „Hm", sagte ich.

Ich strich mit den Tastern über ihn hinweg, wobei ich mich auf Stellen konzentrierte, die für die große Einheit schwer zu erreichen waren, und gab die Daten ins Bildsystem ein. Dann drehte ich den Tisch herum und schob ihn in die emaillierte Öffnung der Diagnoseeinheit, das Brummloch, wie es die Schwestern nannten.

Ich integrierte die Daten des Brummlochs mit denen der Taster und holte Vergil heraus, dann schaltete ich die Videoanlage ein. Das System brauchte eine Sekunde zum Integrieren, dann floß es zu einem Muster, das Vergils Skelett zeigte.

Drei Sekunden – während ich mit heruntergeklapptem Kiefer dasaß –, dann schaltete es auf die inneren Organe um, dann auf die Muskulatur, schließlich das Gefäßsystem und die Haut.

„Wie lange liegt der Unfall schon zurück?" fragte ich und versuchte, das Beben meiner Stimme unter Kontrolle zu bekommen.

„Das war kein Unfall", sagte er. „Es wurde vorsätzlich getan."

„Herrgott, haben Sie dich geschlagen, damit du keine Geheimnisse verrätst?"

„Du verstehst mich nicht, Edward. Schau dir die Bilder noch einmal an. Ich bin nicht verletzt."

„Schau hier, diese Verdickung", sagte ich und deutete auf die Knöchel. „Und deine Rippen – dieses verrückte Zickzackmuster. Offensichtlich mehrmals gebrochen. Und ..."

„Sieh dir mein Rückgrat an", sagte er. Ich drehte das Bild auf dem Schirm.

Buckminster Fuller, dachte ich. Das war phantastisch. Ein Käfig dreieckiger Projektionen, die alle zu einem Muster ineinandergriffen, dem ich nicht zu folgen, weniger noch, es verstehen vermochte. Ich drehte mich um und versuchte, sein Rückgrat mit den Fingern zu ertasten. Er hob die Arme.

„Ich kann es nicht finden", sagte ich. „Da hinten ist alles glatt." Ich ließ ihn los und betrachtete seine Brust, dann tastete ich die Rippen ab. Sie waren in etwas Zähes, Flexibles eingehüllt. Je mehr ich drückte, desto härter wurde es. Dann bemerkte ich eine weitere Veränderung.

„He“, sagte ich. „Du hast keine Brustwarzen.“ Zwar waren die Pigmentflecken zu sehen, aber keinerlei Warzen.

„Siehst du?“ fragte Vergil und streifte sein weißes Hemd über. „Ich wurde von Grund auf neukonstruiert.“

In meiner Rekonstruktion jener Stunden habe ich, glaube ich, gesagt: „Erzähl mir mehr darüber.“ Vielleicht ist es ein Glück, daß ich mich nicht mehr erinnern kann, was ich tatsächlich gesagt habe.

Er erklärte es mit seinen charakteristischen Abschweifungen. Ihm zuzuhören war, als wollte man durch ein Gestrüpp von Stilwucherungen und Ausschmückungen zum Kern eines Zeitungsartikels vordringen.

Ich vereinfache und straffe an dieser Stelle.

Genetron hatte ihn eingestellt, um Prototypen von Biochips herzustellen, winzige Chips aus Proteinmolekülen. Manche waren Silikonchips von wenig mehr als einem Mikrometer Größe, die in die Blutbahn einer Ratte gespritzt und zu chemisch markierten Stellen geleitet wurden, wo sie sich mit dem Rattengewebe verbanden und laborinduzierte Pathologien beseitigten oder sichtbar machten.

„Das war etwas“, sagte er. „Die komplexesten Mikrochips erhielten wir zurück, indem wir die Ratte opferten. Dann dekodierten wir sie - wir verbanden den Silikonteil mit einem Bildsystem. Der Computer lieferte uns Gitterkoordinaten, dann ein Diagramm der chemischen Charakteristika von etwa elf Zentimeter des Blutgefäßes ... Dann setzte er alles zusammen und formte ein Bild. Wir flogen gewissermaßen über elf Zentimeter Rattenarterie dahin. Du hast noch nie so viele Wissenschaftler auf und ab hüpfen, einander umarmen und becherweise Wanzensaft trinken sehen.“ Wanzensaft war Laboräthanol, vermischt mit Dr. Pepper.

Schließlich wurde zugunsten von Nukleoproteinen ganz auf die Silikonchips verzichtet. Er schien nicht gewillt, Einzelheiten preiszugeben, aber ich bekam mit, daß sie Wege gefunden hatten, große Moleküle - so groß wie die DNS und sogar noch komplexer – in elektrochemische Computer zu verwandeln, wobei sie ribosomenähnliche Strukturen als „Kodierer“ und „Leser“, und die RNS als „Band“ benutzten. Vergil war imstande, die reproduzierende Teilung und Wiedervereinigung der Nukleoproteine nachzuahmen und an Schlüsselstellen Veränderungen vorzunehmen, indem er Nukleotide austauschte. „Genetron wollte, daß ich mich statt dessen dem Supergene Engineering zuwenden sollte, denn das war allerorten die kommende Sache. Alle Arten von Bastarden herstellen, manche aus unserer Phantasie. Aber ich hatte andere Vorstellungen.“ Er legte einen Finger ans Ohr und gab Laute wie ein Thereminin-strument von sich. „Verrückter Wissenschafter, was?“ Er lachte, dann wurde er wieder ernst. „Ich injizierte meine besten Nukleoproteine in Bakterien, um das Duplizieren und Verbinden einfacher zu machen. Dann fing ich an, sie drinnen zu lassen, so daß die Chips mit den Zellen reagieren konnten. Sie waren heuristikalisch programmiert. Sie brachten sich selbst mehr bei, als ich einprogrammierte. Die Zellen fütterten die Computer mit chemisch programmierten Informationen, die Computer verarbeiteten sie und fällten Entscheidungen, die Zellen wurden schlau. Ich meine, schlau wie Planarien, zu Beginn. Stell dir ein *E. coli* vor, das so klug wie ein Plattwurm ist!“

Ich nickte. „Ich stelle es mir vor.“

„Dann machte ich auf eigene Faust weiter. Wir hatten die Ausrüstung, wir hatten die Technik, und ich kannte die molekulare Sprache. Ich konnte wirklich dichte, wirklich komplizierte Biochips machen, indem ich die Nukleoproteine miteinander verband und zu winzigen Gehirnen formte. Ich stellte einige Forschungen darüber an, wie weit ich theoretisch gehen konnte. Wenn ich bei Bakterien blieb, konnte ich einen Mikrochip mit der Computerkapazität eines Sperlingsgehirns herstellen. Stell dir vor, wie kribbelig ich war! Dann sah ich einen Weg, die Komplexität um das Tausendfache zu steigern, indem ich etwas verwendete, das wir als ärgerliche Störung betrachteten – Quantenwechselwirkungen zwischen den fixen Elementen der Chips. Auf dieser winzigen Ebene konnte selbst die noch so kleinste

Veränderung einen Biochip unbrauchbar machen. Aber ich entwickelte ein Programm, das den Tunneleffekt der Elektronen vorhersehen und sich sogar zunutze machen konnte. Ich verstärkte die heuristischen Aspekte des Computers und benutzte die Wechselwirkung als Methode gesteigerter Komplexität."

„Das verstehe ich nicht mehr", sagte ich.

„Ich machte mir die Wahllosigkeit zunutze. Die Chips konnten sich selbst reparieren, Erinnerungen vergleichen und fehlerhafte Elemente korrigieren. Den ganzen Schmant. Ich gab ihnen die grundlegenden Anweisungen: Vermehrt euch. Verbessert. Mein Gott, du hättest manche der Kulturen eine Woche später sehen sollen! Es war erstaunlich. Sie entwickelten sich ganz auf sich gestellt, wie kleine Städte. Ich vernichtete sie alle. Ich glaube, eine der Petrischalen hätte Beine bekommen und wäre aus dem Brutkasten gelaufen, wenn ich sie weiter gefüttert hätte.

„Du machst Witze." Ich sah ihn an. „Du machst keine Witze."

„Mann, sie *wußten,* was Verbesserung bedeutet! Sie wußten, wohin sie gehen mußten, aber sie waren in den winzigen Bakterienkörpern und mit den wenigen Ressourcen einfach zu sehr beschränkt."

„Wie schlau waren sie?"

„Das konnte ich nicht sicher feststellen. Sie fanden sich zu Ballungen von hundert bis zweihundert Zellen zusammen, wobei jede Ballung eine autonome Einheit war. Jede Ballung hätte so klug wie ein Rhesusaffe sein können. Sie tauschten durch ihre Härchen Informationen aus, teilten einander Erinnerungsbruchstücke mit und verglichen Notizen. Ihre Organisation unterschied sich ganz eindeutig von einer Affenherde. Zum einen war ihre Welt um vieles einfacher. Mit ihren Fähigkeiten waren sie die Meister der Petrischalen. Ich brachte Phagen zu ihnen hinein. Die Phagen hatten keine Chance. Sie nutzten jede sich bietende Möglichkeit zu Wachstum und Veränderung."

„Wie ist das möglich?"

„Was?" Er schien überrascht, daß ich nicht alles auf sein gutes Wort hin akzeptierte.

„So vieles in etwas so Kleines hineinzupacken. Ein Rhesusaffe ist nicht dein kleiner Taschenrechner, Vergil."

„Ich habe mich nicht klar genug ausgedrückt", sagte er, offensichtlich verärgert. „Ich verwendete Nukleoproteincomputer. Sie sind wie die DNS, aber alle Informationen können zusammenwirken. Weißt du, wie viele Nukleotidenpaare die DNS einer einzigen Bakterie enthält?"

Meine letzte Biochemievorlesung lag lange zurück. Ich schüttelte den Kopf.

„Etwa zwei Millionen. Dazu kommen die veränderten Ribosomenstrukturen - fünfzehntausend, jede mit einem Molekulargewicht von etwa drei Millionen -, und dann betrachte noch die Kombinationen und Permutationen. Die RNS ist wie eine endlose Papierluftschlange geformt, umgeben von Ribosomen, die Instruktionen abgeben und Proteinketten herstellen ..." Seine Augen waren hell und glänzend. „Außerdem behaupte ich ja nicht, daß jede Zelle eine eigenständige Einheit war. Sie arbeiteten zusammen."

„Wie viele Bakterien in diesen Schalen hast du vernichtet?"

„Milliarden. Ich weiß es nicht." Er grinste. „Begreifst du jetzt, Edward. Ganze Planeten voll *E. coli.*"

„Aber man hat dich noch nicht gefeuert?"

„Nein. Zunächst einmal wußten sie nicht, was vor sich ging. Ich verschmolz weiterhin Moleküle miteinander, steigerte ihre Größe und Komplexität. Als Bakterien nicht mehr ausreichten, nahm ich mein eigenes Blut, separierte die weißen Blutkörperchen und injizierte ihnen die neuen Biochips. Ich beobachtete sie und stellte sie vor kleinere chemische Probleme. Sie waren Wirbelwinde. Auf dieser Ebene verstreicht die Zeit viel schneller, da die Informationswege viel kürzer sind und die Umwelt viel einfacher ist. Dann vergaß ich, neueste Ergebnisse unter meinem Geheimkode im Laborcomputer zu speichern. Einige Manager fanden sie und errieten, worauf ich hinzielte. Alle gerieten in Panik. Sie glaubten, wir würden jeden gesellschaftlichen Wachhund am Hals haben - wegen meiner Arbeit. Sie fingen an, meine Errungenschaften zu vernichten und meine

Programme zu zerstören. Befahlen mir, die weißen Körperchen zu sterilisieren. Himmel.“ Er knöpfte das weiße Hemd zu und kleidete sich weiter an. „Mir blieben nur ein oder zwei Tage. Ich schied die kompliziertesten Zellen ab ...“

„Wie kompliziert?“

„Sie hatten sich in Gruppen zu hundert Zellen zusammengefunden, wie die Bakterien. Jede Gruppe war vielleicht so schlau wie ein zehnjähriges Kind.“ Er sah mir einen Augenblick ins Gesicht. „Immer noch Zweifel? Soll ich dir sagen, wie viele Nukleotidpaare in einer Säugetierzelle sind? Ich schnitt meine Computer darauf zu, daß sie sich die Kapazität der weißen Blutkörperchen zunutze machten. Zehn Milliarden Nukleotidpaare, Edward. Und sie müssen sich nicht um einen riesigen Körper kümmern, der die meiste ihrer Zeit in Anspruch nimmt.“

„Okay“, sagte ich. „Ich bin überzeugt. Was hast du getan?“

„Ich mischte die Zellen wieder in einen Zylinder mit normalem Blut und injizierte es mir selbst.“ Er knöpfte den Hemdkragen zu und lächelte mich dünn an. „Ich programmierte ihnen jeden Antrieb ein, den ich kannte, und sprach auf der höchsten mir möglichen Ebene mit ihnen, indem ich nur mit Enzymen und derlei arbeitete. Danach waren sie auf sich allein gestellt.“

„Du hast sie programmiert, weiter Verbesserungen auszuführen?“ wiederholte ich.

„Ich glaube, sie entwickelten einige der Charakteristika, die von den Biochips in ihrer *E. coli*-Phase aufgegriffen wurden. Die weißen Blutkörperchen konnten mit verdrängten Erinnerungen sprechen. Sie fanden mit Sicherheit Wege, in andere Zellen einzudringen und sie zu verändern, ohne sie zu töten!“

„Du bist verrückt!“

„Du hast den Bildschirm gesehen! Edward, ich war seitdem nicht mehr krank. Früher war ich dauernd erkältet. Ich habe mich nie besser gefühlt.“

„Sie sind in dir, suchen nach Makeln und stellen sie ab.“

„Und mittlerweile ist jede Gruppe so klug wie du und ich.“

„Du bist vollkommen verrückt.“

Er zuckte die Achseln. „Sie haben mich gefeuert. Sie dachten, ich würde mich dafür rächen, was sie meiner Arbeit angetan haben. Sie verboten mir die Labors, und ich hatte bisher keine Möglichkeit herauszufinden, was in mir vorgegangen ist. Drei Monate."

„Also ..." Mein Verstand raste. „Du hast Gewicht verloren, weil sie deinen Fettmetabolismus verbessert haben. Deine Knochen sind stärker, dein Rückgrat wurde völlig neu aufgebaut ..."

„Ich habe keine Rückenschmerzen mehr, nicht einmal dann, wenn ich auf meiner alten Matratze schlafe."

„Dein Herz sieht anders aus."

„Vom Herz wußte ich nichts", sagte er und betrachtete das Bild aus wenigen Zentimetern Entfernung. „Aber das Fett - darüber habe ich nachgedacht. Sie können meine braunen Zellen vermehren und den Metabolismus verbessern. In letzter Zeit war ich nicht so hungrig. Ich habe meine Eßgewohnheiten nicht geändert - ich möchte immer noch dasselbe wertlose Zeug -, aber irgendwie schaffe ich es, nur das zu essen, was ich brauche. Ich glaube, sie wissen noch nicht, was mein Gehirn ist. Klar, die Drüsen und das haben sie alles, aber sie haben noch nicht das *Gesamtbild,* wenn du verstehst, was ich meine. Sie wissen nicht, daß *ich* hier drinnen bin. Aber, Junge, sie haben ganz sicher herausgefunden, wozu meine Fortpflanzungsorgane dienen."

Ich betrachtete das Bild und wandte den Blick wieder ab.

„Oh, sie sehen ziemlich normal aus", sagte er und hob den Hodensack obszön in die Höhe. Er kicherte. „Aber wie sonst, glaubst du, hätte ich mir eine so tolle Biene wie Candice an Land ziehen können? Sie war gerade auf ein Techtelmechtel mit einem Techie aus. Ich machte einen guten Eindruck, keine Bräune, aber gepflegt und mit guter Kleidung. Vorher hatte sie noch nie mit einem Techie gebumst. Wollte einfach ihren Spaß haben, verstehst du? Aber meine kleinen Genies hielten uns die ganze Nacht wach. Ich glaube, sie nahmen jedesmal Verbesserungen vor. Ich fühlte mich, als hätte ich ein gottverdammtes Fieber."

Sein Lächeln verschwand. „Dann begann eines Nachts meine Haut zu kribbeln. Das machte mir Angst. Ich dachte, daß mir die Dinge außer Kontrolle gerieten. Ich überlegte mir, was sie tun würden, wenn sie die Blut-Gehirn-Barriere überwinden und mich finden würden - und damit die wahre Funktion des Gehirns. Daher begann ich eine Kampagne, sie unter Kontrolle zu halten. Ich stellte mir vor, daß sie nur deshalb in die Haut gelangen wollten, weil man dort viel einfacher Verbindungen legen kann, an der Oberfläche. Einfacher jedenfalls als lange Informationsketten um und in Muskeln, Organe und Blutgefäße. Die Haut ist viel direkter. Daher kaufte ich eine Quarzlampe." Er sah meinen verwirrten Gesichtsausdruck. „Im Labor brachen wir die Proteine in den Biochips, indem wir sie ultravioletter Strahlung aussetzten. Ich wechselte die Höhensonne mit Quarzbestrahlung ab. Hält sie aus meiner Haut fern, soweit ich erkennen kann, und verschafft mir eine herrliche Bräune."

„Und Hautkrebs", bemerkte ich.

„Wahrscheinlich kümmern sie sich darum. Wie Polizisten."

„Okay. Ich habe dich untersucht, und du hast mir eine Geschichte erzählt, die ich kaum glauben kann ... was soll ich für dich tun?"

„Ich bin nicht so nonchalant, wie ich mich gebe, Edward. Ich mache mir Sorgen. Ich möchte einen Weg finden, sie zu kontrollieren, bevor sie herausfinden, was es mit meinem Gehirn auf sich hat. Denk darüber nach. Mittlerweile müßten es Trillionen sein, und jedes ist klug. Sie arbeiten bis zu einem gewissen Ausmaß zusammen. Ich bin wahrscheinlich das klügste Wesen auf diesem Planeten, dabei haben sie noch gar nicht richtig angefangen. Ich möchte nicht, daß sie mich ganz übernehmen." Er lachte unangenehm. „Meine Seele stehlen, weißt du? Denk dir also eine Behandlung aus, um sie aufzuhalten. Vielleicht können wir die kleinen Biester aushungern. Denk einfach darüber nach." Er knöpfte die letzten Knöpfe des Hemdes zu. „Ruf mich an." Er reichte mir einen Zettel mit Adresse und Telefonnummer darauf. Dann gingen wir zur Tastatur, löschten das Bild auf dem Schirm und die Erinnerung an diese Prozedur. „Nur du", sagte er. „Vorerst kein anderer. Und bitte ... beeile dich."

Es war drei Uhr morgens, als Vergil das Untersuchungszimmer verließ. Er hatte mir gestattet, Blutproben zu nehmen, dann hatte er mir die Hand geschüttelt - seine Handfläche war vor Nervosität feucht - und mich davor gewarnt, etwas von den Proben einzunehmen.

Bevor ich nach Hause ging, unterzog ich das Blut einigen Tests. Die Ergebnisse lagen am nächsten Morgen vor.

Ich holte sie während der Kaffeepause am Nachmittag, dann vernichtete ich alle Proben. Das tat ich wie ein Roboter. Ich brauchte fünf Tage und fast schlaflose Nächte, um das zu akzeptieren, was ich gesehen hatte. Sein Blut war an sich normal, aber die Maschine diagnostizierte, daß der Patient eine Infektion hatte. Ungewöhnlich hohe Anteile von Leukozyten - weißen Blutkörperchen - und Histaminen. Am fünften Tag glaubte ich es.

Gail war vor mir zu Hause, aber ich war an der Reihe, Essen zu machen. Sie legte eine der Schulscheiben in unser Heimsystem und führte mir Videokunstwerke vor, die ihre Schüler geschaffen hatten. Ich sah stumm zu und aß schweigend mit ihr.

Ich hatte zwei Träume, die Teil meines letztlichen Akzeptierens waren. Im ersten an diesem Abend - aus dem ich, auf die Laken einschlagend, erwachte -, sah ich die Vernichtung von Krypton, Supermans Heimatwelt. Milliarden übermenschlicher Genies starben kreischend im Flammenmeer. Diesen Untergang verglich ich mit meiner Zerstörung von Vergils Blutproben.

Der zweite Traum war schlimmer. Ich träumte, daß New York City eine Frau vergewaltigte. Am Ende des Traumes gebar sie kleine Embryostädte, die alle in durchsichtigen Säcken waren, welche getränkt waren vom Blut aus dem Labor.

Am Morgen des sechsten Tages rief ich ihn an. Beim vierten Läuten nahm er ab. „Ich habe einige Resultate", sagte ich. „Noch nichts Endgültiges, aber ich möchte mit dir reden. Persönlich."

„Klar", sagte er. „Ich bleibe vorerst zu Hause." Seine Stimme klang angestrengt und müde.

Vergils Wohnung befand sich in einem teuren Hochhaus

nahe am Seeufer. Ich fuhr mit dem Aufzug hoch und sah kurze Werbespots an, tanzende Hologramme, die Produkte und leerstehende Wohnungen anpriesen, sowie die Hosteß des Hauses, die die gesellschaftlichen Ereignisse der Woche verlas.

Vergil öffnete die Tür und bat mich herein. Er trug einen karierten Morgenmantel mit langen Ärmeln und Hausschuhe. Er hielt eine unangezündete Pfeife in der Hand, mit der seine Finger spielten, während er von mir wegging und sich setzte, ohne etwas zu sagen.

„Du hast eine Infektion", sagte ich. „Mehr konnte ich den Blutanalysen nicht entnehmen. Ich habe keinen Zugang zu den Elektronenmikroskopen."

„Ich glaube kaum, daß es wirklich eine Infektion ist", sagte er. „Schließlich sind es meine eigenen Zellen. Wahrscheinlich etwas anderes ... ein Zeichen ihrer Präsenz, der Veränderung. Wir können nicht erwarten, alles zu verstehen, was vor sich geht."

Ich zog den Mantel aus. „Hör mal", sagte ich. „Mittlerweile mache ich mir Sorgen." Sein Gesichtsausdruck ließ mich verstummen: eine Art ausgelassener Glückseligkeit.

„Bist du stoned?" fragte ich.

Er schüttelte den Kopf, doch dann nickte er einmal, sehr langsam. „Ich lausche", sagte er.

„Worauf?"

„Ich weiß nicht. Keine Töne ... exakt. Wie Musik. Das Herz, alle Blutgefäße, der Strom des Blutes in Arterien und Venen. Aktivität. Die Musik des Blutes." Er sah mich abschätzend an. „Warum arbeitest du nicht?"

„Mein freier Tag. Gail arbeitet."

„Kannst du bleiben?"

Ich zuckte die Achseln. „Schätze schon." Ich klang argwöhnisch. Ich schaute mich in der Wohnung um und suchte nach Aschenbechern und Papierstapeln.

„Ich bin nicht stoned, Edward", sagte er. „Ich könnte mich irren, aber ich glaube, daß etwas Großes geschieht. Ich glaube, sie finden heraus, wer ich bin."

Ich nahm gegenüber von Vergil Platz und starrte ihn durchdringend an. Er schien es nicht zu bemerken. Ein innerer Prozeß beschäftigte ihn. Als ich ihn um eine Tasse Kaffee bat, deutete er zur Küche. Ich brachte einen Topf Wasser zum Sieden und nahm ein Glas Löslichen vom Regal. Mit der Tasse in der Hand setzte ich mich wieder. Er drehte den Kopf mit offenen Augen hin und her. „Du hast immer gewußt, was du sein wolltest, nicht?“ fragte er mich.

„Mehr oder weniger.“

„Ein Gynäkologe. Schlaue Züge. Niemals falsche Züge. Ich war anders. Ich hatte Ziele, aber keine Richtung. Wie eine Karte ohne Straßen, nur Orte, an denen man sein kann. Ich kümmerte mich einen Scheißdreck um etwas anderes als mich selbst. Selbst die Wissenschaft. Nur ein Hilfsmittel. Es wundert mich, daß ich so weit gekommen bin. Ich haßte sogar meine Leute.“

Er umklammerte die Lehnen.

„Etwas nicht in Ordnung?“ fragte ich.

„Sie sprechen zu mir“, sagte er. Er schloß die Augen.

Eine Stunde lang schien er zu schlafen. Ich prüfte seinen Puls, der kräftig und konstant war, legte ihm die Hand auf die Stirn - kühl - und machte weiteren Kaffee. Da ich nicht wußte, was ich tun sollte, blätterte ich eine Zeitschrift durch, als er wieder die Augen öffnete. „Schwer vorstellbar, was Zeit für sie bedeutet“, sagte er. „Sie haben drei, vielleicht vier Tage gebraucht, um die Sprache und die wichtigsten menschlichen Konzepte zu lernen. Jetzt haben sie es verstanden. Haben mich verstanden.“

„Wie das?“

Er behauptete, daß Tausende von Forschern mit seinen Nervenzellen verbunden waren. Einzelheiten konnte er nicht nennen. „Weißt du, sie sind verdammt effizient“, sagte er. „Bisher haben sie mich noch nicht durcheinandergebracht.“

„Wir sollten dich ins Krankenhaus bringen.“

„Was könnten die tun? Hast du eine Methode gefunden, wie man sie aufhalten kann? Schließlich sind es meine Zellen.“

„Ich habe darüber nachgedacht. Wir könnten sie aushungern. Die metabolischen Unterschiede herausfinden ...“

„Ich bin nicht sicher, ob ich sie noch loswerden will“, sagte Vergil. „Sie richten keinen Schaden an.“

„Woher willst du das wissen?“

Er schüttelte den Kopf und hielt einen Finger hoch. „Warte. Sie versuchen sich vorzustellen, was Raum ist. Das ist nicht leicht für sie. Sie zerlegen Entfernungen in Konzentrationen von Chemikalien. Für sie ist Raum wie ein intensiver Geschmack.“

„Vergil...“

„Hör zu! Denk doch, Edward!“ Seine Stimme war freudig erregt und gleichzeitig gelassen. „Sieh doch! Etwas Großartiges geschieht in mir. Sie reden miteinander durch die Flüssigkeit, durch Membranen. Sie machen etwas – Viren? –, um die in Nukleinsäureketten gespeicherten Daten zu übertragen. Ich glaube, sie sagen ‚RNS‘. Das ergibt einen Sinn. Das ist ein Weg, wie ich sie programmiert habe. Aber auch plasmidähnliche Strukturen. Vielleicht halten deine Maschinen das für Anzeichen einer Infektion – ihre Unterhaltungen in meinem Blut, ihr Datenaustausch. Geschmack von anderen Individuen. Herren. Vorgesetzte. Untergebene.“

„Vergil, ich höre dir zu, aber ich bin immer noch der Meinung, daß du ins Krankenhaus solltest.“

„Dies ist meine Show, Edward“, sagte er. „Ich bin ihr Universum. Die neuen Größenordnungen erstaunen sie.“ Wieder verstummte er eine Weile. Ich kauerte mich neben seinem Sessel nieder und krempelte seinen Ärmel hoch. Sein Arm war von einem Gewirr weißer Linien überzogen. Ich wollte gerade zum Telefon gehen und einen Krankenwagen rufen, als er aufstand und sich streckte. „Ist dir klar“, sagte er, „wie viele Körperzellen wir bei jeder Bewegung töten?“

„Ich werde einen Krankenwagen rufen“, sagte ich.

„Nein, das wirst du nicht.“ Sein Ton hielt mich zurück. „Ich sagte dir, dies ist meine Show. Ich bin nicht krank. Weißt du, was sie im Krankenhaus mit mir anstellen würden? Sie wären wie Höhlenmenschen, die einen Computer auf dieselbe Weise reparieren wollen wie eine Steinaxt. Es wäre eine Farce.“

„Was, zum Teufel, habe ich dann hier zu suchen?“ fragte ich. Ich wurde wütend. „Ich kann nichts tun. Ich bin einer dieser Höhlenmenschen.“

„Du bist mein Freund“, sagte Vergil und richtete den Blick auf mich. Ich hatte den Eindruck, als würde ich von mehr als nur Vergil betrachtet. „Ich möchte, daß du hierbleibst und mir Gesellschaft leistest.“ Er lachte. „Wenn ich auch nicht gerade alleine bin.“

Er ging etwa zwei Stunden in der Wohnung auf und ab, betastete Gegenstände, sah zum Fenster hinaus, bereitete sich langsam und methodisch etwas zu essen. „Weißt du, sie können tatsächlich ihre eigenen Gedanken fühlen“, sagte er am Nachmittag. „Ich meine, das Zytoplasma scheint einen eigenen Willen zu haben, eine Art unterbewußtes Leben, das der Rationalität zuwiderläuft, die sie erst kürzlich erlangten. Sie hören die chemischen ‚Laute‘ oder was auch immer der Moleküle, die in Ordnung sind oder auch nicht.“

Um zwei Uhr rief ich Gail an und teilte ihr mit, daß ich später kommen würde. Die Spannung erweckte fast Übelkeit in mir, aber ich bemühte mich, mit unbeteiligter Stimme zu sprechen. „Erinnerst du dich an Vergil Ulam? Ich unterhalte mich gerade mit ihm.“

„Alles okay?“ fragte sie.

War es das? Eindeutig nicht. „Bestens“, sagte ich.

„Kultur!“ rief Vergil und sah mich durch die Küchentür an. Ich verabschiedete mich und legte auf. „Sie schwimmen immer in diesem Bad aus Informationen. Leisten ihren Beitrag dazu. Eine Art von Gestalt-Sache, wie auch immer. Die Hierarchie ist absolut. Sie hetzen in ihrem Sinne geformte Phagen auf Zellen, die sich nicht ordentlich einfügen. Auf Individuen oder Gruppen spezifizierte Viren. Kein Entkommen. Man wird vom Virus durchbohrt, die Zelle dehnt sich nach außen, explodiert und löst sich auf. Aber es ist nicht einfach nur eine Diktatur. Ich glaube, sie haben effektiv mehr Freiheit als in einer Demokratie. Ich meine, sie variieren so sehr von Individuum zu Individuum. Ergibt das einen Sinn? Sie variieren auf andere Weise als wir.“

„Hör auf“, sagte ich und packte ihn bei den Schultern. „Vergil, du stößt mich hart an die Grenze. Ich ertrage das nicht mehr lange. Ich verstehe nicht, bin nicht einmal sicher, ob ich glaube ...“

„Auch jetzt nicht?“

„Okay, sagen wir, du gibst mir die, die richtige Interpretation. Du sagst die Wahrheit. Das alles stimmt. Hast du dir überhaupt schon einmal alle Konsequenzen überlegt? Was dies alles bedeutet, und wohin es führen könnte?“

Er ging in die Küche, ließ Wasser in ein Glas laufen, dann kam er zurück und blieb neben mir stehen. Sein Ausdruck hatte sich von kindlicher Begeisterung zu echter Sorge verwandelt. „Darin war ich noch nie sehr gut.“

„Hast du keine Angst?“

„Hatte ich. Jetzt bin ich nicht mehr sicher.“ Er spielte mit der Kordel des Morgenmantels. „Hör zu, ich möchte nicht, daß du denkst, ich hätte etwas hinter deinem Rücken oder über deinen Kopf hinweg getan. Aber ich habe mich gestern mit Michael Bernard getroffen. Er untersuchte mich in seiner Privatklinik und nahm Proben. Sagte mir, ich solle mit den Bestrahlungen aufhören. Er rief heute morgen kurz vor dir an. Er sagte, alles sei klar. Und ich sollte mit keinem anderen darüber sprechen.“ Er verstummte, und sein Gesichtsausdruck wurde wieder verträumt. „Städte voller Zellen“, fuhr er fort. „Edward, sie stoßen Haarkapillaren durch das Gewebe, tauschen Informationen aus ...“

„Hör auf!“ brüllte ich. „Alles ist klar! Was denn?“

„Wie Bernard sagte, habe ich extrem vergrößerte Makrophagen im ganzen System. Er weist auch auf die körperlichen Veränderungen hin. Also sind sie nicht Hirngespinste von uns beiden.“

„Was hat er vor?“

„Ich weiß nicht. Wahrscheinlich wird er Genetron überzeugen, die Labors wieder zu öffnen.“

„Willst du das denn?“

„Ich will nicht nur das Labor wieder. Ich möchte dir etwas

zeigen. Seit ich die Behandlung mit den Lampen abgesetzt habe, verändere ich mich immer weiter.“ Er öffnete den Mantel und ließ ihn zu Boden gleiten. Die Haut war am ganzen Körper mit weißen Linien überzogen. An seinem Rücken fingen die Linien an, Wülste zu bilden.

„Mein Gott“, sagte ich.

„Bald werde ich nur noch im Labor etwas nützen. Ich werde mich nicht mehr in der Öffentlichkeit sehen lassen können. In Krankenhäusern wird man nicht wissen, was man tun soll, wie ich sagte.“

„Du … du kannst mit ihnen reden und sie bitten, langsamer vorzugehen“, sagte ich, aber mir war klar, wie lächerlich sich das anhörte.

„Ja, das kann ich tatsächlich, aber sie müssen nicht unbedingt zuhören.“

„Ich dachte, du wärst ihr Gott oder so etwas.“

„Diejenigen, die mit meinen Nerven verbunden sind, sind nicht die großen Bosse. Sie sind Forscher, wenigstens üben sie diese Funktion aus. Sie wissen, daß ich hier bin und was ich bin, was aber nicht bedeutet, daß sie auch die höheren Ebenen in der Hierarchie überzeugt haben.“

„Sie streiten?“

„Gewissermaßen. Aber so schlimm ist das nicht. Wenn das Labor wieder geöffnet wird, dann habe ich ein Zuhause und einen Arbeitsplatz.“ Er sah zum Fenster hinaus, als suchte er jemanden. „Außer ihnen habe ich nichts mehr, Edward. Sie haben keine Angst. Ich habe mich noch niemals etwas so nahe gefühlt.“ Wieder dieses verklärte Lächeln. „Ich bin für sie verantwortlich. Ihrer aller Mutter.“

„Du kannst nicht wissen, was sie mit dir vorhaben.“

Er schüttelte den Kopf.

„Nein, das war mir klar. Du sagst, sie sind wie eine Zivilisation …“

„Wie tausend Zivilisationen.“

„Ja, und Zivilisationen können umkippen. Kriege, die Umwelt …“

Ich griff nach Strohhalmen und versuchte, eine aufkommende Panik niederzuringen. Ich war nicht imstande, mit den Größenordnungen fertig zu werden, die sich hier eröffneten. Und Vergil auch nicht. Er war der allerletzte, den ich als weise und einsichtig in wichtigen Fragen bezeichnet hätte.

„Aber ich bin der einzige Betroffene."

„Auch das kannst du nicht wissen. Himmel, Vergil, sieh doch nur, was sie aus dir machen!"

„Aus mir, nur aus mir!" konterte er. „Sonst niemand."

Ich schüttelte den Kopf und hielt resignierend die Hände hoch. „Okay, Bernard überzeugt sie also, das Labor wieder zu öffnen. Du ziehst ein und wirst zum Versuchskaninchen. Und was dann?"

„Sie behandeln mich gut. Inzwischen bin ich mehr als der gute alte Vergil Ulam. Ich bin eine gottverdammte Galaxis, eine Supermutter."

„Superwirt, meinst du." Diese Bemerkung tat er mit einem Schulterzucken ab.

Ich konnte es nicht mehr ertragen. Mit einigen fadenscheinigen Ausflüchten verließ ich die Wohnung und setzte mich in der Vorhalle des Apartmenthauses nieder, wo ich versuchte, mich zu beruhigen. Jemand mußte ihn zur Vernunft bringen. Auf wen würde er hören? Er war zu Bernard gegangen ...

Und es sah aus, als wäre Bernard nicht nur überzeugt, sondern auch sehr interessiert. Menschen wie Bernard ließen sich nicht mit den Vergil Ulams dieser Welt ein, es sei denn, es war zu ihrem Vorteil.

Ich hatte einen Trumpf, und ich beschloß, ihn auszuspielen. Ich ging zu einem öffentlichen Fernsprecher, schob meine Kreditkarte in den Schlitz und rief Genetron an.

„Bitte rufen Sie Dr. Michael Bernard", sagte ich zur Telefonistin.

„Wer spricht, bitte?"

„Hier ist sein Antwortdienst. Wir haben einen Notruf, und sein Summer scheint nicht zu funktionieren."

Einige ängstliche Minuten später kam Bernard ans Telefon.

„Was soll das, zum Teufel?“ fragte er leise. „Ich habe keinen Antwortdienst.“

„Mein Name ist Edward Milligan. Ich bin ein Freund von Vergil Ulam. Ich glaube, wir müßten uns einmal über gewisse Probleme unterhalten.“

Wir trafen eine Verabredung für den nächsten Morgen.

Ich ging heim und versuchte mir Ausreden auszudenken, mit denen ich den Krankenhausdienst am nächsten Tag umgehen konnte. Ich konnte mich nicht auf die Medizin konzentrieren und meinen Patienten nicht annähernd die Aufmerksamkeit schenken, die sie verdienten.

Schuldbewußt, ängstlich, wütend, furchtsam.

In dieser Stimmung fand mich Gail. Ich streifte mir die Maske innerer Ruhe über, dann machten wir zusammen das Essen. Hinterher sahen wir durch das Fenster zur Bucht, wie die Lichter der Stadt in der fortschreitenden Dämmerung angingen. Sperlinge pickten im gelben Rasen und flogen kurz vor Einbruch der Dunkelheit mit einem zunehmenden Wind weg, der die Fenster rasseln ließ.

„Etwas stimmt nicht“, sagte Gail leise. „Möchtest du es mir sagen, oder willst du weiterhin so tun, als sei alles völlig normal?“

„Liegt nur an mir“, sagte ich. „Nervös. Zuviel Arbeit im Krankenhaus.“

„Großer Gott“, sagte sie und richtete sich auf. „Du wirst dich wegen dieser Mrs. Baker von mir scheiden lassen.“ Mrs. Baker wog dreihundertsechzig Pfund und hatte erst im fünften Monat gemerkt, daß sie schwanger war.

„Nein“, sagte ich lustlos.

„Grenzenlose Erleichterung“, sagte Gail und berührte meine Stirn. „Du weißt, daß mich diese Art von Verschlossenheit verrückt macht.“

„Nun, ich kann jetzt nicht darüber sprechen, so ...“ Ich streichelte ihre Hand.

„Sei nicht so schrecklich väterlich“, sagte sie und stand auf.

„Ich werde Tee machen. Möchtest du auch?“ Jetzt war sie verstimmt, und ich verkrampfte mich innerlich, weil ich es ihr nicht sagen konnte.

Warum sollte ich es ihr eigentlich nicht einfach enthüllen? fragte ich mich. Ein alter Freund von mir verwandelt sich in eine Galaxis.

Statt dessen räumte ich den Tisch ab. In dieser Nacht konnte ich nicht schlafen und sah aus meiner sitzenden Stellung auf Gail herab. Ich versuchte zu entscheiden, was von meinem Wissen Wirklichkeit war und was nicht.

Ich bin Arzt, redete ich mir ein. Eine technisch und wissenschaftlich ausgebildete Person. Eigentlich sollte ich gegen Dinge wie den Zukunftsschock immun sein.

Vergil Ulam verwandelte sich in eine Galaxis.

Wie würde ich mich fühlen, wenn ich inmitten von einer Trillion Chinesen wäre? Ich grinste im Dunklen, weinte aber gleichzeitig fast. Was Vergil in sich hatte, war unvorstellbar fremdartiger als Chinesen. Fremdartiger als alles, was ich – oder Vergil – begreifen konnte. Vielleicht für immer.

Aber ich wußte, was wirklich war. Das Schlafzimmer, die Lichter der Stadt, die ich durch die Vorhänge sehen konnte. Die schlafende Gail. Von großer Wichtigkeit. Gail, im Bett, schlafend.

Der Traum kam wieder. Diesesmal kam die Stadt durchs Fenster herein und griff Gail an. Sie war eine große, stachlige, erleuchtete Raupe, und sie grollte in einer Sprache, die ich nicht verstehen konnte. Sie bestand aus Autohupen, dem Lärm der Menge, Baustellenkrach. Ich wollte sie abwehren, aber sie bekam sie – und verwandelte sich in einen Sternenregen, der alles übergoß. Ich erwachte und blieb bis zur Dämmerung wach, kleidete mich mit Gail an und küßte sie, genoß den Geschmack ihrer menschlichen, unversehrten Lippen.

Danach ging ich zu meinem Treffen mit Bernard. Man hatte ihm eine Suite in einem großen Krankenhaus gemietet. Ich fuhr mit dem Fahrstuhl in den sechsten Stock und sah, was Ruhm und Geld bedeuten konnten.

Die Suite war geschmackvoll möbliert, erlesene Serigraphien an holzverkleideten Wänden, Chrom- und Glasmöbel, cremefarbener Teppich, antike Holztische und Schränke.

Er bot mir eine Tasse Kaffee an, die ich annahm. Er nahm in der Frühstücksnische Platz, und ich setzte mich ihm gegenüber, wobei ich die Tasse zwischen den feuchten Handflächen hielt. Er war adrett, trug einen grauen Anzug, hatte ergrauendes Haar und ein scharf geschnittenes Profil. Er war Mitte Sechzig und sah ein wenig aus wie Leonard Bernstein.

„Wegen unsres gemeinsamen Bekannten", sagte er. „Mr. Ulam. Brillant. Und mutig, wie ich ohne zu zögern hinzufügen möchte."

„Er ist mein Freund. Ich mache mir Sorgen um ihn."

Bernard hielt einen Finger hoch. „Mutig – und ein verdammter Narr! Was mit ihm geschieht, hätte niemals erlaubt werden dürfen. Er mag es unter Zwang getan haben, aber das ist keine Entschuldigung. Jedoch – geschehen ist geschehen. Ich nehme an, er hat mit Ihnen gesprochen."

Ich nickte. „Er möchte zu Genetron zurück."

„Natürlich. Dort ist seine gesamte Ausrüstung. Wo wahrscheinlich seine Heimat sein wird, während wir dies auswerten."

„Auswerten? Wie … welchen Nutzen hat es?" Ich konnte kaum klar denken. Ich hatte Kopfschmerzen bekommen.

„Ich kann mir viele Verwendungsmöglichkeiten für kleine, superdichte Computerelemente mit biologischer Basis vorstellen. Sie nicht? Genetron hat bereits hier und da einen Durchbruch erzielt, aber das ist etwas anderes."

„Was schwebt Ihnen vor?"

Er lächelte. „Es steht mir leider nicht frei, darüber zu sprechen. Es wird revolutionär sein. Wir müssen ihn unter Laborbedingungen bekommen. Tierexperiemente müssen unter Aufsicht erfolgen. Selbstverständlich werden wir ganz von vorne beginnen müssen. Vergils … ähem … Kolonien können nicht übertragen werden. Sie basieren auf seinen weißen Blutkörperchen. Wir werden Kolonien heranzüchten müssen, die in anderen Tierkörpern keine Abwehrreaktionen auslösen."

„Wie eine Infektion?“ fragte ich.

„Man könnte gewisse Vergleiche anstellen. Aber Vergil hat keine Infektion.“

„Meine Tests deuten auf etwas anderes hin.“

„Das sind wahrscheinlich die Datenträger, die in seinem Blut herumschwimmen, glauben Sie nicht?“

„Ich weiß nicht.“

„Ich hätte gerne, daß Sie in unsere Labors kommen, wenn Vergil hereingebracht wurde. Ihre Expertise könnte nützlich für uns sein.“

Uns. Er arbeitete Hand in Hand mit Genetron. Würde er objektiv sein? „Wo liegt Ihr Gewinn bei alledem?“

„Edward, ich war immer an vorderster Front in meinem Beruf. Ich sehe keinen Grund, warum ich hier nicht helfen sollte. Mit meinem Wissen von Gehirn- und Nervenfunktionen und meinen Forschungen in Neurophysiologie ...“

„Sie könnten Genetron verhindern helfen, daß die Regierung hier Nachforschungen anstellt“, sagte ich.

„Das ist reichlich unverblümt. Zu unverblümt. Und unfair.“

„Vielleicht. Wie dem auch sei, ich würde das Labor gerne sehen, wenn Vergil hier ist. Wenn ich immer noch willkommen bin, trotz meiner Unverblümtheit.“ Er sah mich scharf an. Ich würde nicht in *seinem* Team spielen. Einen Augenblick waren seine Gedanken eindeutig erkennbar.

„Gewiß“, sagte Bernard und erhob sich mit mir. Er schüttelte mir die Hand. Er war so nervös wie ich, auch wenn er es nicht offen zeigte.

Ich kehrte in meine Wohnung zurück, wo ich bis zum Nachmittag blieb und versuchte, meine Gedanken zu klären. Ich wollte zu einer Entscheidung kommen, was wirklich war und was ich beschützen mußte.

Es gibt nur bedingte Veränderungen, die die Leute ertragen können. Innovation ja, aber sie muß langsam, faßbar vonstatten gehen. Nichts erzwingen. Jeder hat das Recht, dasselbe zu bleiben, bis er sich anders entschließt.

Die größte Sache in der Wissenschaft seit …

Und Bernard würde es vorantreiben. Genetron würde es vorantreiben. Mit dem Gedanken konnte ich nicht fertig werden. „Neo-Luddite“, sagte ich zu mir. Eine schäbige Anschuldigung.

Als ich Vergils Nummer am Sicherheitspaneel des Gebäudes drückte, antwortete er fast unverzüglich. „Ja“, sagte er. „Nur immer herein.“ Er klang heiter. „Ich bin im Badezimmer. Die Tür ist offen.“

Ich betrat seine Wohnung und ging durch den Flur bis zum Badezimmer. Vergil saß in der Badewanne, bis zum Hals in rötlichem Wasser. Er lächelte mir unbestimmt zu und planschte mit den Händen. „Sieht aus, als hätte ich mir die Pulsadern aufgeschnitten, was?“ fragte er leise. „Keine Bange. Jetzt ist alles in Butter. Genetron wird mich wieder einstellen. Bernard hat gerade angerufen.“ Er deutete zum Telefon im Badezimmer.

Ich setzte mich auf die Toilette, wobei mir die Höhensonne auffiel, die nicht angeschlossen neben den Handtuchschränkchen stand. Die Birnen saßen in einer Reihe am Rand des Waschtischs. „Bist du sicher, daß du das willst?“ fragte ich mit hängenden Schultern.

„Ja, ich glaube schon“, sagte er. „Dort können sie sich besser um mich kümmern. Ich wasche mich und gehe noch heute abend hin. Bernard wird mich mit seiner Limousine abholen. Stil. Von da an ist alles nur noch Stil.“

Die rötliche Farbe des Wassers sah nicht wie Seife aus. „Ist das Badesalz?“ fragte ich. Dann fiel es mir schlagartig ein, und ich fühlte mich noch ein wenig elender. Was mir in den Sinn gekommen war, war eine weitere offensichtliche und notwendige Verrücktheit.

„Nein“, sagte Vergil. Ich wußte es bereits.

„Nein“, wiederholte er. „Es kommt aus meiner Haut. Sie sagen mir nicht alles, aber ich glaube, sie schicken Kundschafter aus. Astronauten.“ Er sah mich mit einem Ausdruck an, der nicht exakt Sorge war, mehr Neugier, wie ich es aufnehmen würde.

Dieses Eingeständnis schnürte mir die Magenmuskulatur

zusammen, als würde sie sich auf einen Schlag einstellen. Bisher hatte ich diese Möglichkeit nicht einmal in Betracht gezogen, vielleicht, weil ich mich zu sehr auf andere Aspekte konzentriert hatte. „Ist das das erste Mal?“ fragte ich.

„Ja“, sagte er. Er lachte. „Halb bin ich der Meinung, die kleinen Kerle den Abfluß runterzulassen. Damit sie herausfinden können, wie die Welt wirklich ist.“

„Sie würden überall hingehen“, sagte ich.

„Ganz bestimmt.“

„Wie ... wie fühlst du dich?“

„Ich fühle mich verdammt gut. Müssen Milliarden sein.“ Er spritzte wieder mit den Händen. „Was meinst du? Soll ich die kleinen Burschen hinauslassen?“

Rasch, ohne nachzudenken, kniete ich neben der Wanne nieder. Meine Finger tasteten nach dem Kabel der Höhensonne und führten den Stecker ein. Er hatte Türgriffe an den Strom angeschlossen, meine Pisse blau gefärbt, Tausende böser Streiche gespielt und war nie erwachsen geworden, war nie zu der Erkenntnis gelangt, daß er brillant genug war, die Welt aus den Bahnen zu werfen. Er hatte nie Vorsicht gelernt.

Er griff nach dem Abflußstöpsel. „Weißt du, Edward, ich ...“

Er sprach den Satz nie zu Ende. Ich nahm die Sonnenlampe und warf sie in die Wanne. Unter Zischen von Dampf und Funkensprühen sprang ich zurück. Vergil schrie und zappelte und schlug um sich, dann war alles still, abgesehen von einem leisen Zischen und dem Rauch, der von seinen Haaren aufstieg.

Ich hob den Toilettendeckel und übergab mich. Dann hielt ich mir die Nase zu und ging ins Wohnzimmer. Die Beine gaben unter mir nach, und ich ließ mich abrupt aufs Wohnzimmersofa fallen.

Nach einer Stunde durchsuchte ich Vergils Küche und fand Bleichmittel, Ammoniak und eine Flasche Jack Daniels. Ich ging ins Badezimmer zurück und bemühte mich, Vergil nicht direkt anzusehen. Ich schüttete zuerst den Fusel, dann das Bleichmittel und dann das Ammoniak ins Badezimmer. Chlor begann in Bläschen aufzusteigen. Ich schloß die Tür und ging.

Als ich daheim war, klingelte das Telefon, aber ich antwortete nicht. Es hätte das Krankenhaus sein können. Oder Bernard. Oder die Polizei. Ich konnte mir vorstellen, wie ich der Polizei alles erklären mußte. Genetron würde schweigen wie ein Grab. Bernard würde unabkömmlich sein.

Ich war erschöpft, meine Muskeln verkrampft von der Anspannung und den Gefühlen, die einen überfallen, nachdem man ... Völkermord begangen hat?

Das schien sicher nicht so zu sein. Ich konnte nicht glauben, daß ich gerade hundert Trillionen intelligente Wesen getötet hatte. Eine Galaxis ausgelöscht. Es war lächerlich. Aber ich lachte nicht.

Es war nicht schwer zu glauben, daß ich gerade einen Menschen getötet hatte, einen Freund. Der Rauch, die verschmolzenen Glühstäbe, die qualmende Steckdose nebst Kabel.

Vergil.

Ich hatte die Lampe in Vergils Badewasser geworfen.

Mir war übel. Träume, Städte vergewaltigten Gail (und was war mit seiner Freundin, Candice?). Das Wasser mit diesen Wesen ablaufen lassen. Galaxien, die uns alle überfluteten. Welches Entsetzen. Und doch wieder, welche potentielle Schönheit – eine neue Art von Leben, Symbiose und Transformation.

War ich gründlich genug gewesen, sie alle zu töten? Momentane Panik durchflutete mich. Morgen, dachte ich, werde ich seine Wohnung sterilisieren. Irgendwie. An Bernard dachte ich gar nicht.

Als Gail zur Tür hereinkam, schlief ich auf dem Sofa. Ich erwachte benommen, und sie sah auf mich herab.

„Fühlst du dich gut?" fragte sie und drängte sich auf den Rand des Sofas. Ich nickte.

„Was wirst du zum Essen machen?" Mein Mund funktionierte nicht richtig. Die Worte waren undeutlich. Sie fühlte meine Stirn.

„Edward, du hast Fieber", sagte sie. „Sehr hohes Fieber."

Ich taumelte ins Badezimmer und sah in den Spiegel. Gail kam dicht hinter mir. „Was ist?" fragte sie.

Unter meinem Kragen zogen sich weiße Linien um den Nakken. Weiße Linien, wie Freeways. Sie waren schon lange in mir, seit Tagen bereits.

„Feuchte Handflächen", sagte ich. Es war so offensichtlich.

Ich glaube, wir wären fast gestorben. Zuerst wehrte ich mich, aber nach wenigen Minuten war ich zu schwach, um mich zu bewegen. Nach einer Stunde ging es Gail nicht anders.

Ich lag schweißgebadet auf dem Teppich im Wohnzimmer. Gail lag auf dem Sofa, die Augen geschlossen, das Gesicht die Farbe von Talkum, wie eine Leiche im Leichenschauhaus. Einige Zeit hielt ich sie für tot. So krank ich war, ich haßte – wütete, verspürte eine gewaltige Schuld angesichts meiner Schwäche, der Langsamkeit, mit der ich alle Möglichkeiten durchdacht hatte. Dann kümmerte ich mich nicht mehr darum. Ich war zu erschöpft zum Blinzeln, daher schloß ich die Augen und wartete.

Ein Rhythmus war in meinen Armen und Beinen. Mit jedem Pulsschlag wallte eine Art Klang in mir auf. Ein Klang wie von einem nach Tausenden zählenden Orchester, das aber nicht zusammenspielte. Ganze Kaskaden von Symphonien erklangen gleichzeitig. Musik im Blut. Der Klang oder was auch immer wurde schriller, aber koordinierter. Akkorde verklangen zur Stille und lösten sich dann zu harmonischen Rhythmen auf.

Der Rhythmus schien mit mir, mit dem Pochen meines Herzens zu verschmelzen.

Zuerst unterdrückten sie unsere Abwehrreaktionen. Der Krieg – und es war ein Krieg, auf einer Ebene, die man auf der Welt noch nicht gekannt hatte, mit Trillionen von Kämpfenden – dauerte schätzungsweise zwei Tage.

Als ich wieder kräftig genug war, zum Wasserhahn in der Küche zu gehen, konnte ich spüren, wie sie an meinem Gehirn arbeiteten, wie sie versuchten, den Kode zu knacken und den Gott im Protoplasma zu finden. Ich trank, bis mir schlecht wurde, dann trank ich weniger gierig und brachte Gail auch ein Glas. Sie nippte davon. Ihre Lippen waren aufgesprungen, die

Augen blutunterlaufen und von gelben Krümelchen verklebt. Ihre Haut hatte wieder ein wenig Farbe bekommen. Minuten später aßen wir entkräftet in der Küche.

„Was war *das* denn, zum Teufel?“ fragte sie als erstes. Ich hatte nicht die Kraft, es ihr zu erklären, daher schüttelte ich den Kopf und schälte eine Orange, die ich mit ihr teilte. „Wir sollten einen Arzt rufen“, sagte sie. Aber ich wußte, daß wir das nicht tun würden. Ich empfing bereits Botschaften; es wurde damit überdeutlich, daß jedes Gefühl von Freiheit, das wir noch hatten, illusorisch war.

Zuerst waren die Botschaften simpel. Erinnerungen an Befehle, mehr als die Befehle selbst, manifestierten sich in meinen Gedanken. Wir durften die Wohnung nicht verlassen – ein Konzept, das denen, die das Sagen hatten, recht abstrakt erscheinen mußte, selbst wenn sie es nicht für wünschenswert hielten –, und wir durften nicht mit anderen Kontakt aufnehmen. Fürs erste gestattete man uns, bestimmte Nahrung zu uns zu nehmen und Wasser zu trinken.

Nach Abklingen des Fiebers waren die Veränderungen rasch und drastisch. Gail und ich wurden fast gleichzeitig bewegungslos. Sie saß am Tisch, ich kniete auf dem Fußboden. Ich konnte sie kaum aus dem Augenwinkel heraus erkennen.

Ihr Arm entwickelte ausgeprägte Wülste.

In Vergil hatten sie gelernt, ihre Taktik in uns beiden war ganz anders. Mein ganzer Körper kribbelte zwei Stunden lang – zwei höllische Stunden –, bis sie den Durchbruch geschafft und mich gefunden hatten. Die Anstrengungen von Jahrtausenden ihrer Zeitskala zahlten sich aus, und sie kommunizierten direkt und reibungslos mit der großen, unbeholfenen Intelligenz, die einst ihr Universum kontrolliert hatte.

Sie waren nicht grausam. Als ihnen das Konzept von Unbehagen und Ungemach klargeworden war, taten sie ihr Bestes, beides zu vermeiden. Sie arbeiteten zu effektiv. Eine weitere Stunde lang schwamm ich in einem Meer der Wonne, ohne Kontakt mit ihnen zu haben.

Bei Einbruch der Dämmerung des darauffolgenden Tages

durften wir uns wieder bewegen. Das heißt, wir durften ins Badezimmer gehen. Es gab bestimmte Abfallprodukte, mit denen sie nichts anfangen konnten. Ich entleerte sie - mein Urin war purpurn -, und Gail folgte kurz danach. Im Badezimmer sahen wir einander mit leerem Blick an. Dann gelang ihr der Hauch eines Lächelns. „Hörst du sie auch sprechen?“ fragte sie. Ich nickte. „Dann bin ich nicht verrückt.“

Während der nächsten zwölf Stunden schien die Kontrolle auf einigen Ebenen nachzulassen. In dieser Zeit gelang es mir, den größten Teil dieses Manuskripts niederzuschreiben. Ich vermute, eine andere Art von Krieg fand in mir statt. Gail konnte sich innerhalb der zuvor abgesteckten engen Grenzen bewegen, aber mehr auch nicht.

Als die Kontrolle wieder hergestellt wurde, befahl man uns, einander zu umarmen. Wir zögerten nicht.

„Eddie ...“, flüsterte sie. Mein Name war das letzte, was ich von außerhalb hörte.

Stehend wuchsen wir zusammen. Nach Stunden dehnten sich unsere Beine aus und wuchsen. Dann wucherten Auswüchse zum Fenster, um Sonnenlicht aufzunehmen, und zur Küche, um Wasser vom Hahn zu trinken. Bald reichten Fasern in alle Ecken des Zimmers, wo sie Tapeten und Farbe von den Wänden rissen und Furniere von den Möbeln lösten.

Mit Beginn der nächsten Dämmerung war die Verwandlung vollständig.

Ich habe keine klare Vorstellung mehr davon, wie wir aussehen. Ich nehme an, wir ähneln Zellen - großen, flachen und von Fasern durchzogenen Zellen, die sich durch den größten Teil der Wohnung ziehen. Das Große fand seine Spiegelung im Kleinen.

Man hat mich gebeten, weiter Aufzeichnungen zu führen, aber bald wird das nicht mehr möglich sein. Unsere Intelligenz ist täglichen Wechseln unterworfen, während wir von den Intelligenzen im Innern absorbiert werden. Jeden Tag nimmt unsere Individualität ab. Wir sind wahrhaftig große, unbeholfene Dinosaurier. Unsere Erinnerungen wurden von Milliarden von ihnen übernommen, und unsere Persönlichkeiten wurden durch das verwandelte Blut ausgebreitet.

Bald wird keine Notwendigkeit zur Zentralisierung mehr bestehen.

Man hat mich informiert, daß mein Wasserrohrsystem bereits übernommen wurde. Im ganzen Gebäude unterliegen die Menschen schon der Verwandlung.

Nach wenigen Wochen der alten Zeitrechnung werden wir in unvorstellbarer Zahl die Flüsse, Seen und Meere erreichen.

Ich kann kaum anfangen, die Folgen abzuschätzen. Jeder Quadratzentimeter des Planeten wird vor Gedanken brodeln. Jahre, von heute an gerechnet, vielleicht früher, werden vergehen, dann werden sie ihre Individualität - die sie noch besitzen - völlig aufgeben.

Dann werden neue Geschöpfe kommen. Ihre Gedankenkapazität wird unvorstellbar sein.

Mein Haß und meine Furcht sind verflogen.

Mir - uns - bleibt nur noch eine Frage.

Wie oft ist dies anderswo geschehen? Niemals kamen Reisende aus dem All, um die Erde zu besuchen. Sie sahen keine Notwendigkeit.

Sie hatten Universen in Sandkörnchen gefunden.

John Kessel

Der unglaublich lebendige Mann

THE INCREDIBLE LIVING MAN

Seit er von den Toten zurückgekehrt war, war Stephen nicht mehr derselbe.

Das erkannte Martha schließlich, als er starr vor dem Sideboard im Eßzimmer stand, den Kopf nach vorne gereckt hatte und sein Spiegelbild betrachtete. Lautlos ging sie in den Flur zurück, zögerte, dann betrat sie das Zimmer noch einmal, diesmal kratzte sie mit dem Ehering am Türgriff und trat hörbar auf den Parkettboden zwischen den Teppichen im Flur und im Eßzimmer.

Stephen hatte dem Spiegel den Rücken zugewandt. Er lehnte am Sideboard, und seine kalten, grauen Augen beobachteten sie.

Die Augen des wahren Stephen waren braun gewesen, und ruhig, wie die eines Rehs. Martha wurde wütend - er sah *nicht* wie Stephen aus! Er sah aus wie dieser verdammte Verwalter!

„Carl Spencer von Pelucid Press ist am Vid", sagte sie.

Der große, blonde Mann streckte sich und ging an ihr vorbei ins Arbeitszimmer. Sein Gang war so präzise und anmutig wie der ihres Mannes. Martha war am Rand der Verzweiflung. Sie *wußte,* daß es dumm war, Körper und Geist haben zu wollen. Sie hatte nie geglaubt, daß Stephens Aussehen ihr soviel bedeutete. Aber das tat es. Es war ein Unterschied, und der stand zwischen ihnen wie der Tod selbst.

Als sie auf der Veranda saß und über das Anwesen bis zu der Hecke sah, die die Tennisplätze abtrennte, konnte sie hören, wie Stephen hinter dem Fenster das Vid anbrüllte. Das hatte er vorher nie getan.

„Hast du die letzte Meldung gelesen, Carl? Hast du? ... Und

du willst mir sagen, Philips weiß, was er tut? Das ist Abfall, aliterarischer Abfall, der als letzter künstlerischer Schrei getarnt ist! ... Mir ist es gleich, ob der Mann schlüpfriger als Rotz auf einem gläsernen Türknauf ist, ich gebe mein Geld nicht für Schund aus, mit dem ich nichts anfangen kann, verfaßt von einem erwachsenen bärtigen Pseudokünstler, der seit 1978 keinen originellen Gedanken mehr in seinem verrotteten Gehirn gehabt hat? ... Ich weiß, daß er nicht so alt ist, Carl, sei nicht albern. Und glaube nicht, daß du einfach abwarten kannst, bis ich verschwinde, Kumpel! ... Such dir einen neuen Bettgenossen!“

Sie hörte ein lautes, knallendes Geräusch aus dem Arbeitszimmer, danach war es still.

Er hat sich wieder von einem Freund entfremdet, dachte sie.

Martha lebte mit einem GamWi zusammen, und das fing langsam an, an ihren Nerven zu zehren.

Leon Malinowski war der Verwalter des Wheelwright-Anwesens in Linton, New York, gewesen, bevor er sich selbst aufgegeben hatte, um zum Körper eines anderen Mannes zu werden. Schon seit einigen Jahren hatte er auf diesen Punkt seines wahllosen Lebens zugesteuert.

Groß, blond und mit einem Gesicht, das zu eckig war, als daß man es schön hätte nennen können, saß er in einem komfortablen Zimmer und wurde für die Computer der Northeastern Life Extension, Incorporated, interviewt. Die Wandpaneele hätten als dunkles Walnußholz durchgehen können. Rekorder und Kameras waren unsichtbar. Eine freischwebende Kugel in einer Ecke verströmte bernsteinfarbenes Licht. In der Luft hing ein Aroma von Pinienholz, so schwach, daß man es nur unterbewußt wahrnehmen konnte. Trotzdem fühlte Leon sich unbehaglich.

Ihm gegenüber saß ein nüchterner junger Mann. Sie verwendeten keine Maschinen für die Interviews, obwohl sie das schneller und besser hätten erledigen können. In den ersten Jahren des neuen Libertarischen Zeitalters standen genug Leute zur Verfügung. Laßt die Menschen arbeiten - es gefällt ihnen.

Es gibt ihnen ein Selbstwertgefühl. Und seltsamerweise kann der Einsatz von Menschen anstatt von Maschinen im Endeffekt Geld sparen. Menschen reagieren besser auf Menschen. „Unsere Technologie muß ein menschliches Gesicht haben", hatte der Senex gesagt. Ganz recht.

Hier waren sie also.

„Was hat Sie dazu veranlaßt, sich als Wirt zur Verfügung zu stellen?" fragte der junge Mann. Er sah aus, als wollte er lächeln.

„Das Geld", log Leon.

„Ah, ja. Eine Menge Geld, nicht wahr?"

„Ja." Leon bemühte sich, ernst und entschlossen auszusehen – das richtige Image. Gott wußte, obwohl er es bereits seit zweiundvierzig Jahren versuchte, hatte er damit noch nicht viel Erfolg gehabt.

„Haben Sie keine Bange, was mit Ihnen geschehen wird, während Sie verdrängt sind? Sie werden keinerlei Einfluß haben, und Sie werden sich an wenig erinnern, was die dominante Persönlichkeit während der Zeit tut. Ich muß Sie auch darauf hinweisen, daß es bei manchen Wirten während ihrer Unterdrükkungsphase zu bedauerlichen Unfällen gekommen ist." Der Mann überkreuzte die Hände auf dem Schoß. Er schien immer noch lächeln zu wollen. „Verstehen Sie, manche der verlängerten Personen, die bereits tot sind, wenn man so sagen kann, haben wenig Verantwortungsgefühl.

Keine Verantwortung. Keine Erinnerung. Keine Kontrolle – *genau.*

„Selbstverständlich", fuhr der junge Mann fort, „übernimmt die Northeastern keine Verantwortung für solche Unfälle."

Leon zupfte an seinem Schnurrbart. „Ich verstehe."

Er verstand nichts. Darum nur war er bereit, in diesen zweifelhaften Ozean zu springen – er würde *alles* auslöschen –, und wenn es in dieser trockenen Welt noch einen Gott oder eine Gerechtigkeit gab, dann würde er vielleicht an einem besseren Ort wieder an die Oberfläche kommen. Um es noch einmal versuchen zu können.

„Tatsächlich bin ich neugierig auf die Erfahrung. Ich frage

mich, wie es ist, wieder als man selbst zu erwachen, nachdem man zwei Monate ein anderer gewesen ist."

Die beste Lüge ist eine verdrehte Wahrheit.

„Zwei Monate ist ein statistischer Durchschnitt. Ein Mittelwert von neunundfünfzig Tagen. Hier bei Northeastern liegt unser Maximum bei achtundsiebzig, das Minimum bei sechsundzwanzig Tagen. Im letzten Fall mußten wir vor Gericht gehen. Die nächsten Anverwandten hatten sich beschwert."

Leon kam zu der Überzeugung, daß das angedeutete Lächeln zum Repertoire des Mannes gehören mußte. Dabei soll man vergessen, daß man psychologisch unter die Lupe genommen wird. Vielleicht testete er auch nur seine Reaktion. Vielleicht war er als Kind chirurgisch verändert worden. Leon wurde ein wenig übel.

„Ich glaube, ich kann ihren Zorn verstehen. Sie geben ein Vermögen aus, um jemanden weiterleben zu lassen, richtig? Da wollen sie etwas fürs Geld." Ihr Stück vom Kuchen.

„Das wollen wir alle, Leon. Darf ich fragen, womit Sie Ihren Lebensunterhalt verdienen?"

Das wußten sie bereits, aber selbst in seiner elenden Verzweiflung hatte Leon damit gerechnet, daß sie es fragen würden. Seine Laufbahn. Sein Spiel mit musikalischen Stühlen. Sein privater Hindernislauf.

„Zuletzt war ich Verwalter eines Anwesens in Linton, New York. Die Einzelheiten befinden sich alle auf der Matrix, die ich vorgelegt habe. In den zurückliegenden vier Jahren kümmerte ich mich um alle weltlichen Angelegenheiten des Guts. Eine Art allgemeiner Handlanger, Kaufmann, Hansdampf in allen Geschäften. Ich bin auch gut in Elektronik – einer der letzten Nichtspezialisierten."

„Ja, ich verstehe." Der Mann lehnte sich zurück und schlug Arme und Beine übereinander. Er verhielt sich, als erwartete er, daß Leon fortfahren würde.

„Davor arbeitete ich bei der North American Telecommunications, wo ich als Konstrukteur für verschiedene Projekte zuständig war, nichts Spezielles. Und davor ..."

„Sie haben die Universität besucht, nicht?"

Leon schloß die Augen, öffnete sie aber hastig wieder. Hatte die Kamera das gesehen. Universität. Was machte das schon für einen Unterschied? „Ja", antwortete er. „Ich war in Amhearst und graduierte 1991."

„Eine gute Schule, nicht? Und Sie promovierten in Geschichte, ja? Wollten Sie nicht weitermachen?"

Der Bursche mußte versuchen, ihn zu erwischen, aber Leon wollte sich nicht erwischen lassen.

„Damals konnte man auf diesem Gebiet kaum Karriere machen. Das war vor zwanzig Jahren, vor der Revolution. Und, um die Wahrheit zu sagen, ich war nicht besonders gut darin."

Der junge Mann drückte zwei Knöpfe in der Armlehne des Sessels. Neben ihnen leuchteten zwei winzige Lichter auf. Eines war rot, das andere grün. „Und nun zu einem etwas ernsteren Thema: Sind Sie zur Zeit verheiratet oder mit jemandem unter einem emotionalen Vertrag?"

Wieder eine erwartete Frage, die er aber nicht beantworten, vor der er sich drücken wollte. Er fragte sich, wie Caroline in der Schule zurechtkam, ob sie immer noch dort war. Als er den Wheelwright-Job gehabt hatte, hatte er es vermeiden können, dauernd in ihrer Nähe herumzuhängen, aber als es ihm elend ging - so wie jetzt -, hatte er sie gebraucht. Welch eine Basis war das für eine Beziehung.

Die Stille dehnte sich. Schließlich unterbrach der junge Mann sie.

„Der Grund für diese Frage, Mr. Malinowski, ist der, daß es gelegentlich geschehen kann - allerdings äußerst selten -, daß ein Freund oder eine Freundin der Person, die den Wirtskörper benützt, Gefühle für den Wirt zu entwickeln beginnt. Wenn Persönlichkeit und Erinnerungen des Wirts wieder auftauchen, sieht er sich der peinlichen Situation gegenüber, daß ein völlig Fremder sich zu ihm hingezogen fühlt. Sie wollen doch nicht erwachen und feststellen, daß sich eine fremde Frau in Sie verliebt hat - daher ziehen wir unabhängige Individuen als Wirte vor."

Das war ein Scherz. „Ich bezweifle, daß mir das passieren wird."

„Kann man nie sagen."

„Ich war sechs Jahre lang verheiratet", sagte Leon niedergeschlagen. „Es hat nicht geklappt."

„Ja."

„Hätten Sie gerne eine Sexualgeschichte? Vielleicht könnten wir es gleich hier aushandeln, Mr. ..."

„Mr. Smith." Nun endlich lächelte der Mann. „Das ist wirklich mein Name."

„Wir alle haben unser Kreuz zu tragen."

Mr. Smith lachte. „Kann man wohl sagen, Leon." Endlich schien er von seinem Amtsschimmel herabgestiegen zu sein. „Sie haben einen herrlichen Humor. Ich mag Männer, die frei sagen, was sie denken." Er stand auf.

„Northeast zieht für gewöhnlich Männer vor, die etwas jünger sind als Sie, aber Sie scheinen bei guter Gesundheit zu sein. Bitte begleiten Sie mich in unsere Klinik. Dort wird Dr. Trent Sie durch den Computer jagen."

Sie verließen das nette Zimmer und gingen einen weißen Flur hinab bis zu einem Fallschacht. Und dort hinab ins Kaninchenloch und zu Dr. Trent.

Erstaunlicherweise mußte Leon nicht seine Seele entblößen. Die Direktoren von Northeast waren im Begriff, einen Fehler zu machen.

Tod, der physische Tod, ist unvermeidlich. Wir wissen nichts von Dingen wie dem Überleben der Seele, und, freiheraus, wir kümmern uns auch nicht darum. Es gibt aber gewisse Dinge, die wir tun können - physiologische Notbehelfe, wenn man so will -, um die Persönlichkeit nach dem Tod des Körpers zu erhalten. Bisher ist die einzig zuverlässige, zahlungskräftigen Kunden zugängliche Methode die Gamma-Wirt-Methode, kurz GamWi genannt.

Die Person, die bewahrt werden soll (laut Bundesgesetz 6771-4EB muß sie sich in einem Zustand „physiologischen und neurologischen Todes befinden“), läßt ihre Persönlichkeit und Erinnerung mittels der Bio/Computer-Techniken analysieren, die von Stenslov im Dänischen Neurologischen Institut entwikkelt wurden. Unter Verwendung von Gammastrahlenholographie und Mikrochirurgie wird ein Virus hergestellt, der die genauestens kodierte Erinnerungs-RNS enthält. Ein menschlicher Wirtskörper wird ausgewählt (laut Bundesgesetz 6772-4EB muß es sich um einen Freiwilligen vom selben Geschlecht wie der Patient handeln), dem nach dem Tod des Patienten dieser Virus injiziert wird. Der künstliche Persönlichkeitsvirus beeinflußt die Nervenzellen des Kleinhirns des Patienten und bewirkt eine Duplizierung der kodierten RNS. Der Wirt wird sozusagen „krank“, und die Krankheit zwingt seiner eigenen Persönlichkeit und seinen Erinnerungen die des Patienten auf. Bis die natürlichen Abwehrstoffe des Wirtskörpers den Fremdvirus bekämpfen und besiegen, *wird* der Wirt buchstäblich zum Patienten.

In der Praxis ist der Prozeß fast unerschwinglich teuer. Daher ist er nur für die Reichen ein Segen (ein vergänglicher, hinfälliger Segen). Und von den Reichen betrachten es nur wenige als lohnende Ausgabe. Aber wer wird zwei Monate des Lebens ablehnen? Zwei Monate ohne Verantwortung? Zwei Monate?

Einem privaten Kreditsystem wird im Namen des Wirts ein Standardhonorar von fünfzigtausend neuen Dollars gutgeschrieben – über das er erst verfügen darf, wenn er wieder ganz er selbst ist.

Es wurde rechtlich abgesichert *(Steinmetz gegen Steinmetz, 2002),* daß ein GamWi für die Dauer der Virusinfektion im Sinne des Gesetzes die Person ist, die dem Wirtskörper durch das Vertragsinstitut aufgezwungen wurde.

Welch ein Schock war es für Martha gewesen, die in der Rezeption von Northeastern gesessen und darauf gewartet hatte, daß die letzten Tests nach Stephens Persönlichkeitstransfer abgeschlossen wurden, als Leon Malinowski durch die Tür gekommen war.

Bleich, slawisch, mit struppigem blondem Schnurrbart und

kalten grauen Augen - sie war völlig abgestoßen gewesen. Was hatte *er* hier zu suchen?

Ungewollt war ihr ein Ereignis, das im letzten Sommer stattgefunden hatte, durch den Schleier ihrer Furcht ins Gedächtnis gekommen. Leon hatte auf dem Dach des Gästehauses unten beim See neue Ziegel eingesetzt. Das Wetter war drückend und warm, und er schwitzte lautlos über der Arbeit. Die ganzen vergangenen vier Tage lang hatte sein Hämmern ununterbrochen über das Anwesen gehallt. Martha war wenigstens einmal am Tag zu ihm gegangen und hatte ihm einige Flaschen kaltes Bier gebracht - Stephen bestand darauf, daß sie Angestellte immer rücksichtsvoll behandelte. Leons Beharren, nur mit Hemd zu arbeiten, hatte Martha verwirrt, denn bei der herrschenden Hitze hatte er den Stoff bald vollkommen durchgeschwitzt. Vielleicht fürchtete er einen Sonnenbrand.

An jenem vierten Tag begann er gerade mit der Südseite des Dachs, als Martha vorbeikam. Als er halb auf der Leiter stand, ein Bündel Ziegel auf der Schulter, und das Teerpapier des abgedeckten Dachs betrachtete, brach er plötzlich sein gewöhnliches Schweigen, fluchte lautstark und warf das schwere Bündel zu Boden, wobei er aus dem Gleichgewicht geriet und beinahe von der Leiter gefallen wäre. Er blieb einen Augenblick stumm und schweratmend stehen, dann kletterte er langsam herunter.

„Was ist denn?" hatte Martha gefragt.

„Fehler gemacht." Mehr wollte er dazu nicht sagen.

Der plötzlich aufgewallte Zorn, sowie das Bedauern, das ihm fast auf den Fuß gefolgt war, ließen sie nicht mehr los. Sie glaubte, dieselben flüchtigen Emotionen zu sehen, als der GamWi das Zimmer betrat und auf sie zukam.

Ungeachtet ihrer Proteste hatten sie beurkundet, daß es Stephen war. Und genau das hatte sie selbst herausgefunden, als sie einige Zeit mit ihm verbracht und seine kleinen Freundlichkeiten gespürt, die Verhaltensweisen gesehen, die für Stephen typisch waren, und sich über Erinnerungen mit ihm unterhalten hatte, die kein anderer wissen konnte. Doch die Nachwirkungen des ersten Schocks, kalte Augen, blasses Gesicht, die blieben.

Martha erhob sich aus dem Sessel, ging zu der altmodischen Verandatür und öffnete sie. So ein altes Haus! Es hatte Stephen ein Vermögen gekostet, es zu renovieren, und immer noch war es altmodisch. Sie trat hinaus ins Sonnenlicht und sah den sanft abfallenden Hang zum See hinab. Der Herbst kündigte sich an, und die Ahornbäume, die das Haus des Verwalters verbargen, zeigten orangefarbene Blätter. Trotzdem lag die Temperatur noch über zwanzig Grad, und sie konnte einige Segler sehen, die trotz des kalten Wassers noch ihrem Hobby nachgingen. In weiter Ferne lagen die dunstigen, abgetragenen Berge von Vermont. Stephen hatte sich beschwert, daß das Haus völlig abgelegen im Nichts lag - Stephen, der in einer unterirdischen Stadt mehr zu Hause war als an der frischen Luft. Sie wußte, er hatte sie nur necken wollen, denn sie hatte Linton schon beim ersten Mal gemocht, als er sie hierhergebracht hatte, noch bevor sie beschlossen, einen Vertrag einzugehen, bevor sie gewußt hatten, daß es mehr werden würde als eine schöne Zeit zusammen.

Das wollte Stephen wiederhaben. Es war sein Vorschlag gewesen, zur GamWi Gesellschaft zu gehen - es konnte ihre Chance sein, diese ersten Monate nochmals zu durchleben. Sie waren um die Jahre betrogen worden, die sie gemeinsam hätten verleben können. War es so falsch, wenigstens einen Monat zu wollen? Er war erst vierunddreißig gewesen!

Die anfangs skeptische Martha hatte eingewilligt. Stumm. Das Nachgeben hatte eine verrückte Freude mit sich gebracht, aber es war von dem Augenblick an, als Stephen durch die Tür gekommen war - als Leon -, eine Katastrophe gewesen. Sie wünschte sich, daß er endgültig sterben würde, damit sie diesen Mann aus dem Haus schaffen konnte.

„Martha?" Die Stimme erschreckte sie, sie zuckte zusammen, als hätte er sie mit einem anderen Mann ertappt. Als hätte er ihre Gedanken gelesen.

Der GamWi stand unter der Tür und blinzelte ins Sonnenlicht.

„Was stimmt nicht?" fragte er. „Sag es mir."

„Nichts. Ich glaube, ich bin nur müde. Ich frage mich, wie die

Arbeit in der Fakultät vorangeht. Manchmal fehlt mir das Unterrichten."

Er blieb unter der Tür stehen, eine Hand am Rahmen, als müßte er sich stützen. „Als würden diese übergroßen Kinder dich vermissen. Keine Bange. Im nächsten Semester wird dich nichts hindern."

Sie spürte ihr Gesicht erröten, faßte sich aber. Welches Recht hatte er, so eifersüchtig zu reagieren? „Tut mir leid, Stephen. Du weißt, daß ich es nicht so gemeint habe."

„Sei nicht kindisch - ich weiß nicht, wovon du sprichst. Ich wollte dich nur fragen, ob du zum Segeln mitkommen möchtest. So einen Tag werden wir nicht noch einmal bekommen ... und was soll dies alles" - sein Nicken schloß das Anwesen, das Haus, sein Geld und sie selbst ein -, „wenn wir nicht tun, was uns gefällt?"

Das war ein Ton, den sie schon lange nicht mehr von ihm gehört hatte. Aber Segeln! - welch ein Fiasko war das immer gewesen. Sie versuchte, die Person des Mannes durch den Verwalter hindurch zu sehen, konnte aber nur an ihm vorbeisehen. Hatte er in diesen letzten Tagen Angst, daß er einfach verblassen und nichts zurückbehalten könnte, das seine Zeit rechtfertigte?

„Gehen wir", sagte sie.

Draußen, auf dem See, wehte ein heftiger Wind, und sie glitten frei durch die Fluten. Stephen übernahm das Steuer des kleinen Bootes, während sie sich um die Taue kümmerte. In der ersten Stunde war, abgesehen vom Schlagen des Segeltuchs, dem Quietschen ihrer Deckschuhe auf dem Holz, dem Plätschern des Wassers gegen den Bootsrumpf sowie dem Tosen des Windes, kein Laut zu hören. Sie lehnten sich Seite an Seite über Bord, wenn der Wind an Heftigkeit zunahm, und die einzigen Worte, die sie wechselten, waren kurze, telegrafische Anweisungen.

„Jetzt lavieren wir."

„Paß auf die Spiere auf!"

„Auf dieser Seite ist es besser."

„Zieh! Zieh fester!“

Später, als sie gerade fragen wollte, ob sie heimkehren sollten, ergriff Stephen das Wort. „Das ist schon besser, was?“

Er hatte recht, was ihn anbelangte. Sie waren, von keinem bewußten Gedanken überschattet, den ganzen Nachmittag zusammengewesen. Der Schatten seines Todes hing nicht über ihnen, und sie hatte Malinowski fast vergessen.

Stephen lehnte sich zurück und klemmte die Spiere unter seinem linken Arm ein. Sein blondes Haar wurde vom Wind zerzaust. Sie sah, daß es dünn wurde.

„Hier ist eine Geschichte, die ich dir bestimmt noch nicht erzählt habe“, sagte er. „Sie handelt von einer Frau, die meine Mutter kannte, als ich noch ein Junge war. Sie waren beide für ein Gemeindeverbesserungskomitee oder so etwas tätig. Ich nenne sie Mrs. Finch.

Mrs. Finch war eine streitbare Person, und mein Vater jagte sie regelmäßig unter Flüchen aus dem Haus. Sie war eine Wichtigtuerin. Sie war als strenge Baptistin erzogen worden, verkündete aber immer lautstark, daß sie Atheistin war.“ Stephen lachte.

„Sie muß um die Vierzig gewesen sein - damals war ich etwa fünfzehn -, als sie zum Katholizismus übertrat. Sie war die Art von Frau, die derlei Entscheidungen treffen kann - drastisch stürzte sie sich in sie hinein -, und sie ließ einen nie vergessen, daß sie ein neues Blatt aufgeschlagen hatte. Ihr Katholizismus, behauptete mein Vater, war nichts weiter als eine neue Marotte, die nicht besonders tief reichte. Jeder wußte genau, daß sie nur eine Scheinheilige war, kein Jota anders als vor ihrer Bekehrung.

Und nun kommt der interessante Teil: Ihr Sohn - den sie, glaube ich, adoptiert hatte - war zu der Zeit etwa zwanzig, und er war als Arbeiter in der ersten Lagrange-Kolonie tätig, die damals bestand, kurz bevor die Regierung ins Wanken geriet. Ich nenne ihn Charles. Nun, Charles hatte da oben einen schweren Unfall, der einen totalen Gehirnschaden verursachte. Nur sein Körper funktionierte noch. Sie brachten ihn zur Erde, und nun lag es an Mrs. Finch, darüber zu entscheiden, was mit ihm geschehen sollte. Ihre Entscheidung fiel überraschend aus. Sie bestand darauf, daß er am Leben erhalten wurde, obwohl er keinem mehr etwas nützte, ganz besonders ihr nicht."

Martha verstand nicht. „Für eine gute Katholikin war das genau richtig."

Stephen nickte. „Das genau ist die Frage - war sie eine gute Katholikin? Warum hat sie katholisch gehandelt? Weil jeder von ihr erwartete, daß sie es nicht tun würde? Oder weil sie glaubte, daß es richtig war?"

Martha antwortete nicht, obwohl er sie ansah, als erwartete er eine Antwort. Sie konnte nicht gedankenlesen.

„Keiner von uns kann gedankenlesen", sagte er spöttisch. „Und daher wissen wir es nicht."

Er bewegte sich, verlangte nach einem neuen Kurswechsel. Die Spiere schwang herum, und sie segelten mit dem Wind. Martha beugte sich nach außen, um das Boot auszubalancieren, und Stephen warf den kantigen, schweren Körper gegen das geteerte Deck. Einen Augenblick bewegte er sich, als wäre er in diesem Körper aufgewachsen.

„Was geschah mit ihr?" fragte sie.

„Mrs. Finch?"

„Natürlich!"

Er kam näher und half ihr, das Segel zu raffen. „Die existiert gar nicht", sagte er. „Ich habe sie eben erfunden."

Sie wollte darüber lachen, aber etwas hielt sie zurück.

„Ein guter Tag", sagte er. „Vielleicht der beste überhaupt." Er sah sie an. „Vielleicht der allerbeste überhaupt!"

Martha versuchte, das Lächeln zu erwidern.

Als sie an ihrem Privatsteg anlegten, sah sie ihn einmal erschauern, als sei ihm plötzlich höllisch kalt geworden. Auf dem See hatte ihm der kalte Wind nichts ausgemacht.

„Dieser Leon mag vielleicht ein Narr sein", sagte Stephen lachend. „Aber eines muß man dem Hurensohn lassen, seinen Körper hält er fit."

Er lachte erneut, und dieses Mal erschauerte Martha.

Bei Northeastern war ein neuer Rekord aufgestellt worden: neunzig Tage, und Stephen war immer noch bei ihnen.

Martha versuchte, sich nichts anmerken zu lassen, aber die meiste Zeit war sie höher als ein verdammter Drache und versuchte, ruhig zu bleiben. Hielt er das Messer so, wie Stephen es getan hätte? Aß er mehr? Formulierte er seine Sätze anders? Wann hatte er Tom Mitchell, seinen besten Freund, zum letzten Mal angerufen? Wann fing er wieder an, Kriminalromane zu lesen?

Wann hatte er je seine Sympathie für die vorsätzlich Arbeitslosen ausgedrückt?

Am Abend des zweiundneunzigsten Tages liebten sie einander. Sie waren verrückt gewesen anzunehmen, sie könnten sich der Illusion hingeben, es sei so wie früher - aber nun, da ihre Zweifel wie ein Krebsgeschwür wucherten, existierte absolut kein Gefühl des Kontakts. Sie war mit einem Fremden im Bett.

„Stimmt etwas nicht?" fragte er sie, während sie in der kühlen Dunkelheit dalagen.

Martha konnte nur den vom weißen Mondlicht beschienenen Umriß seines Gesichts vor dem Vorhang erkennen. Es klang so, als läge ihm etwas an ihr. Aber konnte nicht auch Malinowski auf seine Weise etwas an ihr liegen? Konnte es nicht Leon sein, der sie gerade jetzt begehrte, aus den Tiefen seiner Stille, der mit der bizarrsten seiner Verkleidungen zu ihr sprach? Sie hatte nicht mehr von ihm gewußt, als sie seinen Augen zu entnehmen glaubte. Er war ein verschlossener Mann gewesen.

„Keine Antwort?" fragte er, berührte ihren Arm und drehte sich so, daß sein Gesicht vollkommen im Schatten lag. „Weißt du, warum die Qualität des Sex während der letzten Jahre im Westen ständig abgenommen hat? Du bist das beste Beispiel dafür. Du denkst zuviel."

„Stephen, wovon, zum Teufel, sprichst du?"

„Du bist bemitleidenswert, Martha. Sex mit dir ist, als würde man einen Ankreuztest machen. Dein Kopf ist voller Fragen, und ich versuche, die richtigen Antworten zu erraten. Ich habe aber das Raten satt."

Sie drehte sich wütend herum, vor Furcht und Zorn zitternd, und starrte die Wand an. *Rühr mich nicht an,* dachte sie. Gerechter Gott, *rühr mich nicht an!*

Stephen war tot. Das wußte sie nun eindeutig, und Panik schnürte ihr die Kehle zu. Übriggeblieben war Leon, der stehlen wollte, was er selbst nie verdienen konnte. Er war verrückt.

„Es ist mir gleich", sagte die Stimme des Fremden hinter ihr. „Ich habe schon länger gelebt, als ich eigentlich sollte. Ich erinnere mich immer noch, wer ich bin. Ich weiß, wer du bist. Was sagt dir ihre Wissenschaft über mich - nichts! Vielleicht werde ich ewig leben. Vielleicht sehen wir Leon Malinowski nie wieder."

Martha schloß die Augen so fest, daß sie tränten. Stephen verließ das Bett und ging zur Tür seines Schlafzimmers.

„Gute Nacht", sagte er.

Sie lag im Dunkeln und versuchte, sich wieder zu sammeln. Nach zehn Minuten ließ das Wirbeln ihrer Gedanken nach. Er war nur ein Mann, mit dem man fertig werden konnte. Sie stand auf, zog Kleid und Hausschuhe an und ging in sein Zimmer. Er war nicht da. Die Vorhänge waren zurückgezogen, und in der Ferne sah sie den See im Mondenschein glitzern. Etwas unterhalb, am Hang, sah sie zwischen den nun kahlen Bäumen Licht in dem Haus, das Malinowski gehörte.

Sie streifte einen Mantel über, trat leise auf die Veranda hinaus und dann die Treppe hinab auf den Rasen. Das Gras war mit Frost bedeckt. Ihre Füße waren kalt, ihr Atem kondensierte in der Nachtluft. Während sie sich dem Haus des Verwalters näherte, konnte sie spüren, wie sich der Sturm in ihr aufbaute.

Martha eilte, zwei Stufen auf einmal nehmend, die Treppe hinauf und war dabei so laut, daß er sie ganz sicher hören mußte. Das Haus war immer noch voller Dinge, die Malinowski hiergelassen hatte, als er so hastig gekündigt hatte - Gewehre, ein altmodisches Fernsehgerät, mehrere Werkzeugkisten, Stapel alter Magazine, ein Tri-D seiner Frau. Sie fand ihn im Wohnzimmer des kleinen Hauses. Er saß in Bluejeans und Hemd in einem Ohrensessel und las ein Buch des Verwalters.

„Was ist denn?“ fragte er mit hartem Unterton in der Stimme. „Es muß schon zwei Uhr sein. Kannst du nicht schlafen?“

Sie stand unter dem Rundbogen und vergrub die Nägel in die Handflächen an ihren Seiten.

„Was machst du hier?“ wollte sie wissen.

Er schloß das Buch und legte es neben sich auf den Tisch. „Ich war neugierig auf Leons Bücher. Ich wollte wissen, ob er Kriminalromane mochte und ob er alte Ausgaben hatte. Das ist alles.“

Sie starrte ihn weiter an.

„Es ist aus, *Leon*“, sagte sie. Die Worte waren wie Steine, die durch eine Glasscheibe geworfen werden. Sie warf noch einige. „Sie waren ein Narr, daß Sie glaubten, das durchhalten zu können! *Ich* war eine Närrin, es so lange mit anzusehen! Von Stephen ist nicht mehr in Ihnen als in ... in seinem Leichnam! Verschwinden Sie von hier. Ich kann Sie nicht mehr *ertragen!*“

Der Mann auf dem Sessel zupfte mit Daumen und Zeigefinger nervös an seinem Schnurrbart. Er hob das Kinn und sah sie unverwandt an, während er sprach. Das war Stephens Geste.

„Das also ist es. Ich habe nie erkannt, was für eine seichte Frau du eigentlich bist, Martha. Du hast die letzten drei Monate durch deinen Argwohn zerstört. Du kannst nicht durch diesen verdammten Körper mein Inneres sehen ...“

Sie wollte sich nicht aus der Fassung bringen lassen. „Ich weiß genau, was Sie sind, verdammt noch mal. Leon Wertlos Malinowski. Das ganze bemitleidenswerte Leben lang ein Versager, und nun schon wieder.“ Sie verspürte eine wilde Freude, war aber gleichzeitig durch ihre Heftigkeit erstaunt. Sie würde ihn aufreißen und seinen Betrug offenbaren.

„Sei still!“ brüllte er und sprang so rasch vom Sessel auf, daß es fast wie ein Spasmus aussah. Sein Arm zuckte, als wollte er sie schlagen.

„Was verstehst du schon, Martha? Ich bin ein toter Mann! Ich befinde mich im Körper dieses Mannes, nur noch die Hälfte meines früheren Selbst, und du erwartest, daß ich derselbe bin! Woher willst du wissen, daß ich mich nicht verändert hätte, wäre ich der heißgeliebte, wertvolle Stephen geblieben, den du zu lieben glaubtest? Die Menschen verändern sich, weißt du, selbst wenn sie am Leben sind. *Ich* weiß, wer ich bin. Wer bist du, es mir zu sagen? Was hast du mir in diesen drei Monaten gegeben, außer deinem Mißtrauen?"

Seltsamerweise schien er den Tränen nahe. Manche Männer hatten dieses alte Mittel gelernt.

„Weinen Sie ruhig, Leon. Um das schöne Haus. Wieder hinaus auf die Straße."

Plötzlich sah der Mann alt aus. Zweiundvierzig, auf die Sechzig zugehend. Etwas in ihm schien nachzugeben, und er sank in den Sessel zurück. Er saß stumm da, rieb die Stirn mit den Fingern der linken Hand und starrte zu Boden.

„Du hast deinen Teil gesagt. Und jetzt verschwinde."

Ein bißchen spürte sie ein schlechtes Gewissen, als sie ihn so sitzen ließ und zum Haus zurückkehrte.

Das Verfahren zur Feststellung der wahren Identität von Stephen Henry Wheelwright/Leon Wenceslaus Malinowski, das hinter verschlossenen Türen im Ersten Bezirksgericht des Mittelatlantischen Freistaats abgehalten wurde, wurde schon bevor der Gerichtstermin festgesetzt wurde zum Zentrum des öffentlichen Interesses. Martha Prouse weigerte sich, Stellung zu nehmen, und ihre Anwältin, Dorothy Simpson, versuchte, ihr die Presse vom Leib zu halten. Northeastern Life Extensions sagten lediglich, daß das Gerichtsurteil im Streitfall zwischen ihnen und Mrs. Prouse entscheiden würde, ob Northeastern sich in weitere Prozesse verwickeln lassen müßte.

Northeastern hoffte auf eine baldige Lösung des Problems. Letztendlich hoffte auch der Staat auf eine baldige Lösung. Eine rechtliche Zwickmühle lag vor ihnen.

Die wissenschaftlichen Gutachten waren überraschend nutzlos. Noch bei keiner bisherigen Gamma-Wirt-Infektion war es dazu gekommen, daß sich die Persönlichkeit des Wirts nicht nach längstens drei Monaten wieder eingestellt hatte. Normalerweise wurde der Erfolg eines GamWi-Prozesses getestet, indem man einige spezielle Erinnerungen aus der Zeit vor und nach der Infektion abrief. Aber die Tests am derzeitigen Wheelwright (der sich ihnen freiwillig unterzog) waren nicht überzeugend. Der Grund: Wenn man jemandes Erinnerungen über einen Zeitraum von drei Monaten hinweg testet, erhält man immer verschiedene Ergebnisse. Der Verlust einer GamWi-Persönlichkeit war ein allmählicher Prozeß, wenn er auch am Ende exponentiell fortschritt. Ein hinreichend vorbereiteter Wirt konnte lernen, sich an eine Vielzahl von Dingen zu erinnern, besonders wenn er, wie Malinowski, bereits vor der Infektion mit dem Patienten bekannt gewesen war.

Northeastern entschuldigte sich für den Fehler, daß man Stephens Persönlichkeit einem Mann implantiert hatte, den er früher gut kannte.

Stephens Anwälte brachten Dr. Pieter Stenslov in den Zeugenstand, der Experimente durchgeführt hatte, die darauf hinzudeuten schienen, daß es zu einem permanenten RNS-Transfer kommen konnte, wenn das Abwehrsystem des Wirtskörpers versagte.

Es waren große Tage für die Medien. Wheelwright wurde zitiert, der seine „Unschuld" beteuerte. Lange Retrospektiven seiner Karriere, seiner Teilnahme als Achtundzwanzigjähriger bei der konstituierenden Versammlung der Libertarier im Jahre 2005, der Quellen seines Vermögens und seiner Heirat mit Martha Prouse, Doktorin der Soziologie - das alles ging über die Sender. Auch Malinowskis Karriere wurde untersucht. Seine Ex-Frau, inzwischen Computerökonomieingenieurin an der Friedman School of Social Contract Design, goß Öl ins Feuer:

„Leon ist ein meisterhafter Lügner. Er konnte mich sechs lange Jahre zum Narren halten. Manchmal glaube ich, er könnte sich selbst täuschen."

Man fragte sie, ob sie Northeastern verklagen wollte, wenn sich herausstellte, daß Leons Persönlichkeit permanent von der Wheelwrights verdrängt worden war. Darauf antwortete sie, sie sei sicher, daß Leon zurückkehren würde, daß „er immer kommt und um Geld bittet, wenn man ihn am wenigsten erwartet."

Kurz nach diesem Interview legte man ihr nahe, den Mund zu halten, bis der Fall geklärt sei.

Aufgrund der Haltlosigkeit der wissenschaftlichen Gutachten sprach sich Marthas Anwältin dafür aus, daß man nur Klarheit über Stephens Identität erlangen konnte, indem man seine Erinnerungen mit den Erinnerungen von Personen verglich, die ihn gut gekannt hatten. Dorothy Simpson legte fünfzehn Zeugenaussagen von Stephens engsten Vertrauten, darunter sein bester Freund Thomas Mitchell von Albany, vor, die übereinstimmend zu dem Schluß kamen, daß der besagte GamWi nicht der Stephen Wheelwright war, den sie alle gekannt hatten.

Stephens Anwälte legten sechs entgegengesetzte Aussagen vor.

IM FALL PROUSE STEHT ES 15:6, verkündeten die Zeitungen. Die Aussagen wurden von Kommentatoren und anderen Experten verglichen.

Am Morgen des letzten Verhandlungstages druckte die *Boston Electron* Tri-Ds von Martha Prouse, dem dunklen, stattlichen Stephen Wheelwright und Leon Malinowski auf der Titelseite, darunter die fettgedruckte Schlagzeile:

WER BERAUBT WEN?

Eine Tri-Vid-Aufzeichnung von Stephen Wheelwrights Aussage vor dem Gericht:

Wheelwright/Malinowski hat die großen Hände auf dem Tisch übereinandergelegt. Rechts ist die Schulter seines Anwalts, abgeschnitten vom Rand des Tri-Vid-Tanks. Seine Gelassenheit scheint gekünstelt, die Folge äußerster Willensanstrengung. Er sagt:

„In meinem Verstand gibt es keinen Zweifel daran, daß ich Stephen Henry Wheelwright bin. Ich habe seine Erinnerungen und Reaktionen, und ich kenne seine Ansichten. Lassen Sie mich wiederholen: *Ich kenne seine Ansichten.* Selbstverständlich sind mir nicht alle greifbar, so wie Ihnen auch nicht alle Ansichten greifbar sind, die Sie einst hatten. Ich habe ein seltsames Erlebnis hinter mir, das keiner von Ihnen wirklich nachvollziehen kann. Ich erwachte im Körper eines anderen Mannes zum Leben. Es war kein Mann, den ich mochte oder verstanden hätte - tatsächlich habe ich niemals versucht, ihn zu verstehen. Ist es denn verwunderlich, daß ich ihn näher kennenlernen wollte, wenn ich schon in ihm weiterleben muß? Ist es verwunderlich, daß ich mich gegenüber meiner Frau und meinen Freunden anders als üblich verhielt, denn schließlich glaubte ich ja, nur noch Wochen vor mir zu haben? Ich gestehe hier vor der Welt, daß ich nicht mehr der Mann bin, der ich vor meinem Tod war.

Aber ich bleibe dabei: Ich bin Stephen Henry Wheelwright. Welche Befugnis hat dieses Gericht, mir etwas anderes zu erzählen?"

„Seine Anwälte haben einen großen Fehler gemacht, ihn reden zu lassen", sagte Dorothy.

Sie saßen in einem an den Gerichtssaal angrenzenden, behaglichen kleinen Zimmer. Martha rauchte eine Marihuanazigarette und wartete auf die Entscheidung des Gerichts, wie sie schon einmal - wie lange das schon her zu sein schien! - gewartet hatte, nämlich darauf, daß Stephen durch die Tür der Northeastern Life kommen würde. Dorothy saß neben ihr und redete auf sie ein, aber Martha hörte nichts davon. Es war wie die schwache Brandung, die an den Strand von Linton rollte.

Die Aussage des Mannes hallte in ihrem Kopf wider. Was sollte sie bedeuten? Sie suchte vergeblich nach einem Schlüssel, der es ihr ermöglichen konnte, die Wahrheit hinter ihr zu erkennen, so wie man den Frost von einer Fensterscheibe wischt und dann endlich deutlich den Winter draußen erkennen kann. Aber die Zweifel blieben. Besaß Malinowski soviel Frechheit? Wußte er, was er sagte? Oder war es irgendwie - ungeachtet der Meinung all ihrer Instinkte, denen sie zu vertrauen gelernt hatte - die Wahrheit?

Keiner von uns kann gedankenlesen, nicht?

Sie schloß die Augen vor dieser Erinnerung, tat einen tiefen Zug am Joint und legte sich in den Sessel zurück.

„Wie lange wird das noch dauern?“ fragte sie Dorothy.

Bevor die Anwältin antworten konnte, ging die Tür auf, und der Gerichtsdiener kam herein und bat sie, wieder in den Gerichtssaal zu kommen.

Die anderen standen, als sie hereinkamen, aber aus irgendeinem Grund weigerte Stephen/Leon sich, ebenfalls aufzustehen, und sein Anwalt stand mit verlegenem Gesichtsausdruck neben ihm.

Marthas Herz schlug schneller als gewöhnlich. Sie tastete nach Dorothys Hand. Dorothy warf ihr einen raschen Blick zu. Martha betrachtete Stephen, der ganz still dasaß und die Hände auf dem Schoß verschränkt hatte.

Die Richterin trat ein, sah Stephen einen Augenblick an und nahm dann Platz. Sie kam ohne Umschweife zur Sache.

„Das Gericht gibt der Klage von Martha Elizabeth Prouse gegen Stephen Henry Wheelwright statt. Wir erklären Stephen Henry Wheelwright kraft Gesetzes für tot und raten, seine Hinterlassenschaft gemäß seinem Letzten Willen zu verteilen.“

Martha schloß die Augen und atmete tief durch. Sie fühlte sich leicht ums Herz. Der Saal war voller Geräusche: das Rascheln von Papier, das Ächzen von Stühlen, unverständliches Murmeln von Stimmen, das Klopfen des richterlichen Hammers.

Sie öffnete die Augen und wandte sich zu Malinowski. Leon war so still wie Wasser am Fuß eines tiefen Brunnens. Er saß genauso da wie zuvor, die Hände im Schoß, und sah zur gegenüberliegenden Wand.

Nach der Gerichtsentscheidung blieben Leon Malinowski als finanzieller Rückhalt lediglich die fünfzigtausend neuen Dollar bei Farragut Trust in Boston. Der größte Teil davon war für Gerichts- und Anwaltskosten verbraucht worden. Später schrieb er ein Buch über seine Erfahrungen. Es trug den Titel: *Ein gestohlenes Leben.* Es wurde kein kommerzieller Erfolg.

Martha Prouse beschloß, nach der Verhandlung lange Urlaub zu machen, aber sie konnte sich nicht entspannen. Mit Beginn des Herbstsemesters 2012 nahm sie ihre Universitätsarbeit wieder auf, obwohl sie auf das Geld selbstverständlich nicht angewiesen war. Zuerst sorgte ihre Berühmtheit dafür, daß sie immer volle Hörsäle hatte, was den Unterricht schwierig machte, aber schließlich ließ das nach, und sie begann zu vergessen.

Im Frühling des Jahres 2019 besuchten Martha und Danny Ruiz, mit dem sie seit einem Jahr zusammenlebte, ein Baseballspiel in Aziz - der Stadt, die einstmals die Bronx gewesen war, bevor der Aufstand im ersten Jahrzehnt des Jahrhunderts alles verändert hatte. Das Spiel war ein Freundschaftsspiel zwischen den New York Yankees (der traditionelle Name hielt sich, obwohl New York gar nicht mehr existierte) und einem Team aus dem Protektorat Mittelwesten, das man seit zwanzig Jahren nicht mehr im Osten gesehen hatte: den Kansas City Royals. Das Spiel war der Beginn einer Tournee des guten Willens derer aus dem Mittelwesten, die damit den Boden für eine Neuaufnahme diplomatischer Beziehungen zwischen den verfeindeten Nationen beackern wollten.

Wäre es in der Macht der Regierung gelegen, sie hätte keinen besseren Tag auswählen können. Vergnügungsboote mit bunten Segeln bevölkerten den East River, und sowohl die Parklandschaft rings um das wiederaufgebaute Yankee Stadion, als auch die weißen Marmoreingänge zwischen den Bäumen, die die Zugänge zum unterirdischen Stadtkomplex markierten, glänzten mit kristallener Klarheit im hellen Sonnenschein. Martha und Danny hatten Tribünenplätze direkt an der ersten Standlinie. Sie waren früh da, gingen zu den Plätzen und sahen den Stadionwarten zu, die das Gras mähten und die Standlinien mit Kreide markierten.

Während sie dasaß und müßigen Gedanken nachhing, fiel Marthas Blick auf einen der Männer, der einen Jungen anwies, welcher einen Roller um den Sand am Platz des Werfers herum schob. Er war groß und bleich, erkahlend, und er stand geduldig zwischen den arbeitenden jungen Männern, denen er hin und wieder leise Anweisungen erteilte. Er hatte zugenommen und sich den Schnurrbart abrasiert. Es war Leon.

Sie war nicht sicher, was sie tun sollte, aber als die Mannschaft herbeikam und die Standlinie markierte, sah sie ihn abwesend zu den Tribünen sehen. Er hob den Kopf und reckte die Schultern. Etwas an seinem Verhalten ließ sie aufmerksam werden. Sie achtete nicht mehr auf Dannys Unterhaltung. Sie wußte, sie mußte mit ihm sprechen.

„Leon!" rief sie und winkte schüchtern mit der Hand. „Leon!"

Er drehte den Kopf, als habe er sie gehört. Sein Blick suchte die Tribünen ab. Dann sah er sie direkt an. Er bewegte sich nicht.

„Das ist doch nicht ...?" sagte Danny.

„Doch, das ist Leon." Sie rief noch einmal.

Leon starrte sie an, machte aber keine Bewegung. Er sah im Frühlingslicht alt, verwittert und außerordentlich geduldig aus. Er wartete auf etwas.

Martha wußte, was es war.

„Stephen!" rief sie, wesentlich leiser als vorher.

Der Mann lächelte angespannt, winkte dem Wartungstrupp zu und ging auf die Tribüne zu. Er kam zu ihnen herauf, überkreuzte die Arme und lehnte sich gegen die Wand.

„Sie haben das Zauberwort gesagt, Lady. Aber für Sie gibt es keine Belohnung."

Martha sah sich in der Defensive, wollte aber nicht nachgeben. „Bestehen Sie darauf, das Spielchen weiterzuspielen?"

Leon schloß die Augen einen Herzschlag, dann öffnete er sie wieder. Er streckte Danny die Hand entgegen. „Wie geht es Ihnen", sagte er. „Ich bin Leon Malinowski."

„Danny Ruiz."

„Schön, Sie kennenzulernen. Wird heute ein gutes Spiel werden. Die Jungs sollen einen guten Schlag haben, wie ich hörte."

„Wir konnten ihnen beim Üben zusehen."

Frustration wuchs in Marthas Brust, und noch etwas anderes. „Wie geht es Ihnen jetzt, Leon?" fragte sie.

„Ich komme zurecht. Ich bin seßhaft geworden - ein neues Leben." Wieder dieses gezwungene Lächeln.

Martha war verwirrt und bekümmert. Seit Jahren hatte sie sich nicht mehr so völlig außer Kontrolle gefühlt. Zögernd streckte sie die Hand aus, um die des Fremden zu berühren. Eine Sekunde sah es aus, als würde er sie wegziehen, aber dann tat er es doch nicht. Die grauen Augen waren so undeutbar wie immer.

„Bitte, Leon ... Stephen. Sie wissen nicht, wie sehr es mich geschmerzt hat, so lange nicht zu wissen. Ich möchte wissen, wer Sie sind. Müssen wir denn immer so weitermachen?"

Die Kiefermuskeln des Mannes verkrampften sich. „Es schmerzt, nicht wahr? Es tut mir *so* leid. Ich hatte geglaubt, ich wäre der einzige, der ‚immer so weitermachen' muß. Aber vielleicht läßt mich meine Erinnerung im Stich. Man sagt mir, daß ich in letzter Zeit wichtige Dinge vergesse."

Sie konnte nichts sagen. Das Schweigen lastete schwer auf ihnen. Sie konnte den gewaltigen Lärm der Menge hören, wie eine Brandung, ein bedeutungsloses weißes Rauschen, das sie überspülte.

Der Blick des Platzwarts hielt sie immer noch im Bann. Er entzog ihr seine Hand, und plötzlich sah er mehr traurig als wütend aus.

„Es tut mir wirklich leid", sagte er ohne Sarkasmus. „Ich wollte dir wirklich nicht weh tun, Martha. Die Wahrheit ... das wäre besser für uns beide, was?"

Sie sah ihn ausdruckslos an.

Er trat von der Tribüne zurück und breitete die Hände an den Seiten aus. Das Porträt des alternden Verwalters.

„Hier bin ich also, Leon Wenceslaus Malinowski, am zweiten Mai fünfzig Jahre alt. Platzwart im Yankee Stadion. Doktor der Geschichte, Amherst, '91. Einmal verheiratet." Er blinzelte rasch, aber vielleicht lag es nur am grellen Sonnenlicht.

„Stephen Wheelwright? Der ist schon seit vielen Jahren tot."

Er wandte sich um und ging zurück zu seinen Helfern, die zur zweiten Linie weitergegangen waren.

„Stephen!" rief sie hinter ihm her, aber er drehte sich nicht mehr um.

Kurz darauf betraten die Teams den Rasen, und das Spiel begann.

Malte Heim

Invasion

1

„Diese Geschichte wird Sie in ihrem weiteren Verlauf über die meisten Geheimnisse des Universums aufklären, meine Damen und Herren“, sagte der Regisseur.

„Was meinen Sie damit?“ fragte der Cutter, „und woher nehmen Sie die Unverfrorenheit, derartige Behauptungen aufzustellen?“

„Ich wollte nur andeuten, daß man eine Menge lernen kann, wenn man Augen und Ohren aufsperrt, Sonnyboy“, sagte Don Miguel.

„Das gilt vermutlich vor allem für Ihre erleuchteten Ausführungen, nicht wahr, Padrone?“ erkundigte sich Glen spöttisch und spuckte auf den Boden. „Sie halten sich wohl für eine Art Prophet und Messias in einer Person?“

Eben noch hatte Chostril mit der Idee gespielt, sich bei nächster Gelegenheit mit diesem kleinen Mann mit dem theatralischen, schwarzen Schnauzbart zu unterhalten, um seine Meinung über das Projekt zu erfahren, aber dieser letzte Kommentar brachte ihn davon ab.

Chostril schloß vielsagend die Augen – die meisten seiner Gesten dienten ausschließlich seiner eigenen Information oder Unterhaltung –, aber der erwartete Wutausbruch des Regisseurs fand nicht statt.

Statt dessen sagte er: „Mister Hofman, Ihre Bemerkung hat einen eigenartigen, dokumentarischen Reiz. Aber das werden Sie schon noch merken. Was Ihre Frage betrifft: Ich habe genügend Material – *unwiderlegbares Material* – für alles, was ich behaupte. Und jetzt sehen wir uns den Strip an, also husch!“ Er sprang auf und klatschte in die Hände.

Die Beleuchter sprangen einander von den Schößen und eilten zu der eisernen Feuerwehrtreppe, die zu den diversen Emporen und Bühnen führte. Einer stolperte vor Eile über den Schlag seiner Lewis und ließ seine riesenhafte Stulle in den Dreck fallen.

Chostril sah sich im Raum um.

Er war groß genug für Trafalgar in der nordöstlichen Ecke, während Napoleon im Südwesten Preußen hätte niederwerfen können. Aber die Größe des Raums ging ebenso wie die vieler Menschen im Tand unter; Kisten, Kartons, Schiebebühnen, ganze Gebirge aus Kostümen und Requisiten, dazwischen Aufnahmegeräte.

Vor allem Aufnahmegeräte.

Techniker flitzten umher und gruben den Vorführsaal aus. Sie hatten große Kartons und Müllsäcke bei sich, in die sie wahllos alles einsammelten, was sie fanden. In kürzester Frist legten sie ein halbes Dutzend Sitzreihen frei.

„Das genügt!" schrie der Regisseur zappelnd vor Ungeduld. „Wo ist der gottverdammte Vorführer?"

Anstelle einer Antwort flammte der Grand Canyon im Hintergrund auf, erstrahlte in der Morgensonne. Bühnenarbeiter rollten ihn auf und trugen ihn fort.

Dahinter war die Leinwand.

Das Raumschiff war offenbar schon vor einer Weile gelandet. Der Außerirdische spazierte bereits mitten im Bild. Der gelackte Schmierlapp vom CIA machte sich an ihn ran und fragte ihn: „Entschuldigen Sie, Mister, haben Sie mal Feuer?"

„Genug, um dir den Arsch zu flämmen", erwiderte der Außerirdische und nickte freundlich.

„Sag mal, soll ich ihn dir hinten reinstecken?" fragte der CIA-Mann ebenso lächelnd.

„Nur, wenn du ein paar Riesen drumwickelst, damit er schön dick wird", erwiderte der Außerirdische und wackelte andeutungsweise mit den Hüften.

„Film halt - wer hat das aufgenommen?" fragte Don Miguel plötzlich wütend.

„Ich hab den Strip nicht angerührt", rief der Vorführer über Megaphon aus seiner Kabine.

„Ich bin erst vor einer Stunde angekommen", sagte der Dubber.

Die übrigen benutzten die Verwirrung, um sich zwischen die Sitzreihen zu drängeln. Sie setzten sich genau vor Chostril, der leise schimpfend aufstand und sich drei Sessel weiter setzte.

„Entschuldigen Sie, Don Mig, das war ich", sagte einer der Techniker nachlässig. „Ich habe nur Rhythmusstudien gemacht, die ich für die Synchronisation auswerten wollte. Soll ich das andere Band einlegen?"

„Wo ist der gottverdammte Autor?" brüllte Don Miguel.

„Hier bin ich", erwiderte Roger Gaines. Er saß eine Reihe hinter Don Miguel.

„Was haben die beiden in der Originalversion gesagt?" fragte der Regisseur.

„Ich habe das Manuskript leider nicht dabei", erwiderte Gaines. „Aber ich will versuchen, es sinngemäß hinzukriegen. Der Außerirdische hält den Agenten natürlich für den netten Onkel, für den er sich ausgibt. Er fragt ihn nach dem Boß."

„Und was sagt der CIA-Mann?"

„Daß er sowieso vorhatte, ihn dahin zu bringen."

„Was halten Sie davon?" fragte Don Miguel den Dubber.

„Kein Problem", erwiderte der Synchronsprecher sofort, „die können sagen, was Sie wollen. Sagen Sie mir nur, was sie sagen sollen."

„Besprechen Sie das nachher mit Gaines", erwiderte Don Miguel. „Wenn ihr endlich das richtige Band eingelegt habt, möchte ich den Streifen jetzt gerne weiter ansehen."

„Band ist okay!" rief der Vorführer durch die Flüstertüte. Die Figuren auf der Leinwand lösten sich aus der Erstarrung.

Der Außerirdische kam jetzt direkt auf die Kamera zu.

Er hatte das breite, grünliche Gesicht eines leberkranken Scherpa und die Figur einer jungen Thailänderin. Natürlich konnte man seinen Körper unter der silbrigen Raumfahrtmontur nicht sehen, aber er *bewegte* sich wie eine Thai.

„Wohin gehen wir?“ fragte er.

Der Gelackte schob sich an ihm vorbei vorn ins Bild und erwiderte: „Wir nehmen den Wagen und fahren direkt zum Büro von Mister President.“

Chostril beugte sich zurück zum Dichter und flüsterte: „Haben die Außerirdischen Übersetzungsgeräte in ihrer Kombination - oder lernten sie Englisch auf dem Hinflug?“

„Halten Sie das für wichtig?“ fragte der Autor. „Ich habe es nirgends erwähnt.“

„Ich finde schon, daß man es andeuten sollte“, zischelte Chostril zurück.

„Sie bekommen's gleich nach der Geburt implantiert“, raunte der Dichter. „Die Lernmaschine im Kopf. Ich hab's glatt vergessen - danke für den Hinweis.“

Auf der Leinwand tauchte ein riesenhafter, schwarzer und völlig unzeitgemäßer Wagen auf. Zwei Leibwächter sprangen heraus und bauten sich breitbeinig im Wüstensand auf. Sie trugen Nadelstreifenanzüge, die sich nirgends bauschten.

„Steigen Sie ein“, sagte der CIA-Agent.

Der Scherpa sah ihm eine ganze Weile ausdruckslos ins Gesicht und tat dann ohne Kommentar, was er gesagt hatte.

„Stop! So geht das nicht. Er muß etwas sagen“, brüllte der Regisseur. „Schließlich drehen wir keinen Stummfilm.“

„Soll ich jetzt gleich etwas schreiben - zwei oder drei Sätze?“ fragte der Autor.

„Nicht nötig, wir haben ja den Dubber“, sagte Don Miguel. „Der Darsteller soll den Mund bewegen. Gebt ihm einfach einen Kaugummi oder was er sonst frißt.“

Der Film bewegte sich kurz rückwärts und stoppte wieder.

Einer der Aufnahmejungs seufzte, erhob sich von seinem Polstersitz und ging aus der Reihe. „Wer hat ihn gespielt?“ rief er am Ende der Sitzreihe.

In der Nähe des Mittelganges erhob sich ein Schauspieler, bewegte sich träge zu dem Aufnahmegerät, das der Kameramann eben aktivierte, und zog seinen Mantel aus. Darunter hatte er noch den Alu-Overall an.

Die Leinwand zeigte jetzt die Aufnahme der aktivierten Kamera. Man sah, daß der Darsteller des Außerirdischen tatsächlich Hüften wie eine Frau hatte.

Er zog eine dünne Scherpa-Maske über, starrte blicklos und ein wenig dumm in die Linse und bewegte die Lippen.

„Konzentrieren Sie sich gefälligst, Mann“, brüllte der Regisseur, „und dann will ich etwas *hören.*“

Der Schauspieler riß sich zusammen. Auf der Leinwand konnte man deutlich sehen, wie die Vernunft in seine Augen zurückkehrte. Der Kameramann fummelte an dem Gerät herum, klopfte mit den Knöcheln der anderen Hand auf das Mikro, bis das Geräusch übertragen wurde.

Der Darsteller sagte: „Ich kann mich nicht konzentrieren, wenn ich nicht weiß, worauf. Was soll ich überhaupt sagen?“

„Das reicht völlig“, sagte der Dubber.

Der Darsteller vor der Kamera sah ihn verwirrt an. Don Miguel drehte sich zu ihm um und nickte.

„Sie erinnern mich an meine Schwiegermutter“, sagte der Dubber grinsend zum Regisseur.

„Meinen Sie das im Ernst?“ schnappte Don Miguel.

„Nein. Es sind die Worte, die der Außerirdische *zum Beispiel* sagen könnte.“

Der Schauspieler lachte.

„Das ist gut“, sagte Don Miguel und nickte anerkennend. „Gehen Sie zu ihm und sagen Sie's ins Mikro.“

Der Dubber stand gehorsam auf, schlängelte sich durch die Sitzreihe und ging zur Aufnahmekamera. Von dort aus rief er: „Kann ich die Szene noch mal sehen?“

Gehorsam spulte sich der Film auf der Leinwand zurück und fing an der Stelle wieder an, wo der Außerirdische die Lippen bewegte.

„Ich kann's ja ebensogut gleich selbst sagen“, meldete sich der Schauspieler.

„Nein, die Aufnahme ist schon im Kasten“, rief Don Miguel. „Es ist billiger, wenn wir's synchronisieren.“

„Läuft das Band?“ fragte der Dubber.

„*Band ab!*" brüllte der Vorführer durchs Megafon.

Der Dubber starrte auf die Leinwand, auf der die Szene jetzt zum dritten Mal ablief, und sagte laut und betont ins Mikro: „Du siehst aus, als hättest du zu oft gewichst, mein Freund."

„Beschweren Sie sich beim Präsidenten", erwiderte der CIA-Mann gleichmütig. „Wir sind gleich bei ihm."

Der Dubber grinste, als er auf seinen Platz zurückging.

„Warum haben Sie denn nicht gesagt, was Sie eben zu mir gesagt haben?" fragte ihn der Regisseur.

„Ich habe es vergessen", erwiderte der Dubber, „soll ich's wiederholen?"

„Nein, lassen Sie uns erst weitersehen", sagte der Regisseur.

Endlich waren sie alle im Wagen versammelt. Der CIA-Agent saß vorn neben dem Fahrer, die beiden Leibwächter hatten den Außerirdischen auf dem Rücksitz zwischen sich genommen.

„Wohin, Mister Johnson?" fragte der stiernackige Fahrer.

„Zum Büro des Präsidenten", erwiderte der Agent.

Die Kamera streifte flüchtig die massigen Gesichter der beiden Bodybuilder und verweilte eben auf den asiatischen Zügen des Außerirdischen, als sein Kopf plötzlich von einer blendend hellen Aureole umgeben war.

Er und die übrigen Fahrgäste des Wagens drehten sich um und starrten durch das Rückfenster. Die Kamera fuhr zurück und zeigte die Landschaft.

Über der Wüste hing ein kleiner, von innen erleuchteter Rauchpilz wie der Schirm einer geschmacklosen Stehlampe.

„Ihr habt mein Raumschiff vernichtet", sagte der Außerirdische im Wagen bitter.

„Wir haben es vorher in Sicherheit gebracht", erwiderte Johnson. „Sie bekommen es bald wohlbehalten zurück. Die kleine Explosion ist nur der Vorwand, den wir brauchen, um das Gebiet abzusperren. Ihre Ankunft stellt uns vor ein Problem, Mister, und wir müssen die Neugierigen fernhalten, bis wir es gelöst haben."

„Sie wollen den Leuten erzählen, daß Sie eine gefährliche Invasion abgeblockt haben?" vermutete der Außerirdische.

„Wie kommen Sie darauf?“ fragte der CIA-Mann über die Schulter. „Wir erzählen den Reportern nur, daß ein Flugzeug explodiert ist. Von Ihnen ist überhaupt nicht die Rede. Sie landen dann offiziell an einem der nächsten Tage, wenn wir die Presse verständigt haben.“

„Was wollen Sie vorbereiten - einen bedauerlichen Unfall, der für mich tödlich verlief?“ fragte der Außerirdische. Man sah, daß er bebte, obwohl seine Stimme unbeteiligt klang. Die beiden Wächter hielten ihn an den Armen zwischen sich aufrecht.

„Wir möchten nur mit Ihnen absprechen, was Sie den Heinis von Zeitung und Fernsehen erzählen“, erwiderte Johnson. „Und vorher möchten wir sehr gerne von Ihnen erfahren, woher Sie tatsächlich kommen.“

„Das habe ich Ihnen schon gesagt“, erwiderte der Außerirdische. „Ich komme von der Sonne Mira.“

„Was wollen Sie hier?“ fragte Johnson.

„Kontakte. Wir handeln mit Nachrichten.“

„Sie sind ein Spion“, erwiderte der Agent, und es klang wie eine Feststellung. „Sie bereiten eine Invasion vor.“

„Wissen Sie was?“ sagte der Außerirdische plötzlich, „Ich komme gar nicht aus dem All. Ich bin auf der Erde geboren, genau wie Sie. Ich gehöre zu einem Filmteam. Wir drehen einen Science Fiction-Streifen in den Bergen.“

2

„Pause für alle!“ rief Don Miguel.

Chostril paßte auf und erwischte Gaines auf dem Klo. Noch beim Pinkeln zog er seinen Joker aus der Tasche und gönnte dem Dichter einen Blick darauf. Er brummte mäßig überrascht.

„Ich würde gern kurz mit Ihnen reden“, sagte Chostril.

Gaines schüttelte ihn und schob ihn bedächtig in den Schlitz zurück, den er sorgfältig zuknöpfte - die ganze Zeit über sah er Chostril in die Augen - und erwiderte erst dann: „Wo?“

„Wo es nicht so nach Fritten riecht“, sagte Chostril. „Wie wär’s mit dem Saloon?“

„Um diese Zeit?“ erwiderte Gaines. „Aber warum nicht. Also kommen Sie.“

Im Saloon roch es nach Bohnerwachs und Fusel. Sie stellten sich an den Tresen.

„Zwei Whisky“, bestellte Chostril.

Der Keeper stellte die Gläser hin, goß ein, verschloß die Flasche sorgfältig und wollte sie wieder mitnehmen. Chostril legte ihm die Hand auf den Arm und schüttelte langsam den Kopf. Achselzuckend ließ der Barmann die Flasche stehen.

„Ich habe den Anfang der Story nicht mitbekommen“, sagte Chostril und hob das Glas. „Können Sie mich kurz einweihen?“

„Die Landung ist noch nicht im Kasten“, sagte Gaines, als er getrunken und das Glas abgesetzt hatte. „Nur in dem hier natürlich.“ Er tippte sich an die Stirn.

„Ist es Nacht?“ fragte Chostril. „Sind Leute in der Nähe?“

„Da ist ein Dorf“, erwiderte Gaines. „Die Menschen sind vollzählig auf dem Platz versammelt. Einer hat die Landung vorher im Traum gesehen.“

„Streichen Sie das“, sagte Chostril leise und drehte eine Weile versonnen das leere Glas in den Händen, ehe er neu einfüllte.

„Sie sind verrückt“, sagte Gaines. „Sind Sie Kritiker? Wer sind Sie überhaupt?“

Chostril trank, stellte das Glas ab und sagte: „Lassen Sie es abends landen. Während einer Bauernhochzeit. Frohsinn, der in Entsetzen umkippt. Lange, schwankende Kamerafahrt durchs Unterholz. Halbnackte Liebespaare; kreischende Mädchen und todesmutige Jungs, die ihre Brust den Kugeln darbieten. Ein Dieb bekreuzigt sich und gelobt, sein Leben zu ändern, wenn er mit dem Schrecken davonkommt.“

„Aber was würde das ändern?“ fragte der Dichter und setzte das Glas an die gespitzten Lippen.

Als er trank, beobachtete Chostril ihn von der Seite. Die Augen des Mannes waren schon in der Vision gefangen, die er ihm skizziert hatte.

„Es würde alles ändern“, sagte er schwärmerisch. „Bedenken Sie doch die vielen aufnahmetechnischen Möglichkeiten und Anspielungen ...“

„Es geht nicht“, sagte Gaines plötzlich und stellte das Glas hart ab. „Ich müßte zuviel umschreiben.“

In diesem Augenblick kam Don Miguel in den Saloon.

„Eine Lokalrunde“, rief er noch im Eingang und breitete die Arme aus. „Und fünfzehn Minuten zusätzliche Pause.“

Er lächelte huldvoll nach rechts und links und kam an die Theke, wo er sich neben Chostril und Gaines stellte.

„Wo werden wir morgen früh sein?“ fragte Chostril den Regisseur.

„Wer sind Sie?“ fragte Don Miguel zurück.

Chostril gönnte ihm auch einen kurzen Blick auf den Joker.

„Oh“, sagte der Regisseur verblüfft und kratzte sich am Kopf, „also morgen früh - da drehen wir eine Szene in den Bergen. Die Burschen von der anderen Expedition landen dort. Es sind die, denen die Außerirdischen verdanken, daß ihre friedlichen Absichten so gründlich mißverstanden werden. Kurz nach Sonnenaufgang, würde ich sagen.“

„Daran kann ich mich gar nicht erinnern“, staunte Gaines.

„Eine kleine Änderung“, sagte der Regisseur und zuckte bedauernd mit den Schultern. „Der Produzent hat es so gewünscht - er fand den Schluß zu überraschend, so wie er war.“

„Warum habe ich nichts davon erfahren ...“ begehrte Gaines auf.

„Es war eine Ad-hoc-Entscheidung“, sagte Don Miguel und breitete in hilfloser Gebärde die Hände aus. „Sie wissen doch, wie das ist.“

„Wo ist der Produzent - ich will sofort mit ihm reden!“ sagte Gaines empört.

Er schien seine Hände nur mühsam davon abhalten zu können, den Regisseur am Kragen zu packen; sie fuhren nervös über die Theke. Seine Augen flammten.

„Er ist längst wieder weg - so beruhigen Sie sich doch, Mann“, sagte Don Miguel unbehaglich.

„Ich geh mal visifonieren", murmelte Chostril in Gaines Richtung und drängte sich durch Gruppen auf das Wohl des Regisseurs trinkender Komparsen in den Hintergrund der Bar.

Eine geschwungene Holztreppe führte auf die Etage, eine rundum laufende Empore, an der lauter Türen zu Hotelzimmern führten. Im vorigen Film war es ein Freudenhaus der Pionierzeit gewesen; Mädchen in blaßblauen, lila und dunkelroten Dessous und schwarzen Netzstrümpfen waren die Treppe hinauf und hinab und die Empore entlang stolziert.

Beinahe sah Chostril sie noch vor sich, besonders die eine, deren Strumpfnähte zu Don Miguels Verzweiflung erst bei der dritten Aufnahme exakt in der Mitte der Waden gesessen hatten.

Sie hatte bordeauxrote, sehr hochhackige Schuhe angehabt, mit fliederfarbenen Bändern, über Kreuz gebunden, die ganzen Beine hoch ...

Neben dem Treppenaufgang war die Visifonkabine.

Chostril ging hinein, steckte eine Münze in den Schlitz und wählte. In der anderen Hand hielt er den Joker.

„Stellen Sie den Chopper ein und geben Sie mir den Nikolaus", sagte er, als sich das Mädchen gemeldet hatte.

Sie warf einen Blick auf den Joker und reagierte sofort.

„Wissen Sie vielleicht zufällig, wem ich ein paar Nüsse schenken könnte, die von letzter Weihnacht übriggeblieben sind?" fragte der Nikolaus Chostril.

„Da sind fremde Kinder in den Bergen", sagte Chostril düster. „Sie kommen von weit her. Sie sollten sich ihnen gegenüber gastfreundlich zeigen."

„Das ist ein guter Tip, Rupert", sagte der Nikolaus. „Haben Sie eine Ahnung, wie viele Kinder es sind? Glauben Sie, daß eine Nuß für alle genügen wird?"

„Es müßte schon eine *Pfeffernuß* sein", erwiderte Chostril zögernd. „Ein paar Nachbarkinder sind nämlich neugierig geworden und zu Besuch gekommen. Ich werde versuchen, sie vor der Bescherung nach Hause zu schicken, aber ich kann's wirklich nicht versprechen."

„Schon gut, Rupert“, erwiderte der Nikolaus und nickte sanft mit seiner hohen, lila Mütze. „Sie brauchen mir nichts zu versprechen, ich erteile Ihnen die Absolution auf jeden Fall. Sagen Sie mir nur genau, wo die fremden Kinder sind, damit sich nicht unnötig Plagen ausbreiten.“

„In den Bergen“, erwiderte Chostril. „Machen Sie einen roten Kreis mitten auf Kartenfiche siebzehn Vau, dann haben Sie's. Morgen in aller Frühe.“

Er unterbrach die Verbindung und stellte gleich darauf eine neue her. Ein Mann mit starken Backenknochen und dem Gesicht eines Bullterriers erschien auf dem winzigen Bildschirm.

„Wer sind Sie und was wollen Sie?“ fragte er.

„Ich bin ein Freund und Berater Ihrer Gemeinde“, sagte Chostril und hielt den Joker hoch. „Ich möchte den Popen sprechen.“

„Oh ...“, sagte das Mopsgesicht und verschwand. An seiner Stelle erschien der Oberste Pope.

„Was ist?“ fragte er.

„Ich habe ein Geschenk für Sie“, erwiderte Chostril langsam und deutlich genug für den Translator/Chopper.

„Was für Geschenk und was für Preis?“ fragte der Pope.

„Dreißig Millionen Tonnen Weizen“, erwiderte Chostril.

Im Geiste fühlte er die gelben Körner durch seine Hände rieseln. Endlos ...

„Wer verspricht Korn wofür?“ fragte der Pope.

„Der Vorsitzende unserer Gemeinde“, sagte Chostril.

„Was muß ich tun, damit mein Volk kommt in Genuß ...?“ fragte der Pope.

„Sie müßten nur ein kleines Versehen zugeben“, sagte Chostril, „einen menschlichen und verständlichen Irrtum.“

„Du redest von absolut läßliche Sünde“, sagte der Pope und nickte gemessen mit dem Kopf. „Sie wird uns vergeben, da bin ich sicher. Wo habe ich unwissend gefehlt, mein Sohn?“

„Sie befahlen - irrtürmlich, wie schon gesagt - den Zorn des Herrn auf unsere Gemeinde herab, Hochwürden“, erwiderte Chostril.

„War Zorn groß?“ fragte der Vorsitzende der Siegreichen Russischen Orthodoxen leise.

„*Wird sein* - nicht *war.* Nein, nicht sehr groß; ein mittlerer Fluch, würde ich sagen. Sie werden es in den Nachrichten hören, mit dem kleinen Kommentar, auf den wir uns hoffentlich einigen.“

Der Pope sah starr aus dem winzigen Bildschirm und schlug sich vor die Stirn. „Stimmt ja, ich habe vergessen. Ich werde sofort gehen und schreiben Entschuldigung an deinen Presbyter. Dein verständnisvoller und großzügiger Vorschlag war mir Vergnügen.“ Er deutete eine Verbeugung an ... die Mitra bewegte sich kaum merklich ... das Bild verblaßte.

Als Chostril die Kabine verlassen wollte, hörte er ein winziges Surren über seinem Kopf und sah nach oben. Eine fingernagelgroße Linse blitzte neben der Deckenlampe auf.

Chostril holte den Joker aus der Tasche, definierte seine Funktion neu und zerschmolz die Linse. Dann studierte er die feine Energielinie, die sich quer durch die hohle Decke schlängelte.

Er steckte den Joker ein und ging die Holztreppe hoch zum ersten Stock.

Nach kurzem Suchen fand er die Tür, hinter der er das Aufnahmegerät vermutete. Er drückte sie auf und trat rasch in den Raum.

Dort stand die Schauspielerin mit den bordeauxroten Schuhen mitten im Zimmer. Sie klammerte sich an einen gelackten Typ, der ihr mit der einen Hand das gestärkte Ballettröckchen hochhielt und die andere zwischen Strumpf und Bein gezwängt hatte.

Das Mädchen hatte ein Bein abgewinkelt und den Fuß gestreckt, so daß der Wadenmuskel gewölbt war. Die Nähte der blaßblauen Strümpfe saßen nicht genau in der Mitte.

Im ersten Moment war Chostril zu verblüfft, um den Darsteller zu erkennen. Dann identifizierte er ihn: es war der CIA-Mann aus dem Invasionsfilm. Er trug das Phantasiekostüm eines Operettengigolos. Chostril murmelte ein paar Worte, die ebensogut ein Gruß oder eine Entschuldigung sein mochten; genau wußte er das selber nicht.

„Sind Sie verrückt?“ brüllte in diesem Augenblick das Megafon durch die dünnen Holzwände. „Wer sind Sie, daß Sie es wagen …“

Chostril erkannte die Stimme Don Miguels, sagte noch ein paar Worte zu den beiden und ging hinaus.

„…mitten in der Aufnahme, es ist einfach unglaublich …“ dröhnte der Lautsprecher auf der Empore weiter. Rasch betrat Chostril den nächsten Raum.

In der Ecke, auf einem Kirschholz-Waschtisch schnurrte ein kleines Bandgerät vor sich hin. Chostril zerschmolz es.

Plötzlich klirrte es, und ein gigantisches Objektiv schob sich drohend durch das zersprungene Fenster in den Raum auf ihn zu.

Er ging ans Fenster und sah einen Kameramann auf seiner Plattform schweben und ihn erschrocken anstarren.

Chostril annihilierte ihn, rannte aus dem Zimmer und die Treppe hinab.

Der Saloon war leer bis auf vier Cowboytypen, die an einem der Tische Skat spielten. Der Keeper putzte angelegentlich seine Gläser. Niemand sah auf, als Chostril durch die Schwingtür hinausging.

Draußen stand der Kameramanipulator, ein gigantisches Ungetüm auf vier Rollenrädern. Auf Chostril wirkte die Apparatur mit der höhen- und tiefenverstellbaren Plattform wie ein weganischer Beutelsaurier.

Der Kopf dieser mechanisch-elektronischen Echse stak noch immer in dem halb ausgebrochenen Fenster.

Chostril ging auf die Toilette.

Als er die Kabine verließ, wusch er am Becken die Hände und betrachtete sich im Spiegel. Blutunterlaufene Augen starrten ihn an.

Er strich mit der einen Hand fest die Haare aus der Stirn und forschte mit den Fingerkuppen der anderen nach dem Ansatz der Maske.

Endlich – der Schweiß auf seiner Stirn juckte zum Verrücktwerden – fand er ein gelockertes Eckchen Plastik und fuhr mit dem Daumennagel darunter.

Sekunden später hielt er die Maske in der Hand.

Er stopfte die zerknitterte, blaßrosa Folie in die Hosentasche, entnahm dem Joker eine neue luftdurchlässige Maske und paßte sie sorgfältig an, nachdem er sich das Gesicht abgerieben hatte.

Dann machte er sich auf, um nach Don Miguel zu suchen und ihm von dem Unglück zu berichten.

3

Er fand den Regisseur, wie er zusammen mit Gaines den Außerirdischen begutachtete, der gleich befragt werden würde. Sie waren in einem kahlen Raum, dessen Möblierung sich in einem Tisch, vier Stühlen und einem Rollschrank unter dem einzigen, hochgelegenen und vergitterten Fenster erschöpfte.

Der Außerirdische saß auf einem Stuhl und rauchte eine Zigarette. Er saß wie ein Primaner in der Tanzstunde ganz vorn auf der Stuhlkante, die grünliche Maske lag noch auf seinen Knien.

„Tut mir leid, wenn ich störe“, sagte Chostril, „aber es hat ein Unglück gegeben. Einer Ihrer Kameramänner ...“

„Was ist mit ihm?“ fragte Don Miguel. „Ist er betrunken? Oder krank?“

„Er ist vor meinen Augen verschwunden, mehr weiß ich auch nicht“, erwiderte Chostril mit gesenktem Kopf.

„Welche Nummer hat seine Kamera?“ fragte der Regisseur.

„Ich habe nicht darauf ...“ stammelte Chostril, tatsächlich verblüfft.

„Hätten Sie aber tun sollen“, sagte Don Miguel.

„Ich weiß nichts, nicht einmal, wie viele Kameras hier überhaupt herumschwirren.“

„Immer noch eine mehr, als die Leute glauben, das ist das

Geheimnis meines Erfolges“, sagte Don Miguel. Er klopfte Chostril auf die Schulter, wandte sich den beiden anderen zu und fügte hinzu: „Macht für eine Weile ohne mich weiter, Kinder.“

Er verließ das kahle Zimmer.

„Sie haben noch ein paar Drinks im Saloon gut“, sagte Gaines zu Chostril.

„Das Gespräch hat länger gedauert, als ich dachte“, sagte Chostril. „Tut mir leid.“

Ein feines Knirschen wurde hörbar. Eine Wand des Raumes fiel pulvrig in sich zusammen, durch die entstandene Öffnung schob sich eine fahrbare Kamera.

Die Linse richtete sich nacheinander kurz auf Gaines, auf Chostril, dann auf den Mann auf dem Stuhl. Das Gefährt sah aus wie ein bizarres Raubtier auf der Suche nach Beute.

Der Mann auf dem Stuhl hatte ausgeraucht. Er ließ die Kippe auf den Boden fallen und trat sie mit dem Absatz aus.

„Sind Sie der Außerirdische?“ fragte ihn der Kameramann.

Der Angesprochene nickte, holte seine Scherpamaske aus der Tasche und zog sie übers Gesicht. „Kann mir bitte mal einer helfen?“ murmelte der Außerirdische.

Gaines trat zu ihm und half ihm, das Gummi korrekt übers Gesicht zu ziehen.

„Ich kann nichts sehen“, nuschelte der Sitzende dumpf, „Sie haben mir das verdammte Ding über die Augen gezogen.“ Er schlug leicht auf den Arm des Schriftstellers, der die Maske sofort beleidigt losließ.

„Was macht Ihr denn da?“ rief der CIA-Agent, der in diesem Augenblick hereinkam. „Laßt ihn in Ruhe. Gleich kommen die Befragungsspezialisten, dann ist hier nur noch Platz für die Kamera.“

„Seine Maske saß nicht richtig“, sagte der Dichter empört. Er machte einen Schritt auf die Tür zu.

„‚Seine Maske saß nicht richtig‘“, äffte ihn der Agent nach. „Wie lang soll diese Szene überhaupt werden, weiß das jemand?“

„Keine Ahnung“, murmelte Gaines und machte noch einen zögernden Schritt auf den Ausgang zu.

Chostril stellte sich an die Tür und wartete auf ihn.

„Wieso haben Sie denn keine Ahnung?“ fragte der CIA-Mann. „Sie sind doch der Autor.“

„Don Miguel hat angeordnet, daß die Szene auf Reserve gedreht wird. Die Dialoge aus dem Manuskript werden alle verwandt, und zusätzlich sollen weitere Sätze gewechselt werden. Don Miguel und ich sind uns über den Schluß der Geschichte noch nicht ganz einig.“

„Hören Sie doch endlich mit der Fummelei an Ihrer Maske auf“, herrschte der Agent unvermittelt den Außerirdischen an, „Sie machen ja alles nur noch schlimmer.“

Er trat näher und rückte die Gummilarve mit ein paar geschickten Handgriffen zurecht. Es schmatzte leise, und das Scherpagesicht saß wie angegossen.

„Danke“, sagte der Außerirdische. „Sie sind wirklich ein Fachmann.“

Durch den Wanddurchbruch kamen jetzt zwei stiernackige Männer in Arztkitteln. Sie gingen rasch an den Stuhl, auf dem der Außerirdische saß, und stellten sich links und rechts von ihm auf.

Die Kamera kam interessiert nähergerollt, die Linse an ihrem flexiblen Objektiv wirkte wie die schnuppernde Nase eines Insektenfressers.

„Worauf wartet Ihr noch?“ fragte der CIA-Mann ungehalten.

Gaines schwieg, drehte sich um und kam auf Chostril zu.

Der CIA-Agent nahm einen Stuhl und setzte sich hinter den Tisch dem Außerirdischen gegenüber.

Gaines verließ den Raum, Chostril folgte ihm.

„Wer ist dieser Geheimdienstler?“ fragte er den Dichter draußen.

„Der kommende Star“, sagte Gaines. „Außerdem ist er mit Don Miguel befreundet, wie ich gehört habe.“

„Wo ist der Regisseur?“ fragte Chostril. „Wollte er nicht wiederkommen?“

„Was er will, spielt kaum eine Rolle", sagte Gaines sarkastisch, „niemand muß es ausführen, weil er es immer gleich wieder vergißt. Er wird jetzt mit der Vorführung fortfahren, und ich muß dabeisein."

„Ich begleite Sie, wenn es Sie nicht stört."

Sie gingen zum Vorführsaal.

Gaines behielt recht; Don Miguel saß inmitten seiner Mitarbeiter. Sie hatten sich in seiner Nähe niedergelassen und verfolgten andächtig seine theatralischen Gesten. Es sah aus, als dirigiere er einen Sprechchor, der in Körpersprache geschrieben war.

Chostril und Gaines nahmen zwei Reihen hinter den bereits Versammelten Platz.

Auf der Leinwand saß der Außerirdische auf dem Stuhl, aber nicht wie Chostril ihn eben noch gesehen hatte. Man hatte ihn jetzt am ganzen Körper gefesselt, und er schien starke Schmerzen zu haben. Seine Augen wirkten ein wenig glasig.

Der CIA-Agent stand drohend vor ihm und sagte: „Wir sind nicht blöd, Mister. Wir haben auch eine Astronomie. Sie sind nicht von Mira."

„Woher wollen Sie das wissen?" fragte der Außerirdische mit verzerrtem Gesicht. „Mira hat dreiundvierzig Planeten, drei davon tragen hochentwickelte Zivilisationen."

„Er weicht mir aus", sagte der CIA-Agent zu seinen Helfern in weißen Kitteln. „Bindet ihm den Kopf fest, damit er mir in die Augen sieht; wie soll ich sonst wissen, ob er lügt?"

„Setzen Sie's einfach voraus, Chef", sagte einer der bulligen Ärzte, trat näher an den Stuhl und bewegte die Hand hinter der Rückenlehne.

Aus der Kopfstütze des Stuhles kam ein breites, metallisch schimmerndes Band und legte sich dem Außerirdischen um die Stirn. Der Scherpa bekam große Augen und wimmerte leise.

„Ist der Text von Ihnen?" fragte Chostril Gaines leise.

„Im wesentlichen", erwiderte der Autor.

„Wieso wurde der Außerirdische gefesselt – hat er sich denn schon verdächtig gemacht?" wollte Chostril noch wissen.

„Halt das Ganze - die Dialoge taugen nichts“, rief Don Miguel, sprang auf und breitete in einer beschwörenden Geste die Arme über sein Volk. „Ist der Autor hier?“ fragte er lauter und sah sich um.

„Ich bin hier“, sagte Gaines und stand auf.

„Ich will, daß die Sprüche fetzen“, herrschte ihn Don Miguel an. „Etwa: *Zeigt es dem Hundesohn, bis er kuscht.* Ungefähr in der Art. Haben Sie mich verstanden?“

„Ich glaube schon“, erwiderte Gaines. „Sie wollen mehr Lebensnähe.“

„Das ist es“, sagte Don Miguel befriedigt. „Jetzt haben Sie's. Die Lebensnähe. Schreiben Sie mir einen lebensnahen Dialog.“ Er setzte sich und wandte seine Aufmerksamkeit wieder der Leinwand zu.

Die Figuren bewegten sich wieder. Der Außerirdische stöhnte eben abgrundtief auf und sackte in den Fesseln zusammen. Sein Gesicht war blaurot verquollen, eine Braue war abgeplatzt und hing wie eine Girlande halb über das Auge.

„Gebt ihm was, damit er wach wird“, sagte der CIA-Mann. „Was haben wir denn vorrätig?“

„Wir haben alle Neuroleptica da“, erwiderte einer der Weißkittel.

„Wollen die Leute nicht sehen, wie er an die Verletzungen gekommen ist?“ fragte Chostril Gaines erstaunt.

„Ich zeig's ihnen nicht, nicht in diesem Film jedenfalls“, erwiderte der Dichter. „Ich experimentiere gern stilistisch. Eines Tages wird mir einer meiner mutigen Versuche endgültig den Durchbruch verschaffen, da bin ich ganz sicher. Wenn ich das nicht wäre, würde ich keinen Satz mehr schreiben.“

„Aber solche Dinge bestimmt doch Don Miguel?“ sagte Chostril.

„Und wenn schon“, brummte Gaines, „ich weiß schließlich, was ich geschrieben habe und was nicht.“

Chostril sah ihn von der Seite an. Seine Augen waren starr auf die Leinwand gerichtet und schimmerten im Abglanz des Lichtbalkens, der das Bild auf die Leinwand übertrug.

„Ich muß nochmal visifonieren“, sagte Chostril leise, denn der Regisseur hatte sich eben umgedreht und blickte sie mit gerunzelter Stirn vorwurfsvoll an.

Chostril verließ die Sitzreihe und ging zum Saloon.

Er war ein wenig voller als eben, ungefähr ein Drittel der Tische waren mit Leuten besetzt, die gern in Kneipen mittagessen.

Unwillkürlich sah Chostril zu der Empore hoch. Niemand hielt sich dort auf. Er ging durch zur Visifonzelle, sie war frei.

Diesmal bekam Chostril den Nikolaus direkt an die Leitung. „Wie haben Sie das gemacht?“ fragte er ehrlich verblüfft.

„Neuer Trick der Heinzelmännchen“, erklärte ihm Chostril bereitwillig. „Ein mehrfach belegter Code, der zugleich sein eigener Schlüssel und eine zusätzliche Botschaft ist. Man kann ihn nicht knacken, weil er sich bei jeder Anwendung nach zufälligen Kriterien ändert.“

„Lenken Sie nicht ab – *wie haben Sie das gemacht, daß ich den Hörer abgenommen habe?*“ fragte der Nikolaus sehr laut.

„Hören Sie, ich muß nur eine Nachricht loswerden“, sagte Chostril und hielt den Joker in Augenhöhe.

„Was wollen Sie mir denn sagen?“ fragte der Nikolaus nach einer Weile merklich verstört.

„Der Pope kann sich an keinen Irrtum erinnern“, sagte Chostril.

Die Verwirrung im Blick des Nikolaus nahm zu. Er würde gleich bereit sein, alles zu tun, um aus der Falle zu kommen.

„Helfen Sie mir auf die Sprünge, Rupert“, bat er.

„Ihr Auftritt“, erwiderte Chostril sanft. „Sie wollten die fremden Kinder in den Bergen bescheren.“

„Jetzt fällt's mir wieder ein“, sagte der Nikolaus. „Ich wollte es tun – aber ich kann es nicht. Wenn der Pope es nicht getan haben will, kann ich es erst recht nicht tun.“

„Sie *müssen* es aber tun“, sagte Chostril und ließ nur noch eine dünne Schicht Sanftheit über dem Unausweichlichen bestehen.

„Ich weiß“, sagte der Nikolaus, „was soll ich denn tun?“

„Suchen Sie ihnen eine besonders schöne Nuß aus“, sagte Chostril, und der Nikolaus merkte nicht, daß es ein Befehl war.

„Das ist weiß Gott das mindeste, was ich für sie tun kann“, erwiderte er, schon wieder bereit, den Ehrenwerten darzustellen.

„Es steht ganz oben auf der Liste der in derartigen Fällen erforderlichen Vorsichtsmaßnahmen, und Sie selbst haben es bei Ihrer Amtsübernahme abgezeichnet“, mahnte ihn Chostril. „Außerdem steht es in der Verfassung.“

„Ich weiß, ich weiß“, erwiderte der Nikolaus und kaute seine Backe von innen an.

„Wir sind vor dem Gesetz gleich, Sie und ich“, sagte Chostril. „Erinnern Sie sich? Der Bürger hat nur eine Möglichkeit, sich kurzfristig aus dieser Gleichheit zu erheben - wenn er über sich hinauswächst, um seine Pflicht gegenüber dem Vaterland zu tun.“

„Da haben Sie weiß Gott recht“, sagte der Nikolaus beeindruckt. „Niemand kann sagen, daß ich mich je geweigert hätte, meine Pflicht zu tun. Wen soll ich aber beschuldigen, wenn der Pope nicht mitspielt?“

„Suchen Sie sich einen Beliebigen aus“, sagte Chostril grob. Er sah nicht ein, weshalb er noch länger um den heißen Brei reden sollte. „In Ihrem Land sind alle schuldig - in den anderen natürlich auch“, fügte er hinzu. „Sie brauchen nur einen zu bestimmen, der die Tafel mit der Frage für Sie abwischt, damit Sie Ihren Namen unter die Lösung schreiben können.“ Er hängte auf.

4

Die beiden mächtigen Berge sahen wie Pylonen aus, an denen man eine die Kontinente verbindende Brücke aufhängen konnte.

Kurz darauf wurde zwischen den gigantischen Flanken der Berge etwas gegen den Himmel sichtbar; eine Kugel, die in den Strahlen der noch tiefstehenden Sonne wie eine auf den Verbraucher zufliegende Apfelsine wirkte.

Die Kugel näherte sich dem Schauplatz, wurde in ihrer Ausdehnung dem gewaltigen Taleinschnitt, dem sie sich näherte, durchaus gerecht. Ihre Oberfläche war mit unzähligen Poren und Kratern übersät wie ein atmosphäreloser, seit Jahrmillionen von Meteoriten bombardierter Mond.

Sie wuchs noch immer; die Berggiganten schienen vor ihrem Nahen seitlich auszuweichen. Auf die Hülle des Raumschiffes wurde jetzt das entschlossene Gesicht des Astrogators projiziert. Er bewegte die Lippen.

„Mädchen, mach mir reichlich Platz / denn ich bin ein *großer Schatz"*, flüsterte der Dubber neben Chostril.

Tatsächlich wirkten die von der Abendsonne geröteten Flanken des Berges wie enorme Schenkel, die sich darauf vorbereiten, ein übermäßig großes Glied aufzunehmen. Aber nur kurz, dann war das Raumschiff zwischen ihnen und kam gleich darauf frontal auf die andere Kamera zu. Jetzt sah es plötzlich wie der Kopf eines Neugeborenen aus.

Schnitt.

Das Tal war angefüllt mit Menschen. Reportern, Touristen und ein paar Einheimischen vom Dienst. Mikros und Kameras wurden zu Hunderten geschwenkt und scharf gemacht.

„Die Völker der Erde begrüssen ihre Brüder und Schwestern von den Sternen", intonierten Chöre und verkündeten zahllose Spruchbänder.

Die Kugel schwebte jetzt vielleicht zwanzig Meter über der Talsohle und sank nicht mehr tiefer. Sie ließ etwas wie einen flexiblen Paternoster aus halbdurchsichtigem Material fallen, dessen Kabinen sofort eifrig den Betrieb aufnahmen.

Der erste Außerirdische schwebte nach unten, stieg aus der Kabine, hob grüßend die Hand und murmelte etwas. Reporter mit Stangenmikrophonen kamen herangeflitzt.

„Was hat er gesagt?" fragte Don Miguel. Niemand antwortete ihm.

Chostril warf einen Seitenblick auf Gaines. Der Autor hatte sich nach vorn gebeugt und starrte mit halboffenem Mund auf die Leinwand. Seine Hände waren um die Lehnen verkrampft.

„Würden Sie bitte Ihre ersten Worte wiederholen?“ fragte der Reporter, der zuerst bei dem Außerirdischen angekommen war.

Mittlerweile waren die silbrigen Gestalten schon auf eine Gruppe von sechs angewachsen, und immer noch schwebten neue nieder und scharten sich um ihren Anführer.

„Verständigung ist kein Problem“, sagte der Außerirdische mit wirkungsvoll verstärkter Stimme. „Wir haben bionische Übersetzungscomputer implantiert.“

„Sind Sie eine technische Rasse?“ fragte der Reporter. „Manipulieren Sie gern?“

„Halt!“ rief Don Miguel gequält aus. „Wer hat denn diesen scheußlichen Blödsinn geschrieben? Gaines - waren Sie das?“

Der Film hielt an.

„Was gefällt Ihnen denn nicht?“ fragte Gaines leise. Er klang entmutigt.

„Er gefällt mir überhaupt nicht. Er ist nicht echt, nicht authentisch, verstehen Sie?“

„Aber wenn Ihr Film eine gewisse grundsätzliche Bedeutung als First-Contact-Report haben soll ...“ fing der Dichter an.

„Können Sie sich eine auch nur andeutungsweise grundsätzliche Bedeutung vorstellen“, wollte der Regisseur wissen, „die nicht glaubwürdig ist? Muß man nicht sogar unbedingt vermuten, daß nur das Glaubwürdige überhaupt existiert?“

„Nein“, sagte Chostril an Gaines Stelle.

Alle starrten ihn verblüfft an.

„Wie meinen Sie das, Mister ...“ fragte Don Miguel.

Chostril zuckte die Achseln. „Er hat recht“, sagte er.

„*Wer* hat Ihrer Ansicht nach recht, Mister ...?“ erkundigte sich Gaines.

„Der Außerirdische“, sagte Chostril. „Er sprach davon, daß Verständigung technisch gesehen kein Problem darstellt.“

„Hat er das gesagt?“ fragte der Regisseur. „Ich kann mich nicht daran erinnern.“

„Er *hat* es gesagt“, sagte Gaines plötzlich eifrig.

„Natürlich nicht wörtlich. Aber der Mann hier“ - er wies auf Chostril - „hat es richtig ergänzt. Es ist die Technik, auf die es ankommt. Da sehen Sie, wie wichtig Hinweise auf die weit umfassendere Bedeutung der Technik ..."

„Hören Sie schon auf", rief Don Miguel in einer um eine Oktave erhöhten Tonlage. „Das ist doch alles gequirlte Scheiße. Bei einem Film hat nur einer recht: der Betrachter. Nur er, und sonst keiner. Merken Sie sich das."

„Man erreicht die Aufmerksamkeit des Zuschauers mittels technischer Methoden", sagte Chostril. „Das sollten Sie aber wissen, Mister Miguel."

„Verdammt - so darf keiner mit mir reden", rief der Regisseur und richtete seinen beringten, leicht zitternden Zeigefinger auf Chostril. „Wer sind Sie überhaupt? Hat Sie jemand eingeladen? Ich bin ein vielbeschäftigter Künstler!"

„Der Künstler ist ein Mensch, dem bessere Techniken zur Verfügung stehen, als seine Moral und Kritik zuzulassen bereit sind", sagte Chostril. „So deutet er sie um - zu einem Bastard aus Genialität und Augenfälligem - und spielt das schuldlose Kind, erhebt aber zugleich Anspruch auf die Rechte hochverschuldeter Erwachsener."

„Ich sehe keinen Sinn in dem, was Sie sagen", sagte Gaines mit großen Augen, „welchen Vergehens macht sich der Künstler denn schuldig?"

„Der Desillusionierung", erwiderte Chostril höflich.

„Das ist verblüffend", sagte der Dichter. „Ich dachte immer, Wahrheit wäre das höchste und Freiheit von Illusion das zweithöchste Ideal?"

„Sie irren", sagte Chostril, „der Verlust selbst der kleinsten Illusion hat nichts als Morde und Kriege zur Folge, während er den Kenntnisstand praktisch unverändert läßt. Die Summe der Illusion bleibt übrigens immer gleich; allein die Mode ändert sich."

„Ich kann diesen Scheiß nicht mehr hören", rief Don Miguel gequält und preßte beide Hände vor die Ohren, so daß die vielen Ringe an seinen Fingern im Licht des Scheinwerfers glitzerten. „Ihr hört euch wie eine gottverdammte Sippschaft von Schwuchteln an, die bei dünnem Tee, Anisplätzchen und Händel über Sonntagsmaler fachsimpeln." Er ließ die Hände fallen, sah streng in die Runde, schnob durch die Nase und fügte verächtlich hinzu: *„Männer, pah!"*

Gaines hielt die Hand vor den Mund und kicherte, aber es klang verzweifelt.

„Ich möchte wissen, warum er die Dialoge nicht selbst schreibt", sagte der Dubber.

„Weil die Filme dann verboten würden", quiekte Gaines noch immer stoßweise kichernd.

„Ruhe bitte - Bild läuft", sagte der Regisseur schon wieder völlig beherrscht und souverän.

Der Film ruckelte kurz und lief weiter.

„Heh - seid Ihr Jungs an Stoff interessiert?" fragte der Reporter und fing an, in seiner Tasche zu kramen.

„Ihr Erdlinge seid in der ganzen Galaxie als illegale Händler für mit Curare verschnittenes Vaselin verschrien", sagte der Außerirdische mit großartiger Gebärde.

„Wer hat denn an unsere Jungs und Mädchen mit gestoßenen Kanthariden angereicherten Kaugummi verteilt?" entgegnete der Reporter mit einschmeichelnder Stimme.

„Stooop!" rief Don Miguel. Der Film hielt an.

Der Reporter hatte dem Außerirdischen den Zeigefinger entgegengereckt, und es sah aus, als warte er auf dessen Erlaubnis, ihm in der Nase zu bohren.

„So geht das natürlich nicht", fügte der Regisseur erklärend hinzu.

„Das ist eine Version mit einem experimentellen Dialog", sagte Gaines. „Wir wollten Standardsätze von der lebensnahen und fetzenden Art montieren, die nach und nach der aktuellen und allgemeinen filmischen Situation angeglichen werden. Im Sinne progressiver Authentizität."

„Worin besteht Ihrer Definition nach die filmische Situation in diesem Film konkret?" fragte der Dubber.

„Ich dachte, das wäre klar", erwiderte Gaines. „Es ist der Plot: Die Begegnung zwischen Außermenschen und ..."

„Das habe ich wohl verstanden", unterbrach ihn der Dubber,

„ich finde es hochinteressant, wie hier das Thema angepackt wird. Es rechtfertigt und bestätigt mich. Haben Sie diesen vorläufigen Dialog geschrieben?"

„Nun ja; in kriegerischer Zusammenarbeit mit Don Miguel", sagte Gaines.

„Sehr gut", lobte der Dubber. „Jetzt denken Sie an Dealer und Abhängige, Polizisten und Verbrecher, Eltern und Kinder, Politiker und Wähler, Werbeunternehmer und Verkäufer, Banken und Hersteller. Und dann stellen Sie sich eine fast restlos heruntergewirtschaftete Zivilisation vor, die Besuch von Außerirdischen erhält. Man wird von ihnen spontan annehmen, daß sie den Karren aus dem Dreck ziehen können, weil sie offensichtlich ein paar mehr Techniken beherrschen ..."

„Und die Klippen auf dem Weg bis zu einer funktionierenden Raumfahrt - den Atomkrieg zum Beispiel - gemeistert haben", warf Don Miguel ein. „Redet nur weiter, Ihr beiden, es ist sehr informativ."

„Im schmucken Silbergepäck des Invasors wittern wir Tricks und wunderbare Heilmittel", sagte Gaines.

„Ich verstehe gut, was Sie sagen wollen", sagte Chostril. „Weiße Medizin, unbeschmutzt vom schwarzen Weg. Aber meiner Meinung nach haben Sie eben ein Ding mit Namen Altruismus vorausgesetzt, das Sie eigentlich gar nicht kennen dürften."

„Wir können nur kennen, was wir haben", erwiderte Gaines, „also haben wir Ihr Ding bestimmt."

„Was zum Teufel meint er?" fragte ihn der Regisseur.

„Es ist ein erfundener Werbetrick - eine Headline sogar", sagte Chostril.

„Wenn du am Essen sparst, kannst du dir meinen Whisky kaufen", murmelte der Dubber vor sich hin, „und vergessen, daß du hungrig bist."

„Ich rede dir eine große Schuld ein und zeige dir den Weg, dich daraus zu befreien: Das Opfer und die Selbstkasteiung", sagte Gaines mit glänzenden Augen. „Wenn dich die Schmerzen verzweifeln lassen, spende ich dir Trost."

„Das machen wir!“ rief Don Miguel, der bei den letzten Worten immer aufgeregter geworden war, „wir drehen einen exemplarischen, mehrwertigen, zutiefst wahren und vor allem vielseitig anwendbaren Film.“

„Und wer soll all die nötigen Dialoge schreiben?“ fragte Gaines. Die Aufregung des Regisseurs hatte ihn angesteckt, er lachte fast.

„Sie natürlich“, schmetterte Don Miguel.

„Und wer soll das, was ich zu sagen habe, in glaubwürdige und kongeniale Mimik umsetzen?“

„Die besten Schauspieler, die für Geld und Ruhm zu haben sind“, rief der Regisseur. „Und jetzt: Film ab, Ton aus! Und Ruhe bitte!“

Der Film bewegte sich.

Das Raumschiff war in Morgenröte gebadet.

Der Außerirdische, der als erster die Füße auf die Erde gesetzt hatte, breitete feierlich die Hände aus und bewegte die grünlichen Lippen in seinem durchsichtigen Helm.

Der Reporter sah seiner Pantomime eine ganze Weile zu und bewegte danach ebenfalls seinen ausdrucksvollen Mund.

„Sagen Sie uns jetzt, was er sagen könnte“, rief Don Miguel.

„Was - Sie wollen uns schon wieder verlassen?“ fragte der Dubber laut. „Dabei hat meine Frau eben frischen Kaffe aufgebrüht. Sie ist zwar schon jenseits der fünfundzwanzig, aber noch sehr gut in Schuß.“

„Machen Sie keine Witze“, verlangte der Regisseur, „Sie sind Zeuge einer historischen Filmstunde. Fahren *Sie* fort, Gaines, und versuchen Sie, diesmal nicht meinen Unwillen zu erregen.“

Der Außerirdische wippte mit seinen schmalen, silbrigen, italienischen Flanierschuhen auf einem Felsbrocken und machte eine Mundbewegung, als wollte er den Belag seiner Zunge an den oberen Schneidezähnen abstreifen.

„Ihre Luft hat einen lebendigen, fast wilden Geschmack“, sagte Gaines. „Jungfräulich. Ich habe so etwas noch nie erlebt; auf unserer Welt ist die Luft seit Jahrhunderten ...“ Der Außerirdische machte den Mund zu.

Widerwillig schwieg Gaines.

„Wunderbar!“ rief Don Miguel. „Langsam kommen Sie in die richtige Stimmung, merken Sie es, Gaines? Lassen Sie jetzt auf keinen Fall locker, hören Sie? Haben Sie alles auf Band, Abe?“

Weit hinten im Vorführsaal rief eine dünne Stimme: „Klar, Chef. Jeden Zentimeter.“

Der Reporter auf der Leinwand machte den Mund auf. Gaines sagte in rascher Inspiration: „Ich werde versuchen, meinen Lesern mitzuteilen, was ich fühle. Ich weiß jetzt, daß es nur eine Freude gibt: mit anderen zu teilen. Mag sein, daß wir Menschen nicht viel geschaffen haben, auf das wir stolz sein können, aber wir hatten auch nicht die allerbesten Voraussetzungen. Und was wir ganz tief hier drinnen spüren, in der Brust, haben wir in all der bösen und schweren Zeit noch nicht verloren. Ich empfinde zu allem bereite Liebe, wenn ich jetzt so vor dir stehe, Mensch vom anderen Stern - jawohl, das empfinde ich. Und die ungebrochene Bereitschaft, dir bedingungslos zu vertrauen.“

Diesmal stimmte das Ende der Lippenbewegungen mit dem der Rede des Dichters überein.

Don Miguel klatschte Beifall, die anderen stimmten ein.

„Ja, das ist es“, sagte der Regisseur nach einer Weile mit Rührung in der Stimme. „Wir werden Geschichte machen.“

5

„Das ist doch eine unglaubliche Schlamperei“, sagte Don Miguel. „Jetzt verschwinden hier sogar schon Menschen.“

„Wer, um Himmels willen, ist denn verschwunden?“ fragte Glen Hofman.

„Eine ganze Reihe schon“, sagte der Regisseur wütend. „Zuerst der Kameramann, dann diese Reinigungsfrau - wer ist dafür verantwortlich?“

„Die Polizei, vermute ich“, erwiderte Glen.

„Auf jeden Fall kriegt keiner Geld von mir, der plötzlich verschwindet“, sagte Don Miguel und blickte wild um sich.

„Verlangt ja auch keiner von Ihnen", sagte Glen gelangweilt.

„Es gibt Verträge", brauste Don Miguel auf. „Aber anscheinend hat heute keiner mehr Lust, einen Vertrag zu erfüllen. Was ist das denn für eine Art, während der Dreharbeiten einfach abzuhauen?"

„Weiß ich doch auch nicht, Chef", erwiderte der Cutter, „ich würd's jedenfalls nicht tun. Weshalb haben Sie uns rufen lassen?"

„Pflichtvergessene Arschlöcher, das sind sie", brummte Don Miguel zum Abschluß. „Macht das mobile Studio fertig, wir brechen in einer Viertelstunde auf."

„Irgendwie hat er's damit", murmelte der Cutter, zuckte die Achseln und drehte sich um.

„Was meinst du?" fragte Johnson, noch in der Nadelstreifen-Uniform der CIA.

„Daß 'ne Viertelstunde 'ne verdammt knappe Zeit ist, und daß wir für die Aufladerei jede willige Hand gebrauchen können", fuhr ihn Glen an. „Von den willigen Mundwerken haben wir nämlich schon genug."

Es gab ein furchtbares Krachen, als bräche eine Eisenbahn in eine Flugzeughalle aus Wellblech ein. Chostril und der Cutter hielten sich die Ohren zu und sahen sich erschrocken in die Augen.

„Das vergeß' ich jedesmal, was die für einen Lärm macht", sagte Glen, der neben ihnen stand, und zeigte grinsend auf den Eingang.

Chostril sah hin. Das Gebäude hatte nur noch drei komplette Wände, die vierte lag als Rampe auf die Reeling des größten Luftkissenfahrzeuges geklappt, das er je gesehen hatte. Er ging auf das klaffende Scheunentor zu und starrte auf den Leviathan.

Er war mindestens zweihundert Meter lang, hundert breit und hatte bis zu zehn Meter hohe Aufbauten. Es war Platz für ganze Straßenzüge mit orientalischen Basars, Gebetshäusern, Prachtbauten islamischer Würdenträger und einem Marktplatz.

GAUMONT PRÄSENTIERT: DER DIEB VON BAGDAD

stand quer über dem Stadttor in riesenhaften Lettern.

Hinter ihnen schrie ein Saurier in Todesnot. Chostril drehte sich erschrocken um und sah eine der arachnoiden Super-Kameras aus dem Hintergrund des ortsfesten Studios hervorstaksen. Eine weitere imitierte ein Alphornorchester und folgte ihr.

„Diese bekloppten Techniker machen nur Unsinn, wenn sie nichts zu tun haben", murrte Glen, als es einen Augenblick ruhig war. „Ich finde, Phil sollte da mal durchgreifen."

„Wer ist Phil?" erkundigte Chostril sich.

„Sie kennen Phil nicht?" staunte Glen. „Ich meine Philip de Tournay, den Produzenten."

Die Arachnosaurier wankten die Laderampe hoch, paßten eben noch unter dem Stadttor von Bagdad durch.

Pragmatische, glaubenslose Techniker in werkzeugstarrenden Overalls bewegten sich eckig durch den Exodus, zusammen mit homosexuellen Bühnenarbeitern in hautengen, nachtschwarzen Latzhosen, blütenweißen Rüschenhemden, mit fliederfarbenen Seidenschals und selbstgestrickten Teufelsmützchen; kommunistischen Poeten mit Pluderhosen und blutroten Reiherfedern an den Samtbaretts; äthersüchtigen Beleuchtern mit starren Augen und umgeben von klinischen Auren, die ihnen einen respektvollen Abstand zu den übrigen Plebejern garantierte.

Und Mädchen. Schlanke und füllige, halbnackte und hochgeschlossene, auffallende und unscheinbare.

Chostril blieb staunend in der farbenfrohen Brandung stehen wie ein verwunschener Fels, sah den bepackten und keuchenden Arbeitern zu, begutachtete die Fähigkeiten verschiedener Schauspieler, die mit selbstversunkenen Mienen einherschritten, und stellte Vermutungen an über die geistigen Qualitäten der minderjährigen Showgirls mit makellosen, fast vollständig sichtbaren aber unerotischen Körpern.

Neben ihm stand geduldig lächelnd Glen Hofman, der Cutter, in einiger Entfernung erblickte er Roger Gaines und den namenlosen Dubber, die ebenfalls untätig herumstanden.

Don Miguel kam vorbeigerauscht. Sein pelzbesetztes Cape wehte schon auf der Rampe, als er sich an etwas zu erinnern schien; er drehte sich auf dem Absatz um und kam zu ihnen zurückgerauscht.

„Ihr Helden bleibt hier und hütet das Haus?“ fragte er, als er in Rufweite war. „Glen wird ein strenges, aber gerechtes Auge auf euch haben und mir berichten. Bis dann, Kinder.“ Er winkte affektiert und verschwand auf das mobile Studio.

Plötzlich war es leer und still in dem riesenhaften Raum.

Chostril paßte einen Moment ab, in dem niemand hersah, annihilierte Glen und schlenderte zu den beiden anderen.

„Warum sollte ich den letzten Drehtag in Gesellschaft eines der Artikulation unfähigen Ordnungsfanatikers verbringen?“ fragte er und lächelte Gaines an.

„Wovon sprechen Sie?“ fragte der Dichter.

„Ich meine den Cutter“, sagte Chostril und warf einen getürkten Blick zurück. „Oh, jetzt ist er weggegangen“.

„Es ist nicht der letzte Drehtag“, sagte der Dubber.

„Wie man's nimmt“, erwiderte Chostril. „Was hält man denn von einem Schluck in der Bar?“

„Wenn Sie den Begriff ‚Schluck‘ nicht zu eng sehen, eine Menge, Mister ...“ erwiderte der Dubber.

„Verzeihen Sie, wenn ich so davonpresche“, sagte Chostril freundlich und fing schon an zu gehen, „aber ich habe einen gewaltigen Durst. Wir können unsere Unterhaltung sicher mit Gewinn an der Theke fortsetzen.“

Jetzt, wo sie von Menschen und Maschinen entleert war, kam ihm die Halle gigantisch vor. Der Weg zum Saloon schien kein Ende zu nehmen.

Ein neugieriger Techniker lugte bei den Waschräumen um die Ecke. Chostril annihilierte ihn.

„Arrgh“, sagte jemand hinter ihm. Er blieb stehen und sah sich um. Das Geräusch schien von Gaines gekommen zu sein; er stand dort, eine Hand um den Hals gelegt, und starrte mit hervorquellenden Augen in Richtung der Toiletten.

„Was haben Sie denn, Gaines?“ fragte Chostril.

„Ich glaubte, ein Gesicht gesehen zu haben“, sagte der Dichter.

„Na und?“ fragte Chostril. „War es denn so entsetzlich?“

„Nein, natürlich nicht. Aber es war verschwunden, als ich gleich darauf noch mal hinsah.“

„Es *verschwand,* meinen Sie?“

„Es hatte keine Zeit, zu verschwinden. Und doch war es plötzlich weg.“

„Das sind die Nerven“, sagte der Dubber, „Sie brauchen dringend einen kräftigen Schluck.“

Der Autor nickte zweifelnd. Die drei gingen weiter.

Es waren offenbar noch genug Leute außer ihnen im Studio geblieben; aus dem Saloon erklang Lachen und blecherne Musik.

Chostril öffnete die Schwungtür, hielt sie für Gaines hinter sich auf und ging an die Theke. „Drei Whisky“, sagte er zum Keeper und drehte sich dem Sälchen zu, um die Leute zu begutachten. Es waren ein gutes Dutzend; ausnahmslos Statisten.

Er nickte den beiden zu, als sie sich neben ihm auf die Hokker setzten, sagte: „Prost!“, trank einen Schluck und fügte hinzu: „Ich geh’ mal nach oben, hab da was vergessen.“ Er wartete nicht auf eine Antwort, durchquerte den Raum und betrat die Treppe zum ersten Stock.

Ein Knarren hinter einer der gleichartigen Türen belehrte ihn darüber, daß sich noch jemand hier oben aufhalten mußte. Er drückte nacheinander alle Klinken hinunter und warf einen Blick in die Zimmer.

Er fand niemanden.

Jetzt blickte er in den Raum, wo sich das Mädchen an den CIA-Agenten geschmissen hatte. Es mochte natürlich auch anders herum gewesen sein, er hatte das Drehbuch nicht ganz gelesen.

Auf dem Boden lag eine Fotografie. Er trat näher und hob sie auf.

Es war *sie.* Sie trug ein langes, schiefergraues Reisekleid mit Pelzbesatz an Kragen und Ärmeln. Darunter sahen schwarze Schnürstiefel hervor.

Auf den kunstvoll mit Schildpattkämmen hochgesteckten,

schwarzen Haaren - sie mußten von kaum zu bändigender Fülle sein - saß ein zum Kostüm passender kappenartiger Hut, zu dem ein kurzer Tüllschleier gehörte.

Den Schleier hielt die Schauspielerin mit ihren schlanken, schwarz behandschuhten Händen hochgeschlagen. Sie hatte die Augen halb geschlossen und den kirschroten Mund gespitzt. Die Augen glitzerten unter den bläulichen Lidern hervor.

Chostril drehte das postkartengroße Foto um. Auf der Rückseite stand schräg in blauer Tintenschrift: *„Für Nick - In ewiger Liebe - Deine Susan.*

Chostril steckte das Foto ein und verließ den Raum.

Bevor er die Treppe erreicht hatte, kam aus einem anderen Zimmer ein Techniker und sah ihn unschlüssig an. Chostril annihilierte ihn und ging hinunter in die Bar.

Gaines und der Dubber saßen dort, wie er sie verlassen hatte. Sie schienen sich bereits wohl zu fühlen.

„Haben Sie es gefunden?“ rief der Dichter Chostril zu.

„Nicht, was ich verlor“, erwiderte er und setzte sich. „Wollt Ihr mal ein Bild von meiner Freundin sehen?“ Er zog das Foto aus der Tasche und klatschte es großspurig auf die Theke.

Der Dubber sah es genau an und sagte: „Die kenne ich irgendwoher. Sind Sie dieser Nick?“

„Sie ist eine bekannte Darstellerin“, sagte Chostril nachlässig. „Ja, ich bin Nick Exeter, dem sie das Foto gewidmet hat.“

„Wie heißt sie?“ fragte Gaines, der das Bild von dem Dubber entgegengenommen und ebenfalls eingehend betrachtet hatte.

„Maria Stuart“, sagte Chostril. „Oder Helena. Rosa Luxemburg, Aphrodite. Wollen Sie es wirklich wissen?“

„Nein“, sagte Gaines und gab Chostril das Foto zurück. „Sie ist sicher eine bemerkenswerte Frau.“

„Übrigens - haben Sie schon mal eine Frau synchronisiert?“ fragte Chostril den Dubber.

„Nein - wie kommen Sie darauf?“ fragte er.

„Könnten Sie es?“ fragte Chostril zurück.

„Sicher, es ist nur eine Frage der Stimmlage“, erwiderte der Dubber. „Grundsätzlich kann man alle und alles synchronisieren.

„Wenn Sie das wirklich glauben, sind Sie verrückt", sagte Gaines. „Sie können vielleicht einen Hund nachahmen, aber nicht so, daß Hunde es für eine Synchronisation ihres Bellens halten. Menschen können Sie damit täuschen, Tiere nicht."

„Und Konrad Lorenz?" fragte der Dubber. „Er hat Gänse synchronisiert."

„Da haben Sie recht", sagte Chostril und gab dem Barkeeper ein Zeichen. „Man kann viel mehr verstehen, als man normalerweise zu verstehen versucht." Er wandte sich dem Dubber zu und fragte: „Wie ist es bei Ihnen mit Gefühlen?"

„Die stellen sich von selbst ein", sagte der Dubber.

„Von selbst?" fragte Gaines. „Bei welcher Gelegenheit?"

„Bei meiner Tätigkeit", erwiderte der Dubber. „Wenn ich einen Text synchronisiere, weiß ich in neunzig Prozent aller Fälle genau, was der Originalsprecher dabei gefühlt hat. Früher war das anders, da habe ich nur geahnt, was einer empfand. Inzwischen irre ich mich nur noch selten."

„Die meisten Schauspieler fühlen gar nichts", sagte Gaines verächtlich, nahm sein Glas und trank.

„Sie fühlen oft nicht, was die Rolle verlangt", gab der Dubber zu. „Aber sie fühlen trotzdem was. Jeder empfindet was, in jeder Situation. Ich hatte mal einen erstklassigen Charakterdarsteller zu synchronisieren. Er spielte einen wahnsinnig Verliebten. Er bekam den Part glaubhaft hin, aber er empfand dabei nichts als Verdruß und Ekel. Ich spürte seinen Abscheu und fragte ihn danach, als ich ihn zufällig später traf. Ich hatte recht gehabt: Die Frau, die seine Partnerin spielte, hatte schon bei der ersten Begegnung eine unwiderstehliche Abneigung bei ihm hervorgerufen; mehr als einmal war er nahe daran gewesen, die Rolle hinzuschmeißen."

„Das klingt sehr weit hergeholt", sagte Gaines. „Wie haben Sie den Ekel denn gespürt?"

„Nun, wie man sowas halt spürt. Ein Haufen alte Lumpen im Magen, klebriger Schweiß an Händen und Füßen, pelzige Zunge, kleiner, zittriger Puls und eine mörderische Stinkwut."

„Ich weiß, was Sie meinen", sagte Chostril.

An einem der Tische saß ein älterer Mann, den der kleine Geldhaufen vor seinem Gegenüber verrückt machte.

Chostril annihilierte ihn beiläufig.

Die drei anderen am Tisch starrten auf das plötzlich haltlos auf den Tisch flatternde Kartenspiel und bekamen Stielaugen. Einer von ihnen schrie plötzlich wie am Spieß.

„Was ist los?“ fragte Gaines.

„Ich weiß nicht“, sagte Chostril, „einer der Männer dort scheint verloren zu haben.“

„Es klingt eher, als hätte ihn eine Malmignatte gebissen“, sagte der Dubber. „Man kann jede Stimmung und jedes Gefühl nachempfinden, wie ich schon sagte. Die alten Filmhasen wußten das.“

Der erregte Kartenspieler war aufgesprungen und hatte den Tisch umgeschmissen. Er schrie noch immer. Die anderen Gäste starrten ihn mit hervorquellenden Augen und aufgerissenen Mündern an.

Der Barkeeper duckte sich hinter den Tresen. Als er wieder auftauchte, hatte er einen Colt in der Hand. „Was ist denn hier los?“ fragte er laut, als wäre er eben in den Saloon gekommen.

„Nichts“, sagte Chostril und annihilierte den Schreihals.

„O Gott, hier verschwinden ja Menschen“, rief der Barmann und sah wild in die Runde. Plötzlich sah er den Joker, den wieder einzustecken Chostril sich nicht die Mühe gemacht hatte.

Die Augen des Barkeepers wurden groß. Chostril lächelte ihn freundlich an, zielte auf Gaines und annihilierte ihn. Dann schwenkte er die Hand mit dem Joker im Halbkreis.

„Sie sind ein ganz gemeiner Mörder!“ schrie der Barkeeper. Der Colt zitterte heftig in seiner Hand. Als er es merkte, versuchte er, ihn hinter seinem Rücken zu verbergen. Dann legte er ihn unsicher auf die Theke und hob langsam die Hände über den Kopf.

„Ich kann keine Rede halten, weil ich knülle bin", sagte der Pfarrer.

„Da haben Sie Glück", sagte der Bürgermeister, „ich kann es nicht, weil ich dumm bin. Das geht nicht vorüber wie ein Schwips - im Gegenteil, es wird immer schlimmer, je älter man wird."

„Mein Durst wird auch schlimmer, je mehr ich trinke", sagte der Dorfschullehrer und scheppte sich noch Bowle ein.

„Wenigstens können Sie nicht dümmer werden", sagte der Pfarrer anzüglich.

„Aber *Sie* könnten wieder nüchtern werden", erwiderte der Lehrer, „trinken Sie lieber noch was." Er schob ein volles Glas über den Tisch. Dann soff er seine eigene Schale leer und warf sie achtlos hinter sich ins Gras.

Der Pfarrer griff so ungeschickt nach der Bowle, daß die Hälfte auf das Tischtuch schwappte.

„Sie haben recht", erwiderte der Bürgermeister, „aber ich muß Sie dringend ersuchen, Ihren Fuß zwischen meinen Beinen zu entfernen."

„Er hat Sie bestimmt nicht gemeint", sagte der Pfarrer. „Außerdem war das grammatikalisch nicht korrekt. Er kann den Fuß nicht zwischen Ihren Beinen entfernen, weil er dann woanders ist."

„Ich bin es auch gar nicht, der den Fuß da hat", sagte der Lehrer entrüstet. „Es muß Wilhelm sein. Wenn Sie Gewißheit haben wollen, riechen Sie einfach dran."

Der Pfarrer schnaubte wie ein Pferd. *„Gewißheit"*, wiederholte er verächtlich.

„Der Fuß ist weg", teilte der Bürgermeister den anderen mit.

„Bestimmt nicht", erwiderte der Lehrer. „Ich nehme an, daß er jetzt zwischen den Beinen Ihrer Tochter ist, wo er von Anfang an hingesollt hat."

„Bei Gott, so muß es sein", sagte der Pfarrer und erwachte vorübergehend aus seiner Lethargie. „Seht nur ihr Gesicht!"

Sie sahen. Christines Miene war starr, aber das Gesicht war glühend rot, und der Busen unter dem straff geschnürten Mieder hob und senkte sich heftig.

„Was wollt ihr von mir?“ stotterte sie und wurde noch röter.

„Nichts“, beruhigte sie der Pfarrer. „Jedenfalls nicht dasselbe wie Wilhelm.“

„Christine, könnte ich dich bitte einen Moment sprechen?“ flüsterte Wilhelm heiser über den Tisch und sah dem Mädchen flehend in die Augen.

„Ich wüßte nicht, worüber“, erwiderte Christine und zupfte an der Tischdecke. „Vor allem dann nicht, wenn du mich wie ein Spaniel anschaust.“

„Horcht mal“, verlangte der Bürgermeister plötzlich und legte dem Pfarrer die Hand auf den Arm, um seine Aufmerksamkeit zu erregen.

Sie horchten. Ein durchdringendes Pfeifen war zu hören; es wurde allmählich lauter und schien näher zu kommen. Jetzt hörten es alle am Tisch und starrten in den Himmel.

„Könnte ein Komet sein“, sagte der Lehrer und beobachtete mit zusammengekniffenen Augen die sich rasend schnell verlängernde Leuchtspur vor den Wolken.

„Meine Tochter ist weg“, verkündete der Bürgermeister in diesem Moment.

„Wilhelm auch, das trifft sich ja großartig“, sagte der Pfarrer.

„Er wird sie suchen“, versicherte der Lehrer. –

Wilhelm und Christine waren schon weit von der Bauernhochzeit entfernt. Sie liefen Hand in Hand durch den Wald.

„Was glaubst du, was da pfeift?“ fragte Wilhelm atemlos.

„Es wird meine Lunge sein“, erwiderte Christine atemlos, „laß uns einen Augenblick verschnaufen.“

„Wir müssen zuerst dein Mieder lockern“, sagte Wilhelm und nestelte schon an den Hakenverschlüssen.

Sie half ihm und sagte: „Könnten wir uns nicht ein wenig setzen? Mir ist ganz schwindelig.“

„Wir können uns sogar legen“, erwiderte er, zog seine Trachtenjoppe aus und breitete sie galant auf dem Moos aus.

„Du bist so gut zu mir“, seufzte Christine glücklich und legte sich hin.

„Ich wünsche mir für jede Wohltat einen Kuß“, sagte Wilhelm, setzte sich neben sie und half ihr eifrig, die großen Brüste aus dem Mieder zu befreien.

„Aber deine Küsse *sind* Wohltaten für mich“, sagte sie.

„Dann gerätst du eben immer tiefer in meine Schuld“, nuschelte er mit dem Gesicht an ihrem elastischen, rosigen Busen. „Das Pfeifen hat übrigens aufgehört.“

„Dafür raschelt es jetzt“, erwiderte Christine, „sei bitte einen Augenblick still.“

Wilhelm unterbrach seine verbissene Fummelei und lauschte.

Es raschelte tatsächlich. Angestrengt starrte er auf das in der Dämmerung dunkel und kompakt wirkende Unterholz.

„Laß uns jetzt lieber zurückgehen, Liebster“, flüsterte Christine, raffte das Oberteil des Kleides an sich, hielt es sich vor die Brust und sah sich furchtsam um.

„Verdammt, Mädchen – du könntest aber ruhig ein bißchen erschrockener aussehen“, dröhnte in diesem Augenblick eine megafonverstärkte Stimme.

Christine riß die Augen auf und wimmerte angstvoll. Dann ließ sie das Oberteil Oberteil sein, sprang auf und sah wild in der Gegend umher.

„So ist es besser“, dröhnte erneut die unirdische Stimme, *„Immerhin seid ihr Zeugen einer Invasion, und das geschieht schließlich nicht alle Tage.“*

Als die Stimme schwieg, hörten Wilhelm und Christine, daß das Rascheln viel näher gekommen war.

„Ich höre Stimmen“, zischelte Wilhelm und reichte seinem Mädchen die Hand. „Wir müssen sofort verschwinden, komm.“

Sie sprangen über Baumwurzeln und Steine. Äste peitschten ihnen ins Gesicht, aber sie achteten nicht darauf. Wilhelm stieß mit dem Fuß vor einen halb unter den allgegenwärtigen Brombeerranken verborgenen Stein und sprang eine Weile auf einem Bein weiter, bis der Schmerz nachgelassen hatte.

Plötzlich schrie Christine erschrocken auf und schlug der Länge nach auf den Boden. Wilhelm stoppte seinen Lauf sofort, kam eilig zu ihr zurück, beugte sich über sie und horchte an ihrer Brust.

„Was ist passiert?“ fragte er und reichte ihr die Hand.

„Ich bin in einem Schlinggewächs hängengeblieben und gestolpert“, sagte sie weinerlich und ließ sich von ihm hochziehen.

Als sie stand, belastete sie beide Beine und schrie noch einmal qualvoll auf. „Ich fürchte, es ist was gebrochen“, klagte sie.

„Sei ganz ruhig, mein Schatz“, sagte er und legte den Arm liebevoll um ihre Taille, „Ich werde dich tragen – es ist ja ganz nah.“ Er umfaßte mit dem anderen Arm ihre Schenkel unter dem Kleid und hob sie mühelos hoch.

„*Warum redest du denn wie in einem Comic?*“ fragte die mächtige Stimme, „*Das hat man davon, wenn man euch von der Schauspielschule holt!*“

„Wilhelm, Wilhelm – was ist das nur?“ fragte Christine mit Panik in der Stimme und klammerte sich verzweifelt an ihn. „Sind wir in einem bösen Traum?“

In diesem Augenblick trat ein unheimliches Wesen aus dem Gebüsch. Es war ein wenig kleiner als ein Mensch, ging aber aufrecht. Seine Haut schimmerte grünlich, und die Augen sahen wie unregelmäßige Eiweißpfützen aus. Das dicke, trichterförmige Rohr in seiner Hand war auf sie gerichtet.

„Buh!“ sagte der Außerirdische und lachte.

Wilhelm stöhnte auf. Das Mädchen war in seinen Armen ohnmächtig geworden. Mit letzter Kraft erreichte er den Waldrand und sah erleichtert, daß die Feiernden noch am langen Tisch saßen.

Der Grüne war verschwunden. Christine kam wieder zu sich und barg das Gesicht an Wilhelms breiter Brust.

Langsam ging er auf den Tisch zu.

Es waren nicht mehr die Gäste, sondern alles Außerirdische. Sie sahen ihm und dem Mädchen gespannt entgegen.

Wilhelm kam zögernd näher. Die Grünen lachten vereinzelt und stießen sich gegenseitig die Ellbogen in die Seite.

„Kommt her, ihr beiden“, rief einer der Grünen polternd.

Wilhelm ließ Christine los. Sie stellte sich hin und klopfte ihr Trachtenkleid ab.

„Seht euch die Aufnahme an“, sagte der Sprecher von eben.

Die beiden jungen Leute traten zum Monitor auf dem Tisch und starrten auf den winzigen Schirm.

Etwas Großes, Zackiges und Blendendes schoß aus dem Himmel und schlug neben der Hochzeitsgesellschaft auf den Boden. Die Gäste sprangen hastig auf, Stühle fielen um, Frauen schrien.

Halb in der Wiese vergraben lag ein großer, verbeulter und rauchender Zylinder, an dessen Seite jetzt eine Klappe aufging.

Wie Kakerlaken unter einem feuchten Tuch kamen die Außerirdischen aus der schwarzen Öffnung gekrochen, schwärmten sofort aus und schossen ununterbrochen auf die wehrlosen Hochzeitsgäste.

Männer wurden getroffen und stürzten schreiend zu Boden. Frauen gingen mit flehend ausgestreckten Armen wie Automaten auf die Invasoren zu und wurden von Geschoßgarben zerfetzt. Blut und Hirn spritzte auf das weiße Tischtuch.

Als letzter kam jetzt ein hochgewachsener Außerirdischer aus dem Raumboot, der sofort als Befehlshaber erkennbar war.

„Ihr seid wie die Kinder“, herrschte er seine Soldaten an. „Ladet jetzt das Fleisch ein, schnell.“

Die Invasoren machten sich an den Leichen der Frauen und Männer zu schaffen, hoben sie jeweils zu zweit auf und schleppten sie in das Raumschiff.

Als der letzte seine grausige Arbeit vollbracht hatte, kletterte der Hauptmann hinter ihm in die Luke und machte sie hinter sich zu.

Die Motoren des Bootes heulten auf, es erhob sich vom Boden und schoß mit zunehmender Geschwindigkeit in den Abendhimmel.

„Ist gut geworden, oder?“ fragte der Sprecher.

Christine nickte nicht ganz überzeugt.

„Trotzdem, irgendwas fehlt …“ fing Wilhelm an.

Der Sprecher hörte ihm nicht länger zu, er klatschte in die Hände und rief: „Jetzt machen wir aber erst mal sauber, Kinder. Wie sieht das denn überhaupt aus hier.“ Er zeigte auf das blutbespritzte Tischtuch, auf dem in heilloser Unordnung Knochen und Fleischstückchen zwischen Tellern, Schüsseln und Gläsern ausgebreitet lagen.

Ein paar Außerirdische erhoben sich, nahmen das Tuch an den Ecken auf, gingen aufeinander zu und legten es zusammen. Schließlich hatten sie ein handliches Paket, das einer der Techniker auf den Rücksitz des Jeeps warf.

„Jetzt wird es Zeit für die Fortsetzung der Waldszene“, sagte der Regisseur. „Also los, ihr beiden.“

Wilhelm nahm Christine bei der Hand und wollte mit ihr gehen.

„Halt!“ rief der Regisseur. „Seid Ihr auf dem Gang zur Kirche oder was? Komm mal zurück, Christine.“

Gehorsam ging das Mädchen zu ihm.

Er winkte einen Schneider zu sich, tuschelte eine Weile mit ihm und zeigte auf Christines Kleid.

Der Schneider ging auf sie zu, zog eine Schere aus der Tasche, raffte den langen, dicken Rock mit einer Hand zusammen und schnitt wahllos hinein. Danach legte er die Schere auf den Boden und riß das ohnehin zerfetzte Kleid zusätzlich an mehreren Stellen ein.

Dann stand er auf und bearbeitete das Oberteil des Kleides auf ähnliche Weise. Einen Träger zerriß er, den anderen zog er über die Schulter.

„So geht es“, sagte er, trat einen Schritt zurück und musterte sein Werk befriedigt.

„Jetzt aber in den Wald mit euch“, sagte der Regisseur.

Sie liefen und waren bald wieder auf der kleinen Lichtung.

Christine legte sich auf die Jacke. „Komm, Geliebter – laß mich nicht länger warten“, stöhnte sie, schloß die Augen, öffnete die feuchtschimmernden Lippen und warf den Kopf wie eine Fiebernde hin und her.

Wilhelm sah auf sie hinunter.

Haare und Haut schimmerten silbern im Mondlicht. Das Mädchen bewegte unruhig die Beine gegeneinander.

Ihr zerschlissenes Kleid fiel seitlich auseinander und gab die runden Oberschenkel frei. Die Risse im Kleid waren aber noch länger, und Wilhelm sah heftig atmend ihr knappes Höschen.

Eine heiße Woge schoß in seinen Unterleib. Er ließ sich vor dem Mädchen auf die Knie fallen.

„Kommst du endlich zu mir?" fragte Christine.

Seine Hand streichelte ihr übers Bein, wagte sich immer weiter vor und schlüpfte schließlich unter das Höschen.

In diesem Moment geschah es.

Die Invasoren stürmten unter schrillem Zirpen aus dem Wald und fielen über das Liebespaar her.

Die Gegenwehr war verzweifelt, heftig und vergebens. Die Invasoren töteten ihre Opfer mit ungezählten Messerstichen und zerstückelten sie in bestialischer Wut. Das Blut färbte das Moos im letzten Tageslicht schwarz.

7

„Langsam wird es mir hier zu leer", sagte Chostril zum Barkeeper. „Heh - hören Sie mir überhaupt zu?" Er schnipste mit den Fingern vor der weißen Nase des regungslos hinter seinem Tresen stehenden Wirtes.

Der wachsbleiche Mann zuckte zusammen. „Wo sind denn die Gäste alle hin?" fragte er mit hoher, erregter Kinderstimme.

Chostril sah Tränen über seine faltigen Backen laufen. „Bleiben Sie nur hier; ich geh mal eben visifonieren", sagte er und rutschte von seinem Hocker, „vielleicht gelingt es mir, ein paar Freunde herzulocken. - Sie *können* doch Ihren Job weitertun, oder?"

„Was darf's sein, der Herr?" fragte der Keeper, verbeugte sich mehrmals und wischte eifrig mit dem Tuch über die Theke. „Beehren Sie uns recht bald wieder."

„So ist's recht", sagte Chostril und ging zu den Kabinen,

„behalten Sie diesen Ton bei, dann brauchen Sie sich nicht nach einem neuen Arbeitsplatz umzusehen."

„Sehr wohl, der Herr", sagte der Wirt, nahm ein Glas aus der Vitrine, hob es dicht vor die Augen und betrachtete es kritisch. „Ich würde mich glücklich schätzen, wenn Sie die Güte hätten, unser Etablissement Ihren geschätzten Freunden weiterzuempfehlen."

Chostril betrat die Zelle, tippte die Ziffern ein und bekam sofort Verbindung mit dem Popen.

„Ich visifon Sie diesmal privat an", sagte er, „oder besser gesagt in Ihrer Eigenschaft als Vermittler zwischen Mensch und Gott. Ich möchte beichten, wenn Sie so wollen."

„Was hast du getan, mein Sohn?" fragte der Pope und neigte sein bärtiges Haupt.

„Ich habe gemordet", erwiderte Chostril in wehem Tonfall, „viele, viele Menschen – Männer und Frauen – einfach dem Nichts überantwortet."

„Es gibt kein Nichts", sagte der Pope sanft, „denn alles ist in Gott, und Gott ist Alles."

„Dann habe ich sie eben ungebeten Gott überantwortet", sagte Chostril, „jedenfalls weilen sie nicht mehr unter den Lebenden dieses Jammertales."

„Sie werden ewiges Leben teilhaftig", sagte der Pope ein wenig strenger. „Oder hatten sie falschen Glauben? Hast du sie in Namen von einzig wahrem Gott getötet?"

„Wie viele Götter sind in der Bibel mit ‚Gott' bezeichnet?" fragte Chostril.

„Oh, acht oder neun", sagte der Pope. „Aber natürlich sind alle nur Aspekte von allumfassendem Gott."

„Für einen davon werde ich wohl arbeiten", sagte Chostril.

„Aber sicher bist du dir nicht?" fragte das Oberhaupt der Siegreichen Russischen Orthodoxen.

„Es ist uns Sterblichen weder möglich, noch erlaubt, die Wege des Herrn ..." fing Chostril an.

„Natürlich, verstehe", sagte der Oberste Pope. „Ich erteile dir Absolution."

„Warte“, sagte Chostril, „du bist vielleicht zu voreilig. Ich muß dir noch etwas sagen.“

„Sprich nur.“

„Ich habe mit dem Nikolaus gesprochen, und er hat mir eine Nachricht für dich und deine Gemeinde aufgetragen.“

„Welche Nachricht, mein Sohn?“

„Er ist böse wegen deines Zornes, den du seine Gemeinde spüren ließest. Er bedauert, den versprochenen Weizen unter diesen Umständen nicht liefern zu können.“

„Aber – *so war es nicht!*“ rief der Pope erregt. „Ich habe Zorn nicht wirklich geschickt ...“

„Was heißt schon wirklich – immerhin hat er ein großes Gebiet zerstört, Millionen Tote ...“

„Aber ich habe nicht geschickt Fluch! Du hast zugesagt Weizen dafür, daß ich gebe zu; aber ich habe nicht *getan!*“

„Das hört sich ein bißchen spitzfindig an, findest du nicht?“ fragte Chostril.

„Spitzfindig? Du bist Satan – der Herr hat dir und deinem Nikolaus Sinn verdreht – ich tue Gefallen ...“

„Es ist spitzfindig“, sagte Chostril und betonte jedes Wort, „nicht für seine Absichten und Taten einzustehen. Es hat dich doch bestimmt nicht besonders gestört, daß auf diese Gemeinde der Zorn des Herrn niederging, oder? Du warst eigentlich sogar froh, daß du selbst es nicht tun mußtest – gib es zu.“

„Was redest du, du ...“ begann der Pope. Er rang sichtbar um Fassung, seine mächtigen Fäuste schlossen und öffneten sich krampfartig, auf seiner Schläfe schwoll die Zornesader. „Es ist eine satanische Verschwörung von Ungläubigen“, fuhr er schließlich fort. „Was er will jetzt tun, dein Nikolaus?“

„Er brennt euch auch eins auf den Pelz; das ist doch ganz klar“, sagte Chostril und hängte ein.

Dann zog er den Joker aus der Tasche, stellte ihn auf Empfang und sagte beschwingt: „Ihr könnt kommen, Kinder – die Luft ist rein, das Dach ausgebessert.“

Er steckte das Gerät wieder ein und schlenderte in die Bar zurück.

Nach und nach trudelten sie ein.

Shuun Dhi und Lho Fehn standen an der Theke und hoben Chostril ihre Gläser entgegen.

Der Barkeeper wirkte ganz cool. Er zuckte nur leicht zusammen, als jetzt rasch hintereinander Ssfah Tiche, Strou Gwadd und Mbor Hulln approximierten.

„Hallo, ihr Hübschen!" rief Lho, „wo habt ihr denn eure Männer gelassen?"

„Sie lernen einen Zauber gegen euch Vampire auswendig", sagte Strou und kam mit schwingenden Beinen näher.

Der Wirt nahm sein Käppi ab und wischte über die Theke. Dann verstaute er die Mütze im Eisschrank, schleppte Gläser an und stellte sie in einer wachsenden Reihe auf die Theke.

Mbor bleckte die Zähne und lachte beruhigend. „Das ist aber genug jetzt", sagte sie, „so viele kommen bestimmt nicht."

Der Keeper zog den Kopf zwischen die Schultern, zählte ab, nahm pedantisch jedes fünfte Glas aus der Reihe und schmiß sie in die Abfalltonne.

„Er wird schon werden", sagte Chostril, „wir müssen ihm Zeit lassen."

„Wieviel hast du denn schon im Kasten?" fragte Shuun.

„Eigentlich den ganzen Vorspann", erwiderte Chostril und sah überrascht, wie der Keeper in jede entstandene Lücke eine Flasche stellte. „Und die Rollen sind auch verteilt."

„Dann haben wir kaum noch was zu tun?" sagte Ssfah.

Cherr Unihm tauchte aus dem Nichts auf, dicht gefolgt von Vroch Bwann und Worb Fnitt.

„Da sind sie ja, die Prachtstücke", sagte Lho anzüglich. Vroch machte das Zeichen und lachte.

„Gibt es hier nichts zu trinken?" fragte Cherr und rieb sich die Knöchel.

„Moment", sagte Chostril, ging zur Theke und beugte sich darüber.

Der Keeper saß auf dem Lattenrost über dem Steinboden, mit dem Rücken gegen die Abfalltonne gelehnt. Sein Unterkiefer zitterte unkontrolliert, die Augen standen voll Wasser.

Chostril hob die Klappe an und ging hinter die Theke. Er massierte den Nacken des Verschüchterten. Seine starre Mimik änderte sich nicht, ein Speichelfaden hing im Mundwinkel.

Chostril nahm seinen Joker, legte ihn aufs Sonnengeflecht des Verwirrten und drückte ganz kurz auf den Knopf.

„Geht's Ihnen jetzt besser?" fragte er leise.

Der Nacken des Wirtes wurde wieder geschmeidig, er wölbte sich der unablässig streichelnden Hand Chostrils entgegen.

„Ich danke für die gütige Nachfrage", sagte der Keeper, „ich glaube, daß es schon gehen wird."

„Geben Sie uns nur zu trinken", flüsterte Chostril, „und kümmern Sie sich nicht um das, was wir anstellen. Wir tun Ihnen schon nichts."

„Danke, das ist sehr freundlich von Ihnen", sagte der Mann, rappelte sich hoch und klopfte seine Hose ab.

„Stellen Sie keine überflüssigen Fragen", ermahnte ihn Chostril noch und gab ihm einen Klaps auf den Rücken.

„Dazu sehe ich keinerlei Veranlassung, Sir", erwiderte der Keeper. „Ich habe meine Berufsehre, und ich sehe ja, daß ich es mit ehrenwerten Gästen zu tun habe."

„Genehmigen Sie sich auch einen Schluck", empfahl Chostril abschließend und verließ den schmalen Gang.

„Das will ich gerne tun, Sir, vielen Dank für den Rat!" sagte der Keeper.

„Chostril, wo bleiben Sie denn", sagte Vroch und nahm ihn am Arm. „Ich muß mit Ihnen über die Choreographie sprechen."

„Ich sehe da keine Probleme", erwiderte Chostril.

„Wird es laufen, wie wir es uns vorgestellt haben?" fragte Vroch.

„Bestimmt. Es ist schließlich nur ein Kulturfilm. Keine komplizierten Dialoge oder Verwechslungen."

„So kann nur ein Laie reden", seufzte Vroch. „Sie haben keine Ahnung."

„Wovon? Immerhin bin ich Fremdpsychologe", erwiderte Chostril.

„Einfache Dinge glaubwürdig darzustellen ist die höchste Kunst“, sagte Vroch und ließ seinen Arm los.

„Sie sind mir zu trivial, Vroch, und ich kann nicht sagen, daß ich Sie besonders mag“, sagte Chostril und wandte sich den Frauen zu.

„Passen Sie auf, was Sie sagen“, knurrte Vroch und hielt nach einem neuen Gesprächspartner Ausschau.

Chostril schlenderte an die Theke. Lho kreuzte ihre langen Beine und sagte: „Ah – der Synchronisator.“

„Sie irren, meine Liebe“, erwiderte Chostril und nahm das Glas, das sie ihm entgegenhielt. „Meine Tätigkeit ist viel anspruchsloser und läßt sich nicht ...“

„Oh, ein bescheidener Mann“, sagte Ssfah schnurrend. „Wann werden wir uns denn das Ergebnis Ihrer *schlichten* Arbeit ansehen können?“

„Das müßte bald der Fall sein“, erwiderte Chostril, „im schlimmsten Fall muß ich noch eine Anweisung der Regie weitergeben.“

Ssfah legte ihm die Hand auf den Arm und sagte: „Sagen Sie – wozu dienen diese Zimmer dort oben?“

Chostril sah hoch. „Es sind Kulissen wie alles hier“, sagte er.

Er dachte kurz an die Schauspielerin mit den schiefen Strumpfnähten.

„Hätten Sie Lust, mir das alles mal zu zeigen?“ fragte Ssfah.

„Entschuldigen Sie mich, meine Gnädigste“, sagte er und befreite seinen Arm aus ihrem erstaunlich festen Griff. „Ich habe noch ein paar Vorbereitungen zu treffen ...“ Er wandte sich ab und ging zur Visifonzelle.

„Rupert hier“, sagte er, als der Nikolaus sich meldete. „Warum lassen Sie sich eigentlich von den anderen in den Arsch treten? Gefällt Ihnen das vielleicht?“

„Was wollen Sie“, stammelte der Präsident. „Wie reden Sie denn überhaupt mit mir?“

„Ich habe gedacht, Sie hätten mehr Mumm in den Knochen“, herrschte ihn Chostril an. „So, wie Sie während Ihrer ganzen Regierungszeit getönt haben.“

„Was ist los mit Ihnen, Rupert?“ fragte der Nikolaus. „Sind Sie plötzlich übergeschnappt? Warum machen Sie nicht mal ein paar Wochen Urlaub?“

„Mach ich ja“, erwiderte Chostril. „Wenn ich mit Ihnen fertig bin. Und was Ihre Frage betrifft: Der Pope hat die Bomben losgelassen. Vor zehn Minuten.“

„Sie reden einen Haufen Scheiße“, sagte der Präsident ärgerlich. „Wir haben nichts auf dem Schirm.“

„Vergessen Sie's“, erwiderte Chostril, „meine Gruppe weiß schon seit Monaten, daß die Orthodoxen etwas entwickelt haben, was sie den ‚Schirm des Herrn‘ nennen. Sie umgehen das Radar.“

„Wenn Sie Unsinn reden“, sagte der Nikolaus, „breche ich Ihnen persönlich das Genick, das verspreche ich Ihnen.“

Chostril zeigt ihm den Joker.

Der Präsident bekam große, himmelblaue Augen. „Mein Gott“, sagte er plötzlich erschrocken, „hier stehe ich und plaudere mit Ihnen - dabei muß ich den Gegenschlag befehlen. Machen Sie's gut, Rupert, so long.“ Er schaltete aus.

Chostril ging in die Bar zurück.

Die drei Mädchen sahen ihm gespannt entgegen.

„Es geht gleich los“, sagte Chostril schon von weitem.

„Nehmen Sie doch endlich die dämliche Maske ab“, sagte Lho, „Sie sehen aus wie ein Außerirdischer - so echt, daß es mir langsam auf den Geist geht.“

„Ich behalte sie an, solange wir hier sind“, sagte Chostril scharf. „Hauptsächlich wegen dem Barmann, sonst kann er seine Arbeit nicht tun.“

„Ich danke Ihnen sehr, Sir“, sagte der Wirt und deutete knapp eine Verbeugung an. „Sie sind sehr verständnisvoll. Und Ihre Freunde sind etwas ganz Besonderes, das merkt man gleich.“

„Halten Sie den Mund und gießen Sie mir lieber noch einen ein“, verlangte Lho.

„Sei nicht so grob zu ihm, meine Liebe“, sagte Ssfah. „Er ist unschuldig. Ich möchte fast wetten, daß Chostril den Mummenschanz nicht wegen ihm treibt.“

„Weswegen denn?“ fragte Lho und kreuzte Arme und Beine zugleich.

„Wegen einer *Einheimischen“*, erwiderte Shuun und kicherte.

Chostril lachte. Er zog das Foto aus der Tasche und legte es vor den Damen auf die Theke.

„Bei Ptah, Uttu und Dahuti - sie sticht uns alle aus“, bemerkte Ssfah in ehrlicher Verblüffung.

„Ich habe meine Arbeit vorläufig getan“, sagte Chostril, „ich stelle euch auch noch den Monitor an. Wenn wesentliche Änderungen erforderlich sein sollten, sprecht es mit Bwann ab. Er kann mir dann Bescheid sagen.“

Er legte den Joker auf die Theke und nahm die Einstellung vor. Während sich das Nexusfeld ausdehnte, steckte er das Foto wieder ein.

Die Sondenaufnahme zeigte ein schönes, klares Bild der Kontinente, auf denen soeben winzige Supernovae über allen großen Städten entstanden.

„Ich bin in einer Stunde oder so im Studio“, sagte Chostril und tippte sein Ziel unter vorgehaltener Hand ein, „macht's gut - bis dann, Kinder.“ Er approximierte.

Er tauchte in den Bergen auf, neben dem mobilen Studio, und warf einen Blick in den Himmel. Er war nur gering bewölkt und ganz still.

Vorn bei der rauchenden Raumschiffattrappe stand die Schauspielerin.

Er rannte auf sie zu.

„Geben Sie mir die Hand, Susan, schnell“, rief er ihr zu.

Sie sah ihm erstaunt entgegen. „Wer sind Sie“, rief das Mädchen, „ein Verrückter?“

Er erwiderte nichts, nahm ihre Hand und hielt sie fest. „Machen Sie die Augen fest zu“, sagte er eindringlich.

„Das hätten Sie auch so haben können, wie Sie aussehen“, sagte das Mädchen, schloß die Augen und hielt ihm ihr Gesicht entgegen. Er küßte sie und tippte mit der freien Hand die Koordinaten des Studios ein.

„Wir werden gleich ein bißchen schwindeln“, sagte er.

„Sie meinen, daß uns schwindelig wird?“ fragte sie und schlug die Augen auf.

Sie waren im Studio.

„Schaut nur, Nick Exeter hat eine neue Eroberung gemacht“, sagte der Cutter.

„Keine neue“, bemerkte der Autor, „Sie ist nur aus einem anderen Film. Sie muß sich nur noch abschminken, dann werdet ihr es selbst sehen.“

Marta Randall

Megans Welt

MEGAN'S WORLD

1

Der Gleiter koppelte sich vom Mutterschiff ab und schwebte so lange, bis er außer Brennweite war, bevor sich seine Schubdüsen öffneten und er auf den verschleierten Planeten unter ihm zuschwebte. Padric Angelo ergriff die Halterung des Netzes, lehnte sich nach vorn und versuchte, um den Pilotensitz herumzusehen.

„Beruhigen Sie sich, Angelo. Sie werden noch früh genug dort hinkommen."

Padric wandte sich an den untersetzten Ethnologen. „Das ist mein erster Draußen-Planet", erklärte er und war in seiner Aufregung sogar bereit, mit Jes Abrams zu reden, der ihm während der bisherigen Reise meistens bewußt feindselig entgegengetreten war. „Ich meine, der erste Non-Föd-Planet. Ich habe vorher noch nie Außerirdische getroffen."

„Mit ein bißchen Glück werden Sie sie dieses Mal auch nicht treffen. Das ist mein Gebiet, nicht Ihres. Sie bleiben bei Ihren Schraubenschlüsseln und überlassen die Eingeborenen mir."

„Ich beabsichtige nicht, jemanden zu belästigen", schnappte Padric.

„Gut. Nichts macht meinen Job schwerer als ein Grünschnabel, der neugierig um die Eingeborenen herumhüpft."

Padric hielt seine Zunge im Zaum und wurde zornig, denn er war sich bewußt, daß der Pilot und die beiden Techniker genauestens zuhörten.

„Wie bei vielen Dingen auch", fuhr Abrams blasiert fort, „fehlt Ihnen das nötige Training."

„Bei welch anderen Dingen?“ fragte Padric, errötete aber, als ihm Abrams einen wisssenden Blick zuwarf. Er schlüpfte unter das Netz und starrte finster seine Fußspitzen an. Die beiden Techniker unterhielten sich jetzt über ein anderes Thema, während Abrams ein Band hervorzog und zu lesen begann. Padric zwang sich dazu, tief und gleichmäßig zu atmen, bis sich der Zornklumpen in seinem Magen gelöst hatte.

Wieviel, überlegte er, wußte Abrams wirklich? Natürlich waren manche Sachen offensichtlich - mit dreiundzwanzig war Padric zu alt für einen Kadetteningenieur. Seine Aufnahme auf das Minenschiff *Sterngeboren* war von Harvey Jakowski veranlaßt worden, einem der zur Zeit mächtigsten Gesellschaftsmanagern. Padric hatte zuvor noch nie für die Föderation gearbeitet - dies hier war tatsächlich sein erster Job. Aber das waren alles Resultate, keine Gründe, und er nagte an seiner Lippe, starrte den Ethnologen an, der neben ihm eingenetzt war, und überlegte, wieviel wohl durchgesickert war.

Daß Jakowski diesen Job nur für ihn arrangiert hat, um ihn vom Planeten und damit auch von seiner hübschen Tochter wegzubekommen? Daß Padric Myrim Jakowski in einem Zeltlager getroffen hatte, während sie die Slums aufgesucht und er versucht hatte, die Krise seines letzten Fehlschlags zu überwinden, indem er ein Versteck für sich selbst gesucht hatte? Wie war das doch gleich mit den Gründen für die endlosen Reihen seiner Fehlschläge? Padric folgte den Gründen der Gründe und dachte verbittert darüber nach, während der Gleiter in die Atmosphäre eintauchte. Er kam zu dem Ergebnis, daß einige Dinge unüberwindlich waren und die Gründe für diese Gründe genau in jene Kategorie fielen.

Denn Padrics Vergangenheit war voller Nackenschläge gewesen. Seine Mutter war Physikerin mit Fachgebiet Theoretische Plasmaphysik gewesen, die sich oberflächlich mit Atombiologie befaßte, zu sehr auf Drogen abgefahren war und schließlich Selbstmord verübt hatte, als sie als Dealerin einer äußerst wirksamen Genußdroge, die ihre eigene Erfindung gewesen war, aufflog. Sein Vater, ein Stochastiktechniker mit einiger Reputation, befand sich nach dem Tod seiner Frau und daraus resultierendem Drogenschwund in finanziellen Schwierigkeiten. Er begann, seine Talente illegal einzusetzen, weissagte für Geld die Ergebnisse politischer Wahlen voraus, wurde mit einer bedeutenden Schmiergeldsumme verhaftet und starb im Gefängnis. Padrics einzige Verwandte, eine Schwester, die viel älter war als er, war wegen ihrer Intelligenz und Erziehung ausgewählt worden, an einem Experiment bezüglich menschlichmechanischen Zusammenwirkens teilzunehmen, und obwohl sie enthusiastisch und aus freien Stücken mitgewirkt hatte, stahl sie, als das Experiment mißglückte, vier Millionen aus dem Besitz ihres Arbeitgebers sowie eine Raumjacht der Gesellschaft und verschwand. Padric hatte verständlicherweise genug Probleme, sich und seine Welt in Ordnung zu bringen, obwohl er schon drei vollständige Reintegrationen, zwei teilweise Löschungen und eine Rekonstruktion hinter sich hatte. Er wußte nur allzugut, daß er aus einer Familie genialer Versager stammte und jetzt darauf hoffte, der erste geniale Erfolgsmensch zu werden.

Unglücklicherweise hatte er nicht immer Erfolg. Seine Eltern und seine Schwester waren in ihren Kreisen allgemein bekannt und respektiert worden, und ihre Schicksale hatten die öffentliche Vorstellungskraft so weit berührt, daß auf Padrics Heimatplanet die Redewendung „wie ein Angelo sein“ ein Synonym für „hochintelligent und wenig vertrauenswürdig“ wurde. Padric fand keinen Weg, gegen die automatische Annahme zu kämpfen, daß er in die Fußstapfen seiner Familie treten würde. Ganz egal wie gut er manches tat, jede seiner Leistungen wurde automatisch als Anzeichen einer größeren Unzuverlässigkeit gewertet. Selbst außerhalb des Planeten, wo der Ruf seiner Familie nicht so verbreitet war, daß er buchstäblich sprichwörtlich geworden war, war seine Vergangenheit immer ein offenes Buch für jeden, der sich für ihn interessierte, und das Mißtrauen prägte ihn bis zu einem solchen Ausmaß, daß er schließlich geheimniskrämerisch und verschlagen wurde. Dieses Verhalten wurde als Beweis dafür genommen, daß die Familiengene sich bemerkbar machten, und je mehr Verschlagenheit man ihm unterstellte, desto bösartiger und verschlagener wurde er. Seine zweite Reintegration beseitigte viele dieser antisozialen Aspekte, doch die Bitterkeit blieb.

Abrams, der nichts von Padrics Brüten bemerkte, befaßte sich weiter mit seinem Band. Padric richtete sich langsam auf, beugte sich nach vorne und spähte wieder über die Schulter des Piloten. Der Gebirgszug, für den sie sich entschieden hatten, befand sich überraschend dicht vor ihnen, und schon bald würden sie in dem winzigen, reichen Tal landen, das ihren Instrumenten zufolge ein geeigneter Platz für eine Untersuchung zu sein schien.

„Wie lange noch?“ fragte er den Piloten.

„Eine Stunde oder so. Wir müssen das richtige Tal und dann noch einen geeigneten Landeplatz finden.“

Padric lehnte sich zurück, während Abrams das Band in seiner Tasche verstaute und den Mund öffnete.

„Hören Sie zu, Abrams“, sagte Padric rasch. „Mich scheren Ihre Eingeborenen überhaupt nicht. Sie machen Ihre Arbeit, ich mache meine.“

Abrams zog seine dünnen Brauen in die Höhe. „Wirklich? Sie sollten sich aber um sie scheren, wissen Sie. Ich bin nicht erfreut, daß wir so nahe bei ihrer Stadt landen, ganz und gar nicht. Aber diesen Ort haben die Instrumente nun mal ausgewählt, sei's drum. Aber Sie dürfen nicht das Hauptziel dieser Reise vergessen, wissen Sie. Sie soll keine Vergnügungsreise für neugierige Ingenieure sein.“ Abrams sprach mit seiner ausgewogensten, öligsten und ärgerlichsten Stimme, als hätte er einen Bengel vor sich. Padric ballte wütend die Fäuste. „Sie müssen wissen, wie Sie mit den Eingeborenen umzugehen haben. Das ist sehr wichtig, wenn wir unseren Auftrag ruhig und ohne größere Schwierigkeiten ausführen wollen. Und Sie wissen selbst, wie wichtig das ist.“ Abrams tippte mit einem Wurstfinger gegen seine Tasche. „Hier auf dem Band habe ich die Spektren, die ersten Berichte von den Orbitalsonden, und die habe ich mir sehr genau angesehen. Typ Sieben-B dort unten, abergläubisch, gierig, hinterwäldlerisch. Typisch. Wir nehmen uns zuerst das Land, und wenn sie Einspruch erheben, versuchen wir, es zu kaufen, und wenn das nicht genügt, dann verkünden wir eben, daß wir Götter aus dem Himmel sind - und *das* wird genügen."

„Und für diesen Quatsch brauchen Sie ein derart aufwendiges Training?" fragte Padric.

Einer der Techniker kicherte, doch Abrams klappte den Mund zu und funkelte den Ingenieur böse an. Er wandte sich ab und wieder seinem Band zu. Doch Padrics kleiner Triumph zerstob rasch wieder. Schließlich war Abrams sein Vorgesetzter, und er würde Padrics Kommentar gewiß nicht vergessen.

„Tal voraus", rief der Pilot plötzlich. „Sieht offen und eben aus - diese Landung sollte kein Problem sein."

Dieses Mal beugte sich sogar Abrams interessiert nach vorne.

Im Licht der Nachmittagssonne machte das Tal einen ruhigen und einladenden Eindruck. Padric zügelte seine Ungeduld, während der Pilot die notwendigen Überprüfungen der Atmosphäre vornahm. Die Prozedur ging rasch vorüber, und kaum war die Schleuse offen, da trudelte Padric schon den Landestrahl hinab und stand auf dem fremden Boden.

Zuerst fiel ihm die verblüffende Klarheit der dünnen Bergluft auf, in der alle Gegenstände viel näher erschienen, als sie in Wirklichkeit waren. Die Luft war erfüllt vom süßen Aroma unbekannter Blumen, und Padric vergaß kurze Zeit Abrams und seine Probleme, während er Zug um Zug tief einatmete und seine Lungen von der stickigen Schiffsluft reinigte. Der Himmel war von einem hellen, durchsichtigen Blau, kein Wölkchen war zu sehen und selbst das grüne Gras des Tales und das Braun und Weiß der aufstrebenden Gipfel schienen diese ätherische Eigenschaft zu teilen. Erst nachdem Padric die Landschaft eine volle Minute lang angestarrt hatte, bemerkte er, daß mit den Farben etwas nicht stimmte. Das Braun spielte zu sehr ins Umbra, das Gras zu sehr ins Blaue, und das Weiß war weißer, als er dies je für möglich gehalten hatte. Die grasähnlichen Pflanzen, auf denen er stand, hatten keine Halme wie die terranischen Gräser auf den Planeten der Föderation, sondern waren groß und schlangenähnlich und an Gabelungen deltaförmig. Sie waren mit winzigen orangefarbenen Blumen übersät, die alle der untergehenden Sonne zugewandt waren, und als er sich hinabbeugte, um die Blüten eingehender zu betrachten, fand er heraus, daß sie die Ursache für den süßen Geruch in der Luft waren.

„Hübsch, nicht wahr?"

Er wandte sich der Technikerin zu, einer jungen, braunen Frau, über deren Gesicht sich das traditionelle Netz von Strahlungsnarben ausbreitete.

„Ja", antwortete er. „Wie im Garten Eden."

„Gewöhnen Sie sich besser nicht zu sehr daran. Wenn wir damit fertig sind, wird es hier ganz anders aussehen."

Padric ließ den Blick über das Tal schweifen. Er kannte natürlich alle Einzelheiten der Schürfausrüstung und wußte, was sie tun mußte und wie sie es tun mußte; doch nun stellte er sich die großen Maschinen zum ersten Mal in Aktion vor. Wahrscheinlich würden sie hier anfangen, wo das Bächlein aus dem Berg entsprang, und dann dem Verlauf des Baches durch die ganze Länge des Tales bis dahin folgen, wo die Berge dicht beisammenstanden und nur ein schmaler Paß klaffte. Zuerst würden die stummen Laser eine tiefe, V-förmige Vertiefung in und um das Bachbett schneiden, in die die Masse der silbernen Maschine eingepaßt werden würde, dann würden die Laser den Boden zu beiden Seiten in Schichten abtragen und die Traktorstrahlen Erde, Felsen, Bäume und Blumen in die breiten Seitenschlitze der Maschine saugen. Dort würde man ihnen alles mineralisch Wertvolle extrahieren und die Überreste einfach zurücklassen, wenn die Maschine ihre V-förmige Spur fortsetzen und sich weiter ins Tal hinabbewegen würde. Padric übersetzte seine Vorstellungen und sein Lehrbuchwissen in die Vision eines schlanken, grauen Allesfressers, der liebliches Grün in sich hineinschaufelte und dessen Spur von Verwüstung gezeichnet war.

„Nein", sagte er kopfschüttelnd. „So einen schönen Ort dürfen Sie nicht zerstören. Das wäre ein Verbrechen."

Sie zuckte mit den Schultern. „Wenn wir dieses Mal keinen Treffer landen, dann geht die ganze Gesellschaft den Bach runter, und das wäre das Aus für Sie und für mich. Außerdem ist das nicht *Ihr* Tal."

„Und wenn jemand Einspruch erhebt?"

„Wegen eines kleinen Einschnitts im Tal? Unwahrscheinlich. Nebenbei, das ist Abrams Angelegenheit, nicht die unsrige."

Ein Ruf erklang aus der Richtung des Gleiters, und die Technikerin rannte hinzu, um dem Piloten beim Entladen der Sonden und Meßgeräte zu helfen, die den Landeplatz für das Mutterschiff untersuchen würden. Abrams war in der entfernten Ecke des Gleiters eifrig damit beschäftigt, einen Bericht an den Schiffscomputer, weit über seinem Kopf, durchzugeben.

Zwei Techniker, der Pilot, Abrams und ich, dachte Padric. Das sind genug Leute, um den Laden zu schmeißen, den Garten Eden umzupflügen und die Überreste mit nach Hause zu nehmen. Noch nicht einmal das - Abrams konnte die ganze Show mit dem Schiff und diesem kleinen Kontrollkasten, den er um seine Hüfte gebunden hatte, allein abwickeln. Und vielleicht bin ich es eines Tages, der diesen kleinen Kasten trägt. Padric zog sein Periskop aus der Tasche und begann, einen kleinen Hügel aufhäufend, den Talboden zu untersuchen. Eden kann warten, entschied er. Da ist eine Arbeit, die getan werden muß.

Etwas blitzte unnatürlich im Licht des Periskops auf, und er fuhr langsam wieder zurück und versuchte, es wiederzufinden. Etwas Weißes und Hartes, aber kein Schnee - als er es wieder im Periskop hatte, rief er, dann fummelte er nach dem Kom an seiner Hüfte und funkte damit über einen offenen Kanal.

„Abrams, am westlichsten Ende des Tales steht ein Gebäude. Meiner Meinung nach ist es eine Art Tempel."

„Unterstellen Sie nichts, was außerhalb Ihres Feldes liegt", schnappte Abrams. „Wo?"

Padric erstellte schnell die Koordinaten, wiederholte sie für den Ethnologen und begann, auf den Tempel zuzugehen. Abrams hatte ihn bald eingeholt. Neugierig folgten ihnen der Pilot und die beiden Techniker.

Das Gebäude war ohne Zweifel ein Tempel. Sein flaches Dach ruhte auf stämmigen, eckigen Steinsäulen, der Boden bestand aus dem gleichen Material, und genau in der Mitte stand ein Altar, ebenfalls aus demselben weißen Stein. Den Altar trug eine riesige Steinmaske, die von komplizierten, geometrischen Figuren eingerahmt war; ein Gesicht mit kleiner Nase, dreieckigen, büscheligen Ohren und schlitzförmigen Pupillen in den aufgerissenen, schräg stehenden Augen. Die großartig mit Schnitzereien verzierte Maske war mit solch einer Spannung erfüllt, solch einem Gefühl von Alter und Würde, daß es schien, als würde sie vom Stein zum Leben erwachen und die katzenartigen Augen auf den Terranern verharren und sie mit brütender Ruhe beobachten.

Abrams holte tief Luft, räusperte sich und sagte pedantisch: „Primitive Bildhauerkunst ist oftmals überraschend in ihrer rauhen, kraftvollen Erscheinung."

Padric war so sehr in den Anblick der Maske vertieft, daß er Abrams ölige Bemerkung ignorierte – und als zwei katzenähnliche Gestalten an jeder Seite der Maske auftauchten, war er kein bißchen überrascht. Abrams zog sofort einen Analog-Übersetzer aus seinem Beutel und hielt ihn auf die Außerirdischen gerichtet. Sie runzelten die Stirn und starrten die Maschine an.

„Hallo", sagte Abrams laut in Standard, und das Wort hallte kalt in dem Tempel wider. Die Außerirdischen sagten nichts.

„Hallo, wir kommen in Frieden", erklärte Abrams, aber wieder blieben sie still. Doch sie traten einen Schritt vor, ein Speer senkte sich und noch einer, bis sogar Abrams schließlich den Schritt-für-Schritt-Rückzug aus dem Tempel begann.
Er fuhr fort, in die Maschine zu sprechen, bis Terraner und Außerirdische auf dem blaugrünen Gras standen.

Dann, als ob die Macht der Maske genau am Rand des Tempels endete, hob einer der Außerirdischen die Hand und begann, mit einer kräftigen, melodischen Stimme zu sprechen. Abrams richtete den Analog-Übersetzer auf ihn und wartete ungeduldig, wie er die neue Sprache aufnehmen würde. Endlich leuchtete an der Vorderseite der Maschine ein winziges, bernsteinfarbenes Licht auf, und ihre tonlose, metallische Stimme übersetzte die Worte des Außerirdischen.

„Tayteklosh heißt Sie im Hochtal willkommen", berichtete die Maschine. „Er hat Ihr Auftauchen aus dem Himmel beobachtet und wünscht, daß sein Volk von Ihrer Macht und Ihren Fähigkeiten erfahren soll. Die Stadt und das Volk von Apantha erwarten euer Kommen."

„Nun", sagte Abrams, „das klingt schon besser. Wenn wir die Billigung des hiesigen Gottes haben, brauchen wir uns jetzt nur noch gut mit dem Volk zu stellen, dann haben wir sie so gut wie in der Tasche."

„Sie haben ihre Speere noch nicht gesenkt", meinte Padric. „Sie sollten nicht vergessen, daß wir unsere Waffen nicht mitgenommen haben."

„Unsinn. Wir müssen vor überhaupt nichts Angst haben, Angelo. Sie wissen offensichtlich schon, daß wir ihnen überlegen sind. Jetzt muß ich dieses Wissen nur noch festigen. Nebenbei bemerkt", fügte er hinzu, „habe ich immer noch dies." Er tätschelte seinen Kontrollkasten und riß dann den Übersetzer an den Mund. Er unterbrach aber die schon halb ausgeführte Bewegung und starrte geradeaus. Padric, der seinem Blick folgte, erkannte, daß sie von großen, mit Speeren bewaffneten Katzen umgeben waren, und er grinste Abrams trotz seiner plötzlichen Angst an.

„Überzeugt von unserer Überlegenheit, hm?" sagte er.

„Noch ein Kommentar, und ich werde Sie kielholen lassen", schnappte der Ethnologe. Doch die Außerirdischen standen Abrams' übersetzten Drohungen und Bitten unbeteiligt gegenüber, und gegen Abend trieben sie die Terraner zusammen aus dem Tal und einen langen, steinigen Pfad hinunter, der, vermutete Padric, in die Stadt unter ihnen führte.

2

Weit hinter dem heiligen Tal ergießen sich Sonnenstrahlen über den Berg Apantha und erhellen die grauen Steinpromenaden der Stadt Apantha. Die Taebish schlafen noch, und die Stille wird nur von den Geräuschen kleiner, vogelähnlicher Flieger unterbrochen. Die Gebäude sind dick, viereckig und vielgeschossig – die Sonnenstrahlen fallen nicht direkt auf die tief eingelassenen Fenster, die als gähnende, schwarze Rechtecke in dem hellgrauen Stein erscheinen. Die Straßen in der Stadt selbst sind geneigt, in der Mitte erhöht und schräg zu den Rinnsteinen, wo klares Wasser fließt, abfallend. Steinbrücken führen schräg über die Gassen zu den Eingängen von Gebäuden, und hohe, gelb-grüne Bäume wachsen an den Seiten dieser Brücken in die Höhe. Ihre blassen Wurzeln erstrecken sich vom Fels ins Wasser hinunter, und dort fließen sie wie lange Silberfäden, die sich sacht in der sanften Strömung bewegen. Die Wurzeln filtern Abfallstoffe aus den Rinnsteinen, von denen sich die Bäume ernähren, und das Wasser, das Apantha, die Stadt, verläßt, ist nach seiner Reise durch die Steinstraßen so sauber, wie es aus dem Berg darüber ausgetreten war.

Im Zentrum der Stadt steht ein großer, künstlicher Hügel, der von einer hohen Steinmauer umgeben ist. An der östlichen Seite des Hügels liegt der Palast des Königs, ein massives Quadrat aus Steinen, dessen äußere Einfachheit das innere Netz aus Räumen und Gängen verbirgt. Niedrige, viereckige Fenster zieren die Außenseite des Palastes – die oberen Fenster sind doppelt so groß wie die unteren und nehmen das Sonnenlicht auf. Diese oberen Fenster öffnen sich in die privaten Gemächer des Königs Agin, und hier bewegen sich die früh aufgestandenen Diener mit äußerster Vorsicht, damit der königliche Schlummer durch nichts gestört wird. Der Kammerdiener kauert vor der Schlafzimmertür, seine buschigen Ohren sind auf jedwede Bewegungen gespitzt, und sein Schwanz liegt ruhig da. Er erhebt seine Hand in Richtung der Diener, und sie gehen gehorsamst noch leiser durchs Vorzimmer, während sie das königliche

Frühstück vorbereiten. Ein Ratgeber streckt seinen Kopf durch die weit entfernte Tür und beginnt, mit lauter Stimme eine Frage zu stellen, doch der Kammerdiener winkt ihm gebieterisch, Ruhe zu geben. Dann lauscht er an der Schlafzimmertür. Der König ist jedoch nicht leicht zu wecken. Er liegt in seinem ausgepolsterten Schlafzimmer, schwere Vorhänge sind gegen das Eindringen des Lichts vorgezogen, und seine langen, schwer behaarten Glieder zittern leicht, während er träumt.

An der Westseite des Hügels stehen der Tempel des Gottes Tayteklosh sowie die Wohnungen seiner Diener und Priester. Von außen gesehen gleicht der Tempel dem Palast des Königs, aber innen sind die öffentlichen Räume größer und luftiger als die königlichen Thron- und Ratssäle; analog dazu sind die Wohnviertel kleiner und netzähnlicher. Die oberen Räume gehören Han-Tor, Bruder König Agins und Hohepriester des Gottes, und auch hier bewegen sich die Diener lautlos. Aber nicht aus Angst, ihren Herrn zu wecken.

Han-Tor stand steif und förmlich da und verbarg seine Ungeduld, während der Zeuge das Schlafzimmer durchquerte und auf ihn zukam. Der alte Mann ließ sich Zeit, ging langsam und vorsichtig, den Stummelschwanz nach oben gerichtet, um das Gleichgewicht zu halten, als ob er das kleine Bündel in seinen Armen nicht stören wollte. Han-Tor bemühte sich, zurückhaltend und sicher auszusehen, obwohl er die Nacht damit verbracht hatte, zum Palast seines Bruders und wieder zurück zu laufen oder im Vorzimmer seines Schlafgemaches auf und ab zu gehen, während die Dienerschaft aufgeregt durch die Gemächer huschte, was nur sehr wenig zu seiner Beruhigung beitrug. Ein Hohepriester muß mehr als jeder andere den Wert des Rituals und den Nutzen der Zeit verstehen, und Han-Tor beobachtete den alten Mann, der seinen bedeutungsvollen Augenblick aufs äußerste ausdehnte, denn sein Fortschreiten durch das Zimmer schien endlos zu sein. Schließlich blieb er vor dem Hohepriester stehen, und ein Bediensteter öffnete das Bündel auf den Armen des Zeugen. Han-Tor sah auf das neugeborgene Kättchen herab.

„Eure Frau kam mit Söhnen nieder“, intonierte der Zeuge. Die sie umgebenden Würdenträger scharrten vor Anerkennung mit den Füßen. „Hier ist Euer Ältester. Sein Name ist Taeg. Er ist durch die flügelförmige, weiße Markierung über der Mitte seiner rechten Augenbraue zu erkennen.“

„Er ist willkommen“, erwiderte Han-Tor, und der Zeuge machte sich auf seinen langen Weg zurück durch das Zimmer. Die Reihen der Diener teilten sich vor ihm, und nun endlich war es Han-Tor möglich, Kiv-An inmitten der Kissen des Wochenbettes zu sehen. Das zweite Kättchen lag zusammengerollt an ihrer Seite. Der Zeuge legte Taeg mit einer knappen Verbeugung neben seiner Mutter nieder. Selbstverständlich wurde der zweitgeborene Sohn nicht vorgezeigt. Es folgte eine weitere Ewigkeit voller Rituale, bevor die Würdenträger sich aus dem Raum zurückzogen, um wieder ihren Zeremonien in den Gefilden des Tempels nachzugehen. Auch der Hohepriester verließ das Schlafgemach und zog sich in seine private Kapelle zurück. Doch als er ganz sicher war, daß sich niemand mehr in den Fluren aufhielt, raffte Han-Tor seine lange Robe und schlich ins Gemach seiner Frau zurück.

Kiv-An hob den Kopf, während Han-Tor die Tür hinter sich schloß und auf das Bett zukam. Er kniete sich nieder und küßte den seidigen Pelz ihres Nackens.

„Wie geht es dir?“ fragte er sanft.

Ihr Lachen war ein Rumpeln tief in ihrer Kehle. „Sie hatten recht, weißt du“, sagte sie. „Es war so einfach wie Sämlinge pflanzen. Sind es nicht prächtige Söhne?“

„Und bedeutende obendrein.“ Er berührte seinen Ältesten sacht. „Bis der König, mein Bruder, Söhne hat, wird dieser hier der Erbfolger sein. Künftiger König Taeg. Aber der hier ...“ Seine Hand verharrte über dem zweiten Sohn, und als seine Frau nickte, nahm er das Kättchen in die Arme. „Und dieser hier ist bedeutend, weil er unser ist.“

„Das sind sie beide“, sagte sie.

„Ja, natürlich. Aber Taeg wird von den Bewahrern des Königs zum Palast gebracht werden - er wird entweder für immer aus unserem Leben verschwinden oder zumindest, bis Agin heiratet und eigene Söhne hat. Aber dieser hier, dieser hier … Hat er schon einen Namen?“

„Nein.“

Han-Tor verzog das Gesicht. „Zweitgeborener. Dreingabe. Nicht bedeutend genug, zeremoniell getauft zu werden. Der zweite ist immer nutzlos.“

„Nicht ganz“, antwortete sie. „Auch du hast einen zeremoniellen Namen bekommen.“

„Ich bin ein Königssohn. Ich wurde getauft, um eindeutig zu klären, daß ich der Zweitgeborene war und es zu keinerlei Verwirrungen kommen konnte. Dieser hier, dieser Taeg, und auch mein Bruder Agin wurden durch Einbeziehung getauft – ich aber durch Ausschluß.“ Er schwieg einen Augenblick. „Im Namen meines Sohnes soll kein ‚Tor‘ vorkommen.“

„Mit Bitterkeit läßt sich nichts ändern …“

„Bitterkeit! Weißt du, was mein königlicher Bruder gestern nacht getan hat? Nein, natürlich nicht. Mein königlicher Bruder, König Agin, ließ eine Abordnung der Fischer die ganze Nacht draußen warten und sich die Schwänze plattsitzen, und er wird ihnen, wenn es ihm beliebt, vielleicht an diesem Morgen eine Audienz gewähren. Wir brauchen die Fischer, Kiv-An, wir sind auf ihre Ware und auf ihren guten Willen angewiesen. Der Fluß Margave hält das gesamte Königreich zusammen, und wenn die Fischer beschließen, nicht mehr mit unseren Botschaftern zusammenzuarbeiten, werden wir schließlich und endlich die ganzen Ostländer verlieren, weil wir ganz einfach nicht mehr imstande sein werden, mit ihnen in Verbindung zu bleiben. Die Fischer sind ein eigenwilliges Volk, das immer noch nicht an unsere Herrschaft gewöhnt ist – das weiß jeder holzköpfige Novize! Mein königlicher Bruder mißachtet sie und kümmert sich nicht darum, sie bei Laune zu halten. Und warum? Weil mein königlich idiotischer Bruder, der König, beschlossen hat, daß er ein neues Gewand braucht. Und daher verbringt er den ganzen Abend in Seide gehüllt und schnurrt, während sein Königreich zerfällt. Die Westvölker hätten vorsätzlich keine größere Gefahr heraufbeschwören können, und ich bin fast davon überzeugt, daß sie dies alles geplant haben. Aber mein Bruder braucht überhaupt keine Hilfe, um uns zu zerstören – das bringt er auch allein ganz gut fertig."

„Han ..."

„Ich wünschte", flüsterte er wütend, „ich wünschte, ich könnte noch einmal zwanzig Jahre zurückdrehen, mit eigenen Händen in die Gebärmutter meiner Mutter greifen und die Reihenfolge umdrehen. Drei Minuten, Kiv, drei dämliche Minuten, und mein Bruder, dieser hirnlose Kleingeist, wäre nicht König!"

Sie riß ihm das Kättchen aus den Armen und hielt beide Söhne dicht an sich gepreßt. „Nein! Das ist Verrat, Han, und wenn du wegen Verrat hingerichtet wirst, wirst du nicht allein hingerichtet werden. Ich möchte nicht, daß meine Söhne wegen deiner Gedanken sterben müssen."

Ihr Nackenfell war gesträubt, ihre goldenen Augen funkelten. Er atmete tief durch und streckte ihr eine Hand mit nach außen gekehrter Handfläche hin. Nach einem Augenblick preßte sie ihre Hand auf seine.

„Tut mir leid, Kiv", sagte er. „Ich war die ganze Nacht wach und habe mir Sorgen gemacht – ich habe nicht den Verstand verloren. Ich ließ die Fischer ins Gästezimmer bringen und werde mich noch etwas zu ihnen gesellen. Ich werde ihnen Tempelraum für ihren Gott zur Verfügung stellen. Sie haben von unseren Berggöttern noch nie viel gehalten, und es könnte sich als guter Schachzug erweisen, ihnen eine kleine Kapelle zur Verfügung zu stellen und vielleicht über jene Manifestation zu reden, die im Fluß lebt, wie sie behaupten. Als sie das letzte Mal davon sprachen, demonstrierte Agin so offensichtlich seinen Unglauben, daß sie deswegen eingeschnappt waren. Ja, ich werde ihnen dort Raum zuweisen lassen."

„Und Tayteklosh?" Kiv-An vollführte eine rasche Ergebenheitsgeste.

„Oh, ich habe die Omen gelesen. Er erlaubt es."

„Bist du sicher, Han?"

„Ich bin der Hohepriester. Wer sollte es besser wissen?"

„Han ...“

„Nein, werde nicht abergläubisch. Der Alte und ich kommen ganz gut miteinander aus. Er kann sich über seinen verlorenen Platz Gedanken machen und ich über meinen fehlenden.“

Sie schüttelte den Kopf, dann sah sie ihn rasch an. „Wirst du den Fischern Raum im Hochtal zur Verfügung stellen?“

„Weiß ich nicht. Raum im Tempel ist ihnen schnell gegeben. Das wird sie zufriedenstellen.“

„Und wenn nicht?“

Er sah besorgt drein. „Ich weiß nicht. Vielleicht gebe ich ihnen wirklich Raum im Hochtal. Sie sind sehr wichtig, Kiv.“

„Und wie wird unser Volk das aufnehmen? Ein fremder Gott in der Heimat von Tayteklosh?“

„Wenn Tayteklosh ihnen sagt, daß es sein Wunsch ist, werden sie es akzeptieren.“

„Wirklich?“

„Ach, Kiv. Du bist die Tochter eines Hohepriesters und ich der Sohn eines Königs, und unser beider Blick auf die tatsächlichen Gegebenheiten ist getrübt. Wobei ich allerdings der Meinung bin, daß mein Blickwinkel etwas weniger verschroben als deiner ist, besonders, was den alten Mann im Hochtal angeht. Die Leute erwählen den Gott, der am besten ihren Zwecken dient, Kiv, der Gott selbst hat damit wenig zu tun. Vor einem Jahrhundert erwählten wir Tayteklosh zu unserem Gott – ein Kriegsgott, stark und rachedurstig und fordernd, ein Gott, der von menschlichen Herzen und menschlichem Blut lebte. Und er hat uns gut gedient, er schickte uns plündernd in diese Berge und in diese Stadt, er setzte uns auf den Thron, und er übergab uns die Apanthese. Wir breiteten uns bis zur Grenze des Westlandes aus und im Osten bis zum Meer. Aber wir haben uns verändert, Kiv. Wir sind ein häusliches Volk geworden, und auch Tayteklosh wurde Schritt für Schritt milder. Zunächst verzichtete er auf die Herzen, dann auf das Blut, und heute verlangt er nur noch unseren Respekt und unseren Gehorsam, aber nicht unser Leben. Wir sind sehr rasch zivilisiert geworden, Kiv, und unser Gott hat nicht mit uns Schritt halten können.“

Er lächelte sie schüchtern an, doch ihr Gesicht war ernst und verschlossen, ihr Rücken steif. „Du scheinst bei unserem Gott in besonderer Gnade zu stehen“, sagte sie unverblümt, „daß er dich nicht niederschmettert.“

„Ich habe nicht gesagt, daß ich nicht glaube ...“ protestierte er.

„Nicht? Aber sein Haus verkaufst du ohne Gewissensbisse.“

„Tempelraum, ja. Der Tempel ist ein Ort, in dem wir ihn verehren. Er lebt nicht darin.“

„Und Hochtal?“

„Ich weiß nicht.“

„Wenn es deinen Zwecken dienlich ist, wirst du es wissen.“

Er schüttelte den Kopf. „Ich glaube nicht, Kiv. Nicht wenn es um Hochtal geht. Wenn die Heimat des Gottes ...“

„Ja?“

„Wenn Tayteklosh überhaupt noch irgendwo sitzt, dann sitzt er im Hochtal. So, bist du nun beruhigt?“

Sie sah ihn zweifelnd an, doch er erhob sich rasch, bevor sie weitersprechen konnte. „Du ruhst dich jetzt besser aus“, sagte er. „Heute nacht hast du härter gearbeitet als ich.“ Er ging zur Tür, wo er sich noch einmal kurz umwandte.

„Nenn ihn Ko-Te“, sagte der Hohepriester.

„‚Der Gewollte‘?“ Seine Frau dachte einen Augenblick darüber nach, dann nickte sie. Han-Tor spähte durch den Vorhang, öffnete ihn und huschte in den Flur hinaus.

Wieder räkelt sich König Agin im Schlaf, sein zerzaustes Fell hebt sich gegen die bestickten Kissen seines Bettes ab. Er öffnet die Augen und bleibt bewegungslos liegen, während er die Streifen des Sonnenlichtes auf dem Boden seines Schlafgemaches betrachtet. Unordentlich hingeworfene Kleidungsstücke liegen auf dem Fußboden, ihre hellen Farben werden von den Schatten verdunkelt. Agin zuckt mit seinen dreieckigen, buschigen Ohren und versucht auszumachen, was ihn so früh am Morgen geweckt hat, welches Problem seinen Schlaf störte. Gewiß hatte es etwas mit der vorangegangenen Nacht zu tun. Aber was?

Der König wälzt sich auf den Bauch und vergräbt die Schnauze in den Kissen. Die Fischer, ja, eine Delegation. Er hätte sich um sie kümmern sollen, er hätte sie empfangen müssen. Seine Ratgeber und sein Bruder haben ihn gewarnt, daß das Fischervolk wichtig für Wachstum und Fortschritt seines Königreiches ist. Doch die neuen Stoffe sind so hinreißend, die Farben verblüffend und tief. Und er braucht ganz dringend ein neues Gewand. Stoffe vom Königreich am fernen Westhang der Berge, kunstfertig und fein gewoben. König Agin denkt schläfrig an die guten Dinge aus dem Westen - Weine und Stoffe und köstliche Früchte, herrliche Schnitzereien und funkelnde Juwelen. Eine Delegation aus dem Westen hätte er nicht warten lassen, nein. Der Osten aber ist ein unwirtliches Gelände - rauh, nur Fische und Netze und geflochtene Weidekörbe, flache Boote und stinkender Fisch -, und die Musik aus dem Osten ist ganz und gar unerfreulich. Soll Han-Tor sich den Kopf über den Osten zerbrechen. Han-Tor macht sich dauernd Sorgen über das gemeine Volk. Zweifellos hat er sich in der letzten Nacht auch um das Fischervolk gekümmert, so daß kein Schaden entstanden ist.

Der König dreht sich auf die Seite und zieht die Beine zum Bauch empor, doch er kann die Augen nicht schließen. Er erinnert sich daran, daß Korvan am Morgen eine Audienz möchte, und Korvan mißtraut Han-Tor und hetzt Agin gegen seinen Bruder auf. Unter anderem mißtraut Korvan auch dem Botschafter aus dem westlichen Königreich, der Abordnung des Fischervolks, sowie allem, was nicht auf seinem Mist gewachsen ist. Düsterer Korvan, immer voller Verschwörungen und Argwohn, als hätte er mit seinem ausgedehnten Landgut nicht schon genug zu tun und müßte statt dessen in seiner Freizeit Hirngespinsten nachjagen. Wie sollte denn ausgerechnet Han-Tor eine Bedrohung sein? Nein. Schließlich ist Han-Tor Hohepriester des Gottes, und Tayteklosh wird sich schon darum kümmern, daß sein Diener rechtschaffen ist. Der König vollführt eine lahme Ergebenheitsbezeugung, als er an den Namen Gottes denkt. Der Bruder des Königs wird respektiert, er ist wohlhabend und hat eine einflußreiche Position - und was könnte sich Han-Tor mehr wünschen? Und der Botschafter aus dem Westen ist ein Geschöpf mit Kultur und Geschmack, das weit über Korvans derbe Vergnügungen erhaben ist, während die Fischer dumm und langweilig sind und sonst nichts. Korvan ist plump und finster. Korvan bildet sich zuviel ein.

König Agin kuschelt sich tiefer in seine Kissen, schließt die Augen und schläft wieder ein.

3

Als Padric und seine Gefährten endlich die Stadt erreichten, waren sie so müde und hungrig, daß sie den dicken Steinwällen und den klaren Rinnsalen in den wurzelbewachsenen Straßengräben kaum mehr Beachtung schenken konnten. Ihre Bewacher hatten sie in mörderischem Tempo marschieren lassen und ihnen erst dann eine winzige Pause gegönnt, als sie nicht mehr länger gehen konnten. Ihr Schweigen, daß den Terranern bald den letzten Nerv raubte, erfüllte sie bald mit einem dumpfen Entsetzen, das durch die Erschöpfung so übersteigert wurde, daß Padric sich bald weigerte, noch länger darüber nachzudenken. Statt dessen konzentrierte er sich auf die fast rituellen Bewegungen seiner Wächter, mit denen sie ihn den steinigen Bergpfad hinabführten. Ihre Schnauzengesichter blieben in allen Lagen ernst und feierlich, ihre pelzigen, braunen, weißen, grauen und gefleckten Arme bewegten sich sämtlich im gleichen Rhythmus, der auch das Schwingen ihrer kurzen, taschenbesetzten Kilts und das Wippen ihrer Speerspitzen kontrollierte. Als die Nacht hereingebrochen war, hatten die Fremden Fakkeln zum Vorschein gebracht und angezündet; Schatten tanzten über die Felswände und narrten die Terraner. Auf halbem Weg während des nächtlichen Marsches war Padric einmal, infolge seiner großen Müdigkeit, auf einer Klippe stehengeblieben, wo er die Erleuchtung gehabt hatte. Mit großer Klarheit verband er den feierlichen Tempel im Tal, den Gleichschritt der Wachen, die schreckliche Maske des Gottes und schließlich Padrics eigenes, letztendliches Schicksal zu einer Reihe perfekter Symbole der Wirklichkeit, die kurz vor Erreichen des Verständnisses von einer Woge der Bitterkeit hinweggespült wurde, als der Augenblick verstrich. Kurz darauf wich diese Bitterkeit, mit der er seinen derzeitigen Zustand als weiteres Beispiel für die Bösartigkeit des Universums betrachtete, einem betäubten Entsetzen, und so betrat Padric die Stadt Apantha, wobei er so benommen dahintaumelte wie seine terranischen Freunde.

Ein paar früh aufgestandene Einwohner blieben stehen und starrten sie an, während die Terraner und ihre Eskorte sich geschwind durch die Steinstraßen bewegten, aber sie verhielten sich ruhig und blieben in geziemender Entfernung an den Gebäudewänden stehen, und Padric schenkte ihnen kaum Beachtung. Er war davon überzeugt, daß er bis in alle Ewigkeit marschieren würde, immer in ein Schweigen gehüllt, das nur durch das Stolpern seiner Füße unterbrochen wurde. Er bemerkte kaum die dicke Steinwand vor sich oder den Steinbogen, unter dem sie die Wand durchquerten, und die viereckigen Gebäude machten genausowenig Eindruck auf ihn. Schließlich wurden sie in ein kleines, mit Kissen ausgelegtes Gemach geführt, wo ihnen erlaubt wurde, dankbar auf den weichen Boden zu sinken. Aber innerhalb weniger Augenblicke ließen die Wachen sie wieder aufstehen und führten sie einen langen Korridor hinab.

Den Raum, den sie schließlich betraten und in dem ihre lange Reise endete, war sofort als der Steintempel des Tales zu erkennen, obwohl seine Atmosphäre der Macht unmißverständlich eher weltlicher als geistlicher Natur war. Am entfernten Ende des fenstergeschmückten Raumes stand ein Thron, der mit merkwürdigen Symbolen verziert war. Lehne und Sitz waren mit einem tiefen roten Tuch bedeckt. Plaziert auf dem Thron und über die Köpfe der Menge auf die Terraner starrend, saß eine dünne, gesprenkelte Katze in leuchtend gemusterten goldenen Kleidern, die aber außer einem Brillianten, der über ihren goldenen Augen befestigt war, keinerlei Zeichen irgendeines Ranges trug. Die Augen wurden kugelrund, während sie sie anstarrte, und sie wandte sich an die in eine Robe gehüllte Gestalt neben sich. Während sie das tat, verschaffte sich ein Wächter Platz zwischen den katzenähnlichen Wesen und drang bis zum Thron vor. Die Terraner wurden vor den Regenten geführt.

„Steht aufrecht", flüsterte Abrams brüsk. „Seht wichtig aus. Sie müssen beeindruckt sein."

Abrams stellte sich kerzengerade hin, sein Rücken bog sich fast unter der Anstrengung, imposant auszusehen. Padric zog seine Schultern zurück, konnte aber nicht die Energie aufbringen, überheblich auszusehen, und er versuchte es auch gar nicht erst.

Die Konsultation auf der Estrade, in die der Herrscher, die Gestalt in der Robe, der Wächter und ein paar Würdenträger des Gerichts verwickelt waren, endete schließlich. Der Wächter deutete auf Abrams Übersetzer, während sich die Gestalt in der Robe nach vorn bewegte, ihre Kapuze abnahm und damit ein Gesicht enthüllte, das so gesprenkelt war wie das des Monarchen. Abrams hob den Übersetzer, und die Gestalt in der Robe beugte sich vor und sprach vorsichtig in die Maschine. Nach einem Augenblick übersetzte die tonlose, mechanische Stimme seine Worte.

„Wissen Sie, daß Sie sich in Gegenwart von König Agin des nördlichen Königreiches und in Gegenwart des Hohepriesters von Tayteklosh befinden, dessen Tal und dessen Tempel Sie entweiht haben? Was haben Sie zu Ihrer Verteidigung zu sagen?"

Abrams schaute überrascht drein. „Wir kamen in Frieden", sagte er. „Wir waren zwischen den Sonnen unterwegs, um Tayteklosh zu besuchen und die Gastfreundschaft seiner Heimat anzunehmen. Wir haben erst auf diesem kleinen und fernen Planeten von Ihrem Gott vernommen und sind daher hierhergekommen, um ihm unseren brüderlichen Besuch abzustatten. Wir sind", fügte Abrams nach einer Pause hinzu, „sehr mächtig."

Die Maschine übersetzte es, und plötzlich erschollen viele Stimmen in dem großen Saal. Die Bürger der Stadt waren erregt – es gab gespannte Bewegungen ihrer flachen Schnauzen, ihrer großen, schlitzförmigen Augen und ihrer langfingrigen, pelzbesetzten Hände.

Auf der einen Seite der Empore, eine Stufe über den Bürgern, aber eine Stufe unter dem König und Hohepriester, stand ein katzenähnliches Geschöpf von leicht unterschiedlicher Statur, eher grob gebaut und von solider, goldener Farbe, in eine Robe gehüllt, die fast so glänzend wie die des Königs war. Dieser Würdenträger beugte sich über den Übersetzer. „Sie werden, dessen sind wir sicher, Ihr Eindringen bedauern", sagte er. „Jedoch – können Sie Ihre Göttlichkeit beweisen?"

Im Saal wurde es abrupt still, und Abrams antwortete aus voller Überzeugung: „Wir besitzen diese Maschine hier, die es uns ermöglicht, uns gegenseitig zu verstehen. Haben Sie selbst jemals irgend etwas in der Art wie dieses hier entwickelt? Ist das nicht Wunder genug?"

„Ein Gott braucht keine Übersetzungsmaschinen", entgegnete der Priester. „Ein Gott kennt alle Sprachen perfekt und kann sie gleichzeitig sprechen."

„Wir kamen aus dem Himmel", erwiderte Abrams, woraufhin das katzenähnliche Geschöpf auf der Stufe lächelte.

„Ja, der Priester des Tales erzählte uns, daß Sie in einem Metallschiff aus den Wolken zu uns herabgefallen sind. Doch es scheint mir sehr leicht zu sein, in solch einem Schiff zu *fallen.*"

Padric würgte an einem Lachen, das sich an der Grenze zur Hysterie bewegte, und Abrams, der ganz fürchterlich die Stirn runzelte, kniff ihn fest in den Arm. Die Fremden auf der Estrade schienen davon nichts zu bemerken. Der Priester beugte sich zu der goldfarben gekleideten Gestalt, während der König sie etwas unbehaglich betrachtete.

„Weiß der Botschafter vielleicht etwas von ähnlichen Vorkommnissen in diesem Land?"

„Nein. Diese Leute sind mir so fremd, wie sie Ihnen zu sein scheinen."

Wie immer gelang es dem Übersetzer nicht, die Betonungen genau wiederzugeben, doch es schien Padric, als würden die beiden einem höfischen Zeremoniell entsprechend zueinander sprechen.

„Dann wird der Botschafter vielleicht damit einverstanden sein, mir diese religiösen Fragen zu überlassen?“ sagte der Priester, und der Botschafter winkte lässig mit der Hand. Der König runzelte die Stirn, sagte aber nichts.

„Sie werden unsere Schwierigkeiten verstehen“, wandte der Priester sich an Abrams. „Wohl sind Sie fremdartig und eindrucksvoll, und Sie stellen auch Eigenschaften zur Schau, die wir mit Göttlichkeit assoziieren. Doch die Anerkennung eines Gottes - oder gar mehrerer Götter - ist eine ernste Sache, die eingehendes Nachdenken und eine Diskussion erfordert.“

„Diskussion?“ wiederholte Abrams. „Was für eine Diskussion? Was braucht es mehr, Sie zu überzeugen? Sollen wir Wunder vollbringen?“

„Ich verstehe nicht“, antwortete der Priester. „Was glauben Sie tun zu können?“

„Alles“, sagte der Ethnologe mit Überzeugung.

Wieder streckten die Fremden flüsternd die Köpfe zusammen, und Padric sagte zu Abrams: „Halten Sie es nicht für besser, wenn wir zuerst mehr über ihre Religion in Erfahrung bringen? Ich meine, vielleicht sind ihre Götter hier überhaupt nicht allmächtig oder so.“

„Schweigen Sie“, flüsterte Abrams wütend. „Halten Sie sich da raus, sonst lasse ich Sie wegen Ungehorsams festnehmen!“

Padric zuckte die Achseln und wandte sich wieder der Estrade zu, wo sich nun auch noch eine andere Gestalt an der Diskussion beteiligte. Der weibliche Neuankömmling, dessen Pelz grau war und der einen schlichten Mantel und ein geflochtenes Band über der Stirn trug, schien zäher und gefährlicher als die anderen zu sein. Abrams schwang den Übersetzer in ihre Richtung.

„... bei unserem Fluß“, sagte sie gerade, „und hat oft ferne Sonnen und deren Bewohner erwähnt. Zwischen diesen und jenen besteht keine Ähnlichkeit, aber vielleicht könnte sie uns weiterhelfen."

„Und seid Ihr der Meinung, daß auch sie vom Himmel gefallen ist?" fragte der Ratgeber.

„Bisher war ich nicht ganz sicher."

„Beansprucht sie Göttlichkeit für sich?" Das kam vom Priester.

„Ganz und gar nicht."

„Was würdet Ihr also anraten, Tebye-Mutter?"

„Daß wir jemanden zu ihr schicken und sie herbringen lassen", sagte die Graue zu dem Priester. „Als eine Gelehrte, als jemand, der diese Leute verstehen könnte."

„Und wenn sie das nicht kann? Wäre ihre Reise dann vergeblich gewesen?"

Tebye-Mutter überlegte kurz, dann sagte sie: „Laßt uns einen von denen hier schicken, und gebt ihm einen Wächter als Reisebegleiter mit. Wenn sie ihm vertraut oder auch nur Verständnis für ihn zeigt, dann kann sie immer noch mit ihnen nach Apantha zurückkehren. Wenn nicht, so haben wir nur einigen Angehörigen unseres Volkes und einer dieser Erscheinungen hier Unannehmlichkeiten bereitet."

Abrams trat ohne zu zögern nach vorn und zerrte Padric mit sich.

„Wir halten diese Idee für ausgezeichnet", verkündete der Priester. „Dieser hier soll gehen." Er nickte Padric huldvoll zu.

„Nun, Han? Was ist geschehen?"

„Einiges – mit viel Lärm und wenig Sinn. Manchmal komme ich mir vor, als stünde ich inmitten von Seilfliegern, die nach besten Kräften versuchen, ihre eigenen Seile zu verheddern."

„Neue Götter?"

„Das bezweifle ich. Aber ich kann nicht sicher sein. Und der Botschafter verspottet sie in unserer Gegenwart, während Agin nur einfach dasitzt und schnurrt und Korvan dazu grinst. Und dann machen sich alle drei daran, auch noch Tebye von den Fischern zu befragen. Die ist sensibel und ruhig, aber das wird sie nicht immer bleiben. Und diese Fremden, die neuen, vereinen alle Widersprüchlichkeiten von Göttern auf sich und nichts Gegenwärtiges. Und sie sind häßlich, Kiv, du kannst dir überhaupt keinen Begriff davon machen, wie häßlich sie sind. Ihre Häute haben überhaupt keinen Pelz, ihre Ohren sind rund und fleischig, ihre Augen teilweise weiß, und zu alledem haben sie noch flache Gesichter, aus denen die Nasen so vorwitzig hervorstehen, als wäre ihrem Schöpfer erst im letzten Augenblick eingefallen, daß sie sie brauchen. Es sind Götter, die den Stämmen jenseits des Meeres angemessener wären als uns. Scheußliche Götter. Fah. Mehr Wein."

„Hier. Ist die Tebye-Mutter schon gegangen?"

„Ja, und sie hat den Fremden mitgenommen, den Hitzkopf Krispeh aber dagelassen. Sie bestand darauf, daß sie hierblieb, und das konnte ich ihr schließlich nicht abschlagen."

„Sie ist diejenige, die du mit deinem Bruder verheiraten wolltest?"

„Was politisch eine gute Sache gewesen wäre. Es hätte unseren Blickwinkel nach Osten verschoben. Aber sie haben einander nur einmal angesehen und dann Reißaus genommen, und ich kann keinem von beiden daraus einen Vorwurf machen. Sie ist eine politische Unruhestifterin und scheint alle Arten von Unsinn über uns zu glauben. Als hätte sie vor einem Jahrhundert gelebt, als wir den Fluß erobert haben. Und Agin – kannst du dir vorstellen, daß mein Bruder ein Fischerweib heiratet, das ihn vorsätzlich mit den Aspekten ihrer Kultur provoziert, die er als am verabscheuungswürdigsten empfindet? Wenn es mir nicht gelingt, eine andere heiratsfähige Fischerfrau zu finden, eine mit Verstand und Gefühl, dann wird er nach Westen heiraten und damit in die falsche Richtung. Das aber ist genau das, was der Botschafter von ihm möchte. Zu schade, aber die Tebye-Mutter ist zu alt dafür. Zu schade auch, daß deine Schwester gestorben ist."

„Aber das hatte keinen Einfluß auf deine Heirat."

„Nein, gewiß nicht. Schließlich kann man vom König nicht erwarten, daß er zweite Wahl heiratet, eine Zweitgeborene, oder? Nein, du warst für mich bestimmt. Wofür ich, dessen sei versichert, herzlich dankbar bin."

„Du schmeichelst mir."

„Wahrhaftig. Natürlich. Ja."

4

Die Hütte und das Umland liegen am Ufer eines großen, reißenden Flusses in jenem besonderen Gürtel aus Dschungel und Wald, welcher den Fuß der Berge umrundet. Hier wird der schwere Dampf der Regenwälder von der kühlen Luft erfrischt, die von den Bergen herabweht, und im frühen Licht der Dämmerung verleihen diese beiden Luftströmungen der Lichtung die klaren Eigenschaften von kühlen, sauberen Gebirgsbächlein. Geflügelte Wesen schweben stumm über der Hütte und den Gärten, und wenn sie abdrehen, um wieder in den Wald zurückzukehren, so poliert das Sonnenlicht die juwelenhaften Farbtöne ihrer ausgebreiteten, membranähnlichen Schwingen und versilbert ihre winzigen, pelzigen Körper. Ein lauter, greller Schrei ertönt aus dem Wald, und als Antwort darauf gibt ein magentarotes Fluglebewesen einen Akkord kristallener Töne von sich, während es zwischen die Zweige eines Baumes schlüpft.

Megan hebt den grauen Kopf und sieht den Fliegern nach, die im Wald verschwinden, erst dann widmet sie sich weiter der Zubereitung ihres Frühstücks. Sie schließt die Feuertür des kleinen, aus gebranntem Ton erbauten Ofens, dann erhebt sie sich und schlägt sich mit den Händen auf die Schenkel. Auf dem braunen Stoff ihres Anzugs bleiben dunkle Streifen zurück. Ihre stumpfen, grauen Fingernägel kratzen scharf gegen den Kessel, den sie auf den Ofen stellt.

Die orangerote Sonne erreicht die obersten Wipfel des Waldes, die Reihen der graustämmigen Pflanzen erzittern, während ihre heliotropischen Blüten sich dem Sonnenlicht zuwenden. Die anderen Pflanzen im Garten reagieren weniger dramatisch auf das Licht, doch die gemeinsamen Bewegungen erzeugen ein leises, sanftes Rascheln von Blatt an Zweig, Ast an Stamm, Blüte an Frucht. Während die Pflanzen sich dem Sonnenlicht entgegenrecken, wird auch das leise Murmeln der Quelle wieder vernehmbar.

Megan verharrt mit einem Teller in der Hand und sieht zu, wie ihr Garten das allmorgendliche Zeremoniell beendet. Schon jetzt ist der Tag sehr warm, ihr abgeschnittener Anzug entblößt Beine, Arme und Schultern. Das Sonnenlicht spiegelt sich in den Reihen von Skalen und Meßgeräten, die in ihre Oberarme und Schultern eingepflanzt sind. Die Anschlüsse in ihren Achselhöhlen, in den Kniekehlen und im Nacken sind schon lange zugewachsen, doch die Skalen funktionieren noch und zeigen ihren Puls und Schweißpegel. Die Schwerkraft beträgt 0,01 über Terra-Standard, das Sonnenlicht ist weniger reich an ultravioletter Strahlung, ihr Verdauungssystem weist eine Überfunktion von 0,02 auf. Die eingepflanzten Hilfsmittel werden nicht beansprucht, und an diesem Morgen ist sie 58:197/09-22-16 terranische Jahre alt.

Sie ist dünn, unglaublich groß und hat graues Haar; ein zweites, transparentes Paar Lider hat sich über Flüssigkristallpupillen gesenkt, die mit jeder Temperaturveränderung die Farbe ändern und gleichzeitig mit ihrem Herzschlag pulsieren. Ihre Knochen bestehen aus einer elastischen Biostahl-Legierung, ihre breiten Finger- und Zehennägel sind aus stumpfem, grauem Metall.

Ihre Haut ist lavendelfarben und schimmert gelegentlich im Dunkeln. Winzige Fältchen lassen die Haut um ihre Augen herum fast purpurn erscheinen. Ihre Stirn ist außergewöhnlich hoch und über den grauen Augenbrauen etwas gewölbt. Ihr Mund ist groß, die Lippen sind sanft geschwungen – ein feiner, lieblicher Mund, ein völlig normaler terranischer Mund. Ihre Nase ist gebogen und hat drei Nasenflügel. Ihre zwischen den glatten Behältern ihrer Hilfsmittel eingebetteten inneren Organe sind bis zu einem Ausmaß seltsam, das jede Vorstellungskraft überfordert.

Zwölf Kilometer weiter unten am Fluß befindet sich ein Dorf

der Taebish. In ihren Augen ist Megan nicht außergewöhnlich. Sie glauben, alle Terraner sähen so aus.

Sie nimmt den gebackenen Käse vom Grill und setzt sich zum Frühstücken hin. Eine sanfte Brise vom Fluß weht ihr Haar zurück und entblößt weit über ihren Schläfen angebrachte Verbindungssteckdosen. Diese Steckdosen konnten mit den entsprechenden Gegenstücken im Fahrthelm gekoppelt werden. Diese hatten Impulse an ihr Gehirn weitergeleitet, die es ihr ermöglichten, Dinge zu sehen, zu riechen, zu berühren und zu schmecken, die noch kein Terraner der Welt jemals wahrgenommen hatte. Und die auch kein Terraner jemals sehen würde, denn die Experimente funktionierten nicht, die Verbindung von Schiff zu Pilot war zu teuer, um sich auszuzahlen, und zu kompliziert, als daß man sie einfach hätte handhaben können. Man war zu dem Ergebnis gekommen, daß ihre lange Metamorphose unnütz gewesen war, und daher hatten sie das Raumschiff auseinandergenommen und auch Megan, soweit es möglich gewesen war, wieder zerlegt.

Inzwischen ist viel Zeit verstrichen, und hier, auf diesem fernen Planeten, denkt Megan selten an ihr verändertes Aussehen und an ihren veränderten Körper. Es ist zwölf Jahre her, seit sie mit ihrer gestohlenen Jacht am Ufer des großen Flusses gelandet ist, zwölf Jahre, in denen sie sich unter den Taebish eine Existenz aufgebaut hat. Sie ist inzwischen sogar selbst fast davon überzeugt, daß sie tatsächlich die Norm ihrer Art ist. Und hier ist sie das natürlich auch.

Gegen Nachmittag beendete sie ihre Gartenarbeit, setzte sich nach einer raschen Mahlzeit auf der Veranda nieder und sortierte sorgfältig ein Kästchen voller Saatgut, das sie erst kürzlich vom Erntevolk, einige Meilen im Landesinnern, erhalten hat. Aus den dunklen Samen würden einmal lange, schlangenähnliche Reben werden, nach deren samtenen Früchten sie verrückt war. Die kleineren, weißrosa Sämlinge würden zu großen Grashalmen heranwachsen, die beim Bauen nützlich waren. Die dritte Samenart schimmerte sanft im Schatten, ihre braunen

Hülsen waren glatt und weich. Diese stammten wahrscheinlich von einem noch weiter entfernten Stamm, näher an der Küste, und man hatte ihr gesagt, daß aus ihnen hohe, blühende Bäume erwachsen würden, deren orangefarbene Blüten alle Arten von Luftlebewesen anziehen würden.

Während sie sich noch mit dem Saatgut befaßte, wurde die Stille durch Rufe vom Fluß unterbrochen. Sie sah auf und erblickte ein schlankes Kanu, das am Ufer anlegte, eine Anzahl Taebish sprangen heraus und zogen das Kanu auf trockenes Land. Vor dem hellen Schimmern des Flusses konnte sie die Gestalt der Tebye-Mutter ausmachen und runzelte überrascht die Stirn. Die graupelzige Taebish kam rasch auf ihre Hütte zu, ihr folgten drei andere, die eine unbewegliche Gestalt zwischen sich zum Rand der Lichtung trugen und dort im Schatten niederlegten.

„Ihr seid in meinem Haus willkommen", rief Megan und erhob sich von ihrem Hocker.

„Wir danken dir. Wie ist es dir ergangen?"

„Mir ist es gut ergangen. Wie war eure Reise?"

„Unsere Reise war angenehm. Wie steht dein Haus?"

„Mein Haus steht fest. Wie geht es deinem Volk?"

„Meinem Volk geht es ausgezeichnet", antwortete die Tebye-Mutter keuchend, während sie die letzte Stufe erklomm und sich im Schatten niederließ. Sie lächelte Megan zu, als die Terranerin sich an ihrer Seite niederkauerte, danach setzten die beiden mit großer Freude die rituelle Begrüßung fort, bis alle möglichen traditionellen Fragen erschöpft waren und sie endlich ihre Handflächen aneinanderpressen und sich entspannen konnten.

„Du kommst beizeiten zurück, Tebye", sagte Megan. „Dein Volk wird glücklich sein."

„Noch nicht", antwortete die Taebish. „Wir sind noch lange nicht mit dem Bergvolk fertig."

„Oh?"

„Gib mir etwas von deinem guten Kerahsaft, dann werde ich dir davon erzählen."

Megan holte einen großen Steinkrug von einem kühlen Fleck unter dem Haus hervor, und nachdem sie der Tebye-Mutter eingeschenkt hatte, trug sie den Krug zur Grenze ihres Gartens. Die anderen Taebish kamen herbei, bedienten sich und dankten ihr mit rituellem Ernst. Sie ließ den Krug bei ihnen und ging zur Veranda zurück.

„Was geschah diesmal?"

„Ach, du kennst doch dieses hochnäsige Volk da oben. Wir erreichten die Stadt vor zwölf Tagen gegen Abend, nach einer dreitägigen anstrengenden Kletterpartie, bei der wir die Geschenkpakete für sie immer mitgeschleppt hatten, und sie verwiesen uns in den üblichen Raum, wo sie uns stundenlang warten ließen. Wir waren hungrig, müde und durstig, und natürlich war Krispeh dafür, aufzubrechen und Apantha hinter uns niederzubrennen, Stadt, Berg und alles. Ich konnte sie gerade noch beruhigen, bevor der Hohepriester hereinkam. Der ist gerissen, Megan. Klüger als sein Bruder, vielleicht sogar klug genug für einen Fischer - ich habe das Gefühl, daß er noch etwa zwei Jahre vertrauenswürdig sein wird, dann wird ihn das Zusammenleben mit dem unfähigen König wahnsinnig machen." Die alte Frau trank aus ihrer Tasse und schüttelte den Kopf. „Vielleicht auch nur ein Jahr, ich weiß nicht. Jedenfalls brachte er uns für die Nacht im Tempel unter, und am nächsten Morgen, während der Audienz, wurde mit dem König darüber gesprochen, für Hatama Platz in ihrem Tempel zu schaffen, wenn wir das wollen."

„Was?" fragte Megan überrascht. „Ich dachte immer, sie hielten große Stücke auf ihre Religion und würden zu allerletzt zulassen, daß sich eine Fischergöttin in ihrem Tempel einnistet."

„Wie ich schon sagte, der Priester ist gerissen. Er gibt sich nicht damit zufrieden, daß Apantha über uns regiert. Er möchte uns fester an die Stadt binden, er will sich unserer Zusammenarbeit versichern, und dadurch ist er auf unseren guten Willen, den Fluß als Verkehrsweg und all das angewiesen. Wenn ihm diese Allianz gelingt, eine symbolische Hochzeit zwischen Hatama und Tayteklosh, dann wird er damit ein Band erschaffen, das keine Seite freiwillig brechen wird. Natürlich werden sich daraus auch Vorteile für uns ergeben, ganz zu schweigen von dem Schutz, den Apantha uns bieten kann. Ich glaube, ich werde darauf eingehen, Megan. Hatama wird das vielleicht nicht sonderlich gefallen, aber auch eine Göttin muß hin und wieder Opfer bringen." Die Tebye-Mutter grinste.

„Und Krispeh, wie hat sie das alles aufgenommen?"

„Laut, wie üblich. Sie glaubt, daß sie Hatama lediglich durch eine apanthesische Heirat binden wollen, wobei Tayteklosh das Sagen hat, und nicht durch eine Fischerhochzeit, nach der selbstverständlich sie regieren würde. Will man Krispeh Glauben schenken, werden sie dann unsere Untersprache ausmerzen, uns unsere Zeremonien nehmen, unsere Traditionen verändern und uns in flußfahrende Apantheser verwandeln. Schrecklich."

„Du hältst das doch hoffentlich nicht für schlecht?"

„Es macht mich eindeutig krank", antwortete die Tebye-Mutter ruhig. „Aber soweit wird es gar nicht kommen. Wir sind stärker als sie. Wir sind älter als sie, und unsere Göttin ist real, kein altmodischer Blut-und-Donner-Popanz, der sich in den Bergen verbirgt. So wird es geschehen."

Megan füllte die Tassen wieder und wartete geduldig darauf, daß Tebye fortfahren würde.

„Und während das alles sich abspielt, kommt einer der Priester von Hochtal herein und erzählt etwas von Dämonen aus dem Himmel, die im Tal gelandet sind und den Tempel entweiht haben. Dann brachten sie die Dämonen selbst. Ein trauriger Haufen, was sie aber nicht am Angeben und Prahlen hinderte. Agin schienen sie jedenfalls zu beeindrucken. Sie stießen Drohungen aus, etwas über Himmelsschiffe und Feuer und was sonst noch alles – daher dachte ich, daß du vielleicht etwas über sie weißt. Schließlich sind sie wie du vom Himmel gekommen. Ich ergriff die Gelegenheit beim Schopf und brachte einen mit hierher. Ich dachte, du könntest ihn dir einmal ansehen, ob er dir eventuell bekannt ist. Wenn ja, kannst du uns vielleicht zurück nach Apantha begleiten und die Dinge wieder ins rechte

Lot bringen, da du in solchen Fragen mehr Erfahrung hast als wir alle zusammen.“ Die Tebye-Mutter erhob sich und breitete die Arme aus. „Ich brachte einen mit, den ich für sensibler hielt als die anderen, aber darin habe ich mich getäuscht. Er scheint davon überzeugt, daß wir ihn auffressen wollen. Er hat die ganze Reise hindurch gezittert. Möchtest du ihn sehen?“

„Warte!“ Megan erhob sich ebenfalls. „Hat Krispeh nicht versucht, ihn bei lebendigem Leib zu häuten? Und was ist mit den anderen - was meinen sie? Und was meinst du? Darüber hast du mir noch nichts erzählt.“

Die Tebye-Mutter sah sie seltsam an. „Ich und die anderen, wir warten auf weitere Informationen. Und Krispeh ist in Apantha geblieben. Sie entschlüpfte uns vor unserem Aufbruch, und ich konnte sie nicht mehr finden. Ich glaube, sie hat etwas mit diesen ‚Dämonen‘ vor, und das gefällt mir überhaupt nicht. Wäre das nicht geschehen, dann hätte ich noch einen Tag oder so im Dorf verbracht, aber ich traue ihr nicht, so allein dort oben, und die Reise hat auch so schon lange genug gedauert - der Winter rückt näher, die Rückreise wird noch beschwerlicher werden. Ich möchte zurückkehren, sobald du den Dämon gesehen hast, den ich mitgebracht habe.“

Megan streckte die Fäuste in die Gürteltaschen ihres Anzugs und ging auf der Veranda auf und ab, wobei ihr die Tebye-Mutter zusah. Ihre Augen pulsierten ins Violette.

Am allerwenigsten wünschte sie sich die Ankunft von Terranern, und genau darum mußte es sich bei den Dämonen vom Hochtal handeln - keine andere ihr bekannte Rasse verfügte über den Raumflug. Also Terraner - und mit ihnen kam die Erinnerung an ihre Andersartigkeit und das, was man ihr angetan hatte. Terraner, die sie angaffen und kichern würden. Die Taebish hatten sie ruhig akzeptiert, da sie sie für ein natürliches Geschöpf gehalten hatten, vielleicht etwas seltsam, aber auf gar keinen Fall ein Freak. Doch wie würden sie ihr gegenüber empfinden, wenn sie erst Gelegenheit hatten, einen normalen Terraner zu sehen? Sie empfand eine Woge der Bitterkeit und wandte sich wieder an die Tebye-Mutter.

„Nein“, sagte sie. „Ich will keinen von ihnen sehen. Bring ihn weg, ich bin beschäftigt.“

„Sie haben gesagt, ihr Schiff sei schwer bewaffnet“, sagte die Tebye-Mutter. „Sie scheinen großer Gewalttaten fähig zu sein. Zudem wollen sie Hochtal für sich haben - und wenn sie das nehmen, dann werden auch wir zum heiligen Krieg Apanthas gezwungen werden. Und wir werden verlieren.“

„Sie bluffen.“

„Ich glaube nicht.“

Die Tebye-Mutter wartete geduldig. Megan seufzte. Die Taebish waren gut zu ihr gewesen und hatten sie ohne viel Aufhebens zu machen akzeptiert. Sie hatten ihr geholfen, sich ihre Existenz am Flußufer aufzubauen, und dafür keinerlei Gegenleistung verlangt. Die Terraner waren durchaus imstande, ihre Feuersbrunst über dem Planeten zu entfesseln und die Taebish zu Asche zu verbrennen. Wenn sie ihre eigenen, egoistischen Gefühle die Oberhand gewinnen ließ, konnte das eine Katastrophe zur Folge haben

Außerdem, das fiel ihr nun ein, mußte sie ja nicht zugeben, daß sie der Rasse der Terraner entstammte. Die großen Veränderungen, die in der Vergangenheit gegen sie gearbeitet hatten, konnten nun für sie arbeiten. Sie konnte den Taebish ganz einfach erzählen, daß sie die Terraner zwar kannte, selbst aber von einem ganz anderen Planeten stammte, daß sie einer anderen Rasse angehörte, und schließlich noch, daß die Terraner zwar Exemplare ihrer Art waren, sie aber ein Exemplar ihrer eigenen Art. Gewiß hatten zwölf Jahre ausgereicht, die Spuren ihrer Taten zu begraben. Innerhalb der Föderation, die aus tausend Planeten bestand, hatte ihre Geschichte sich nur auf einem einzigen abgespielt - wie wahrscheinlich war es, daß jemand von eben diesem unbedeutenden Planeten Mitglied der terranischen Expedition war? Nein, ihre Ausrede würde funktionieren, ihre wahre Identität geheim bleiben, und mit etwas Vorsicht hatte sie überhaupt nichts zu befürchten.

„Na gut“, sagte Megan achselzuckend.

Die Tebye-Mutter führte sie durch den Garten zum Waldrand, wo die Taebish ihr Bündel abgelegt hatten. Beim Ruf der Ältesten traten sie zurück, und Megan konnte eine unsicher taumelnde, aber zweifellos terranische Gestalt aufstehen sehen. Sie verharrte einen Augenblick, dann sah sie in ihre Richtung, sah noch einmal hin, trat drei unsichere Schritte nach vorne und brach in ihren Armen zusammen. Sie hielt den Mann fest, wähend sie verblüfft feststellte, daß sein Körper von einem Schluchzen geschüttelt wurde.

„Gott sei Dank", keuchte er. „Ich dachte schon, sie würden mich umbringen. Ich war der Meinung, es gäbe nichts, außer … oh, dem Herrn sei Dank."

Sie drehte seinen Kopf um, damit sie sein Gesicht sehen konnte. Und während er ihre fremdartigen Züge betrachtete, weiteten sich ihre Pupillen und durchliefen in rascher Folge alle Farben des Spektrums. Ihre Hoffnung, unerkannt zu bleiben, schwand rapide.

„Verdammt noch mal", sagte sie in Standard. „Das ist ja mein kleiner Bruder Paddy."

Sie war noch überraschter, als Padric ein verzweifeltes Seufzen von sich gab und völlig umkippte.

5

Padric stützte sich langsam auf die Ellbogen und sah sich in dem dunklen Lager um. Im schwachen Licht des Feuers konnte er die schlafenden Gestalten der Taebish sehen, die sich nach dem langen Marsch über die Gebirgsflanke erschöpft hingelegt hatten. Aber Megan, die den ganzen Tag über ohne das geringste Anzeichen von Erschöpfung geklettert war, war nirgends zu sehen. Er kletterte vorsichtig aus dem Schlafsack, schloß seine Jacke wegen der kühlen Nachtluft, dann machte er sich auf, um seine Schwester zu suchen.

Sie saß auf einem großen Felsbrocken, die Ellbogen auf die Knie gestützt, ihre Füße baumelten über einem zweiten Felsen. Die entblößten Stellen ihrer Haut schimmerten leicht lavendelfarben. Sie machte ihm wortlos auf dem Felsen Platz. Er zitterte, doch ihr schien die Kälte überhaupt nichts auszumachen.

„Megan, tut mir leid, daß ich mich am Fluß so dumm benommen habe. Ich hatte einfach nicht erwartet, dich zu sehen."

„Oh?"

„Du mußt zugeben, es war verdammt unwahrscheinlich, daß wir uns ausgerechnet hier begegnen würden."

„Und daß ich so aussehen würde."

Padric wand sich unbehaglich. „Auch", gab er zu. „Aber ich habe schließlich viel mitgemacht. Ich dachte, sie würden mich töten."

„Die Taebish sind sehr freundlich", sagte sie. „Wenn sie dich töten, lassen sie es dich vorher wissen und geben dir eine Chance zu entkommen."

„Und *wie* sollten sie mich das wissen lassen? Ich habe keinen Übersetzer, und ich verstehe ihre Sprache nicht."

Megan lächelte und fuhr mit einer metallenen Fingerspitze über ihre Kehle.

„Oh", sagte Padric.

Sie wandte sich ab und blickte wieder über die Leere.

„Worüber denkst du nach?" fragte er nach einem Augenblick des Schweigens. Sie lächelte wieder.

„Neugieriger Paddy, immer nur Fragen stellen. Erinnerst du dich, daß du das als Kind schon getan hast?"

„Nein. Das habe ich alles löschen lassen. Meine Erinnerungen fangen etwa mit fünfzehn an, davor erinnere ich mich nur ganz vage an bestimmte Dinge."

„Warum hast du das getan?"

„Was blieb mir schon anderes übrig? Mom und Dad und dann auch noch du – alles ging schief. Mir blieb gar keine andere Wahl, als alles löschen zu lassen. Es ist auch so noch schlimm genug, ohne daß ich mich aus erster Hand an alles erinnere. Ich bekomme es immer von anderen Leuten zu hören."

„Was?"

„Alles! Weißt du das denn nicht? Zu Hause … einen Angelo machen?" Megan schüttelte den Kopf, er schnob voller Abscheu. „Das ist typisch. Erst den ganzen Schlamassel anrichten und dann einfach abhauen. Keiner von euch besaß auch nur eine Spur Verantwortungsgefühl. Ihr seid alle so egoistisch gewesen. Du hättest an mich denken können, weißt du, daran, was du mir angetan hast."

„Was ich dir angetan habe? Hör zu, versuch bloß nicht, alles auf mich abzuschieben, Bubi. Glaubst du, ich sehe gern so aus?"

„Du hättest den Job nicht annehmen müssen."

„Nein? InterStel zeigte mir Orte, die du dir überhaupt nicht vorstellen kannst. Sie ließen mich den Wind zwischen den Sternen schnuppern und gaben mir den Geschmack von Nova mit auf den Weg. Ich hörte das Singen von Kometen. Ich verspürte Dinge, für die wir nicht einmal einen Namen haben. Ich habe es durchlebt, Paddy, ich habe das ganze unvorstellbare Universum durchlebt ..."

„Du hättest weiter denken sollen. Du hättest dir Gedanken über die Zeit machen sollen, wenn alles vorüber ist."

„Es ging niemals vorüber. Es war der Anfang von etwas, das immer weiter und weiter gehen sollte. Es hätte uns das ganze Universum öffnen können. Sicher, es gab einige Haken im Vertrag. Sie sagten, sie würden mich zurückholen und mir eine Pension geben, sie erzählten mir nur Lügen, und als sie dann untergingen, konnten sie nicht eines ihrer Versprechen halten. Daher hakten sie mich ab und warfen mich hinaus. Ich versuchte, allein durchzukommen. Aber wer stellt schon einen drei Meter großen, purpurfarbenen Freak ein, he? Was, zum Teufel, war ich denn noch wert? Ich hätte bestenfalls in einem Wanderzirkus auftreten können."

„Aber ..."

„Und du bist wirklich davon überzeugt, daß es dir besser ergangen wäre, wenn du an meiner Seite aufgewachsen wärst, als Bruder eines Freaks?"

„Tja", meinte er zurückhaltend, „vielleicht nicht. Aber du hättest nicht die ganze Ausrüstung stehlen dürfen. Die Menschen erinnerten sich daran, was Mom und Dad getan hatten, und du hast meine Situation noch weiter verschlechtert. Da alle übergeschnappt sind, warteten sie nur darauf, daß ich ebenfalls überschnappen würde. Glaubst du, es war einfach, so aufzuwachsen?"

„Glaubst du, es war einfach, so zu leben? Als ich die Ausrüstung stahl, nahm ich mir nur das, was InterStel mir schuldete. Der Wert dessen, was ich mitnahm, betrug nicht einmal die Hälfte von dem, was sie mir versprochen hatten, Paddy. Und ich konnte nicht einfach kuschen und stillhalten. So konnte ich nicht leben."

Sie saßen einen Moment lang still nebeneinander, dann sagte sie: „Weißt du etwas über angemalte Vögel, Paddy?"

„Was?"

„Angemalte Vögel. Du greifst dir einen Vogel aus einer wilden Schar, malst ihn anders an und setzt ihn wieder in die Schar zurück. Und die anderen Vögel werden ihn zu Tode picken, immer. Den Taebish würde es nicht in den Sinn kommen, einen Vogel anzumalen - nur Terraner kommen auf so sadistische Ideen. Nun, ich wurde nicht zu einem angemalten Vogel, und ich will auch jetzt keiner werden."

„Was hast du also vor?"

„Ich werde ihnen nicht sagen, daß ich eine Terranerin bin", antwortete sie ruhig. „Ich werde den Taebish sagen, daß ich von einer anderen Rasse als der euren abstamme."

Padric schüttelte den Kopf. „Das klappt nicht", entgegnete er. „Ich glaube, Abrams, der Chef, der Ethnologe, weiß genug über meine Vergangenheit, um zu vermuten, wer du bist. Auch wenn wir nicht miteinander reden, wird er es annehmen."

„Na gut, komme, was da wolle. Ihr Menschen habt endlich diesen Planeten gefunden, und ich will überhaupt nichts mit euch zu tun haben. Wenn ich es also nicht arrangieren kann, mich auf diese Art von euch zu distanzieren, sollte ich am besten geradewegs nach Hause zurückkehren."

„Aber das kannst du nicht tun. Man erwartet von uns, daß wir morgen in die Stadt kommen."

„Dann geh ohne mich."

„Nein, hör zu, Megan. Es tut mir leid, ich wollte nicht streiten.

Ich bitte um Entschuldigung. Wenn du von mir verlangst, daß ich es niemandem erzähle, werde ich nichts erzählen. Ich werde dir fernbleiben. Ich werde Abrams erzählen, daß ich nicht weiß, wer du bist. Aber du mußt mit uns in die Stadt kommen - wir brauchen dich."

„Ich habe nicht vorgehabt, euretwegen zu kommen. Ich werde mitkommen, weil mich die Tebye-Mutter darum gebeten hat. Ich komme wegen der Taebish mit."

„Von mir aus könntest du wegen des großen Erdnußgottes mitkommen", entgegnete Padric. „Aber wenn du nicht irgend etwas anstellst, damit wir aus dieser Misere hier herauskommen, wird uns Abrams alle schlachten, und deine kostbaren Taebish wird er wahrscheinlich mitnehmen."

„Erzähl mir von Abrams", forderte sie ihn auf.

Padric beschrieb den kleinen Ethnologen: seine Vergangenheit, seine Persönlichkeit, seine Ansprüche. „Er hat diesen Job nur bekommen, weil alle guten Chefs der Gesellschaft letztes Jahr ihren Dienst quittiert haben, als es so aussah, als würde die Gesellschaft den Bach runtergehen. Wir verloren eine Menge Leute. Ich nehme an, das ist der Grund, warum wir ein Sieben-Mann-Schiff mit nur fünf Mann besetzen. Und wenn es uns nicht gelingt, aus diesem Schlamassel rauszukommen, ist das das Ende. Abrams weiß, daß er von keiner anderen Gesellschaft aufgenommen wird, weil er unfähig ist, und das ist mein erster Job überhaupt. Wenn ich mich hier nicht beweise, Megan, werde ich keine weitere Chance bekommen. Hör zu, du mußt mitkommen. Du mußt uns da raushelfen. Ich schwöre - es ist wirklich wichtig."

„Wie wichtig? Was würdest du tun, wenn du das erreichst, was du willst?"

„Ich glaube, Abrams würde einwilligen, alles zu tun."

Megan runzelte die Stirn, ein Netz vertikaler Linien überzog ihre hohe Stirn. „Was für ein Schiff habt ihr?"

„Hier unten nur einen Gleiter, aber das Basisschiff schwebt über uns. Ein komplettes Fabrikumwandlungsmodul, Veredelungsmodule, Schutz ..."

„Schutz?"

„Sicher, jedes Schiff hat ihn. Nur für alle Fälle, weißt du. Wir haben Meteorfelder, schwere Bordgeschütze, leichte Strahlwaffen und so weiter. „

„Und ihr würdet sie einsetzen?"

„Nun, dazu sind wir nicht gezwungen. Aber wenn Abrams annimmt, daß er nicht zu Rande kommt – wenn er denkt, daß es ein großer Fischzug ist und die Gesellschaft es ihm verzeihen muß ..." Padric zuckte vielsagend mit den Achseln. „Sieh mal, wir wollen nur ein bißchen graben. Wir wollen nicht den ganzen, verdammten Planeten umgraben."

„Jedenfalls jetzt noch nicht."

Er sah auf und war von dem Haß und der Bitterkeit in ihrer Stimme überrascht. „Auf welcher Seite stehst du, Megan? Du bist auch eine Terranerin, das weißt du."

„Bin ich das?" Sie drückte sich vom Rand ab, stand auf dem Felsblock und entspannte ihre Schultern. Padric rappelte sich auf und stellte sich neben sie.

„Du hältst den Mund über unsere Verwandtschaft", sagte sie. „Falls es von allein oder durch Zufall rauskommt, na gut. Aber laß bloß nichts verlauten, hast du erstanden?"

„Okay."

„Gut. Ich werde in die Stadt gehen. Aber denk dran, kleiner Bruder, nicht deinetwegen. Nicht deinetwegen."

Sie ging in das Lager zurück, der Schimmer ihrer Haut erhellte beim Gehen die Bäume.

Während die Tebye-Mutter zusah, zog Megan sich schnell aus und tauchte in den kalten Bergfluß, um den Schmutz der Reise von ihrer Haut zu waschen. Dann benutzte sie ein sauberes Tuch, um die Vorderseiten ihrer Anzeigen und Skalen zu polieren, bis sie glänzten. Sie hüllte ihren langen Körper in eine dünne, weiße Fischerrobe, die Arme, Beine und eine meterbreite Schulter freiließ.

„Du wirst dir in der Stadt eine Erkältung zuziehen", meinte die Tebye-Mutter.

„Nein. Kälte macht mir nichts aus.“

Sie band ein zeremonielles Fischerband um ihre Stirn, damit man die Anschlußbuchsen in ihrer Kopfhaut nicht sehen konnte, und zuletzt warf sie einen weiten, weißen Mantel über ihre Schultern.

„Möchtest du dich nicht waschen?“ fragte Megan Tebye. „Wir werden in einer Stunde die Stadt erreicht haben.“

„Nein, ich bin eine alte Frau, die niemanden mehr beeindrukken muß. Aber ich verstehe das alles nicht.“ Die Taebish deutete mit der Hand auf Megans Kleider. „Entweder werden sie entsetzt davonlaufen oder dir zu Füßen fallen und dich verehren.“

„Ich bin eine Fischerin, oder etwa nicht?“ entgegnete Megan. „Darauf bin ich stolz.“

„Eine Fischerin. Vielleicht. Vielleicht hast du viele Gestalten.“

„Ich wäre lieber vielleicht Taebish, als vielleicht Terranerin.“

Tebye schüttelte den Kopf. „Gib auf deine Gedanken acht, Megan. Du mußt uns nicht mit Werten ausstatten, die wir nicht haben. Wir treffen einen einflußreichen Priester und einen sanften König, einen argwöhnischen Ratgeber und einen verschlagenen Botschafter und vielleicht auch noch einige Göttchen, von denen wir so gut wie überhaupt nichts wissen. Jede fragwürdige Mutmaßung deinerseits ist eine Verantwortungslosigkeit.“

„Du selbst hast eine hitzköpfige Fischerin zurückgelassen“, sagte Megan.

„Krispeh. Zugegeben. Auch ich habe Vorahnungen, obwohl ich mich bemühe, sie zu vermeiden. Und doch fällt es mir schwer, objektiv von der eigenen Tochter zu denken.“

Megan blickte lächelnd auf die graue Taebish herab. „Du gibst auf meine Vorahnungen acht und ich auf deine.“

„So sei es.“ Die Tebye-Mutter erhob sich brüsk, worauf beide sich wieder zu den wartenden Fischern gesellten.

6

Han-Tor stand ruhig am Fuß der breiten Treppe, der scharfe Nachtwind wehte seine weite Robe eng um seine Gestalt. Gelegentliche Böen entrissen seinen Fingern das Gewebe und trieben es wie Schwingen in die Schwärze des offenen Tempeltores hinter ihm. Die breiten Stufen vor dem Tempel fielen vor ihm zu einer breiten Prachtstraße ab, die zum östlichen Haupttor führte, Stufen und Straße waren von Taebish in höfischen Gewändern gesäumt, die sich auf Han-Tors Geheiß hier versammelt hatten, um die Rückkehr der Tebye-Mutter und ihrer vielleicht mythischen Fremden vom Fluß zu feiern. Lediglich König Agin war abwesend, er, sich durchaus über seine Position im klaren, würde erst im letztmöglichen Augenblick erscheinen, sich der Hochachtung der Besucher versichern und dann wieder, eingehüllt in seine königliche Würde, in seinen Gemächern verschwinden.

Die Menge geriet in Bewegung, als eine große Flagge über dem Osttor gehißt wurde, das Signal, daß das Fischervolk die fernen Außenbezirke von Apantha, der Stadt, erreicht hatte und sich nun dem wohlbehüteten Tempel- und Palastkomplex näherte. Korvan, der rechts von Han-Tor und eine Stufe unter ihm stand, schnob, schlug über alle Maßen gelangweilt die Arme übereinander und blickte zu den Bergen; seine Gefühle für den Empfang und die Anwesenden fanden auch in der kleinsten seiner Bewegungen seinen Niederschlag. Seine Mißgunst gegen Han-Tor selbst war kaum weniger intensiv - eine Mißgunst, welche er so zu maskieren verstand, daß sie allen, mit Ausnahme vielleicht der Eingeweihtesten, mit Leichtigkeit für nicht mehr als eine etwas kalte und formelle Ehrfurcht vor dem Hohepriester von Tayteklosh und Bruder des Königs gelten konnte. Han-Tor, dem Korvans Pose nicht entging, erlaubte sich einen Augenblick der Amüsiertheit. Er hatte seinen Streit ausgefochten, und die breiten, prächtig herausgeputzten Reihen der Höflinge, die unter ihm standen, waren das deutliche Zeichen seines Sieges. Der Hohepriester konnte sich ein geheimes

Lächeln über Korvans Unmut erlauben. Doch das Lächeln durfte nicht zu breit ausfallen, seine Belustigung nicht zu sorglos – Korvan gab sich gelegentlich vielleicht der Lächerlichkeit preis, doch er war nichtsdestotrotz ein gefährlicher Gegner.

Sogar der elegant gekleidete Botschafter des Westens war erschienen, er stand eine Stufe unter Korvan und beobachtete die Menge und die Flaggen mit gelassener Miene. Han-Tors geheimes Lächeln wich einem gleichermaßen geheimen Stirnrunzeln. Er argwöhnte, daß der Botschafter die Apantheser aus derselben Warte betrachtete wie Agin die Fischer – indem er sie als rüdes Bauernvolk ansah, an welches man keinen ernsten ästhetischen Gedanken verlieren mußte, das aber trotz alledem unerfreulich und ungemütlich reagieren konnte, wenn man sich nicht auf geeignete Weise mit ihm befaßte. Der Botschafter war ein Herrscher, der wesentlich mächtiger und einfühlsamer als Agin war.

Doch noch schwieriger und wahrscheinlich auch gefährlicher als Ratgeber oder Botschafter waren die Terraner, die links unten standen und unauffällig von den Priesterkriegern des Tempels bewacht wurden. Man hatte die Terraner höflich und zuvorkommend behandelt, man war ihnen während der vierzehntägigen Abwesenheit der Tebye-Mutter mit aller Zuvorkommenheit begegnet, die Gästen von unbekanntem, aber wahrscheinlich hohem Rang zukam. Doch Krispeh war es gelungen, zu ihnen vorzudringen, und sie hatte viele Stunden bei Unterredungen mit ihrem Anführer zugebracht. Sogar jetzt teilte sie ihre Position auf den Stufen, obwohl ihr die Tradition einen um vier Stufen höher gelegeneren Platz zugewiesen hätte. Han-Tor kannte sie kaum persönlich, doch ihr Ruf war ihm bekannt. Sie war als Unruhestifterin verschrien, eine Aufwieglerin, die fest gegen die Ansiedlung der Apantheser, ihre Kultur und ihren Gott eingestellt war. Als Tochter der Tebye-Mutter begleitete sie die Flußdelegation nun schon seit fünf Jahren. In dieser Zeit hatte sie unter dem aufmerksamen Blick ihrer Mutter an zahlreichen Festen und Empfängen teilgenommen, als hätte die alte Frau versuchen wollen, Krispehs radikale Einstellung mit der Toleranz des Wissens zu mildern. Soweit Han-Tor beurteilen konnte, hatte sich diese Politik noch nicht bezahlt gemacht, und nun stand sie flüsternd und gestikulierend inmitten der Terraner. Er bezweifelte, ob das, was sie mit ihnen diskutierte, auf Frieden und Verantwortung hinzielte.

Krispeh war jedoch nur die am deutlichsten Sichtbare unter jenen, die den Terranern mit tiefem und besorgtem Interesse gegenüberstanden. Han-Tor wußte um seine eigenen Aktivitäten, und überdies vermutete er, daß Korvan und der Botschafter des Westens ebenso hart arbeiteten, aber selbstverständlich für ihre eigenen Ziele. Er kam zu dem Ergebnis, daß die Terraner mehr durch das Unruhe stiften konnten, was sie symbolisierten, als durch das, was sie tatsächlich vollbringen konnten.

Als das Fischervolk sich dem Osttor näherte, erscholl das laute Hallen eines Gongs, und in diesem Augenblick erschien Agin und nahm seinen Platz vier Stufen über seinem Bruder ein. Han-Tor nahm zur Kenntnis, daß der König, ungeachtet all seiner Beschwerden über die unnütze Willkommenszeremonie, seine neuesten und prächtigsten Gewänder und die funkelndsten Juwelen angelegt hatte; der König stand blitzend und glänzend auf seiner Stufe, wo er an einen aufgeputzten Freudengott erinnerte, der gerade von den Bergen herabgestiegen war. Han-Tor dankte Tayteklosh stumm für die gelegentlich doch recht nützliche Eitelkeit des Königs und richtete seine Aufmerksamkeit wieder auf das Tor.

Das Osttor öffnete sich ächzend, die großen, hölzernen Torflügel schwangen majestätisch nach innen, die bunt zusammengewürfelte Gruppe des Fischervolkes trat ein. Sie waren noch zu weit entfernt, als daß man sie deutlich hätte sehen können, und doch erstarrten die Taebish und die Terraner auf den Tempelstufen und starrten die Straße hinab. Han-Tor blinzelte, er sah, wie plötzlich Bewegung in die Taebish am anderen Ende der Straße kam, sie schienen einen Schritt zurückzuweichen und dann wieder nach vorne zu treten, als würde ein Druck sie zurückschieben und im Vorübergehen wieder loslassen. Die Menge schwankte weiter, die Spannung auf den Stufen nahm zu, dann erreichten die Fischer den Fuß der Treppe, und eine plötzliche Stille senkte sich über Apantha, die Stadt. In diesem tiefen Schweigen lösten sich drei Gestalten von der Gruppe und näherten sich dem Hohepriester.

Die Tebye-Mutter schritt rüstig aus, ihr Rücken war gerade, sie hielt den Kopf stolz erhoben. Sie wußte ganz genau, welche Ehre ihr zuteil wurde, und die wollte sie bis zum letzten Tropfen auskosten - ihr Aufstieg war eine Frage zeremonieller Würde. Han-Tor bewunderte sie. An ihrer Seite stolperte der Terraner Padric wie betäubt dahin. Er hatte die Fäuste in den Taschen verborgen und den Blick gesenkt. Als er bei den anderen Terranern angekommen war, blieb er stehen, sie wichen beiseite und machten ihm Platz. Abrams sprach ihn an, doch Padric brachte den kleinen Mann übellaunig mit einer ungehaltenen Geste zum Schweigen.

Die dritte Gestalt aber verblüffte Han-Tor. Sie war unglaublich groß und unglaublich dünn, ihre Haut war lavendelfarben, und sie war völlig fremd - helle Blitze zuckten von ihren Schultern, das rituelle Stirnband der Fischer trug sie über störrischen, pulsierenden, vielfarbigen Augen. Ihr Gang war graziös, präzise und zeugte von völliger Arroganz, und der Wind, der ihre schlichte weiße Robe aufblähte und wieder glättete, steigerte ihre würdevolle Erscheinung nur noch. Sie schien ein Wesen mit unendlichen Möglichkeiten und unendlicher Macht zu sein, für das nur ehrfürchtige Stille eine angemessene Begrüßung war.

Vor den Terranern blieb sie stehen und blickte, ohne eine Miene zu verziehen, auf sie herab, dann schritt sie weiter die Stufen empor, ohne weiter auf die niedereren Hofbediensteten zu achten, bis sie eine Stufe unter dem Hohepriester stand und den Nacken beugte, um ihn zu betrachten.

Han-Tor fühlte sich zwischen dem Drang, zu knien oder zu applaudieren, hin und her gerissen, so anmaßend war ihre Annäherung an den Tempel gewesen.

Sie wandte sich an den verblüfft herabstarrenden König, verbeugte sich knapp und sagte dann mit dem Akzent des Fischervolks: „Ich bin Megan. Ich bin auf Bitten meiner Führerin gekommen, um die Verhandlungen mit den Fremden zu unterstützen."

Doch der König löste mit aufgerissenen Augen den glitzernden Schneestein von seiner Braue und befestigte ihn mit zitternden Händen an ihrer Stirn. Ein lautes Seufzen ging von den Taebish aus, und angesichts dieser inbrünstigen Gefühlsaufwallung fiel es Han-Tor wie Schuppen von den Augen.

„Ich will euch zeigen, was die Terraner getan haben", sagte Korvan. Megan und Tebye folgten ihm in einen der umschlossenen Innenhöfe des Palastes, einen grünen Ort mit Springbrunnen. Dort winkte der Ratgeber des Königs auf einen Schlackehaufen inmitten des Hofes.

„Sie haben uns ihre Macht vorgeführt und diesen Steinbrunnen eingeschmolzen, sie haben Flugtiere mittels unsichtbarer Strahlen vom Himmel geholt und drei lebende Nahrungsgrets aus der Küche geschlachtet, danach ließen sie Geräusche am Himmel erschallen, welche, will man ihren eigenen Angaben Glauben schenken, ihren Ursprung in ihrem fernen Schiff hatten, wenngleich derart sanfte Klänge unmöglich von selbst eine so große Entfernung zurückgelegt haben können. Danach ließen sie das Wasser in allen Springbrunnen in Flammen verschwinden und begaben sich zur Ruhe."

„Haben sie euch gedroht?" fragte Megan.

„War das noch nötig?" antwortete Korvan. „Wir haben keinem ihrer Besucher den Zutritt verwehren können. Krispeh, die Fischerin, ist oftmals bei ihnen gesehen worden, und mir wurde mitgeteilt, daß auch der Botschafter des Westens sie mit einer großen Anzahl von Besuchen beehrt hat. Und schließlich verbrachte auch der Hohepriester eine gewisse Zeit bei ihnen."

„Sind sie denn, über die gewöhnliche Neugier hinaus, von so großem Interesse?"

Korvan wich der Frage aus. Während er sie durch das Labyrinth der Palastkorridore zum Eingang begleitete, wies er auf zahlreiche architektonische Meisterleistungen hin und erkundigte sich, ob ihre Unterkünfte im Tempel angemessen seien.

„Sie sind zufriedenstellend", antwortete Megan.

Er betrachtete sie mit einer seltsamen Mischung von Furcht und Widerwillen. „Haben Sie den Hohepriester schon gesehen?"

„Abgesehen von der gestrigen Begrüßung nicht."

„Aha", antwortete der Ratgeber. „Aha." Nach einem Augenblick des Schweigens fuhr er dann fort: „Wir sind von alledem gar nicht sehr erfreut, wissen Sie."

„Die Lage ist gespannt."

„Wir scheinen von einer Invasion des vollkommen Fremdartigen bedroht zu sein."

„So sehe ich es auch."

„Vorsicht ist immer der beste Weg."

„Ich verstehe."

Er starrte sie erneut an, dieses Mal aber nachdenklicher, dann bedeutete er ihr zu warten, während Tebye weiterging. Dann streckte er sich so weit er konnte und flüsterte ihr ins Ohr: „Hüten Sie sich vor dem Botschafter des Westens. Er ist nicht vertrauenswürdig. Hüten Sie sich auch vor Krispeh. Und Han-Tor, der Priester ..."

„Ja?"

Doch er machte nur eine unentschlossene Geste mit dem Kopf, woraufhin sie der Fischerin folgten.

„Woher, zum Teufel, soll ich wissen, wer sie ist?" log Padric verzweifelt. „Sie zerrten mich zu ihrem Palast, sie kam heraus, sah mich an, und dann erinnere ich mich nur noch, wie wir uns auf den Rückweg machten. Das ist alles, ich schwöre es Ihnen."

„Sie sind vollkommen nutzlos", schäumte Abrams. „Muß ich mir denn alles selbst zusammenreimen? Sie spricht Standard. Sie muß doch etwas gesagt haben - woher sie kommt, wer sie ist."

Padric wandte sich achselzuckend wieder seinem Essen zu. Er war dankbar, daß sich der Ruf seiner Schwester in den zurückliegenden Jahren fast ausschließlich auf ihre Flüge und Diebstähle konzentriert hatte, worüber man ihre Umwandlung von einem Menschen in etwas Bizarres vollkommen vergessen zu haben schien. Wenn Abrams nur endlich aufhören würde, ihn mit Fragen zu bombardieren …

„Sie muß eine Terranerin sein", sagte Abrams. „Sonst verfügt niemand über den Raumflug, und sie wurde gewißlich nicht hier geboren. Und über etwas so Häßliches wie sie müßten wir eigentlich Aufzeichnungen haben, jemand müßte etwas darüber wissen. Fällt Ihnen denn überhaupt nichts ein?"

Der Pilot und die Techniker schüttelten die Köpfe.

Abrams schob den Teller weg und stand vom Tisch auf. „Ich muß mit ihr reden, ehe diese dummen ‚Verhandlungen' beginnen. Sie mag ein Freak sein, aber sie muß auch eine Terranerin sein, und als solche *muß* sie auf unserer Seite stehen."

„Darauf würde ich mich nicht verlassen", warf Padric bitter ein. „Sie scheint davon auszugehen, daß wir uns auf der Entwicklungsstufe von Maden befinden."

„Unsinn. Sie kennen sie … gehen Sie zum Tempel, und sagen Sie ihr, daß ich mit ihr reden möchte. Und vergewissern Sie sich, daß sie auch kommt."

„Wie kommen Sie darauf, daß ausgerechnet ich sie dazu überreden könnte, hierherzukommen? Weshalb sind Sie so sicher, daß sie freiwillig mit mir kommen wird?"

„Hören Sie, Angelo, das ist ein Befehl. Sie gehen zum Freak und bringen ihn herüber zu mir. Das war alles."

Padric schlug mit den Handflächen auf die Tischplatte, erhob sich, griff nach seiner Jacke und entfernte sich.

„Iß doch wenigstens etwas, Han. Du hast seit der letzten Nacht keine ordentliche Mahlzeit mehr eingenommen."

Han-Tor schüttelte automatisch den Kopf. Kiv-An legte ihm die Hand auf den Unterarm. „Bitte." Er nickte lächelnd.

„Gut. Früchte, Brot und etwas Wein. Das habe ich hier, und es wird vorerst genügen. Später kann ich dann …"

„Nein, keine Umstände. Das genügt."

Sie sah ihm beim Essen zu. „Du warst Stunden im Tempel", sagte sie schließlich.

„Ja.“

„Hat der Gott geholfen?“

Er nahm eine weitere Frucht auf und balancierte sie in der Hand. „Ich weiß nicht, Kiv. Augenblicklich ist so viel los, so viele brennende Fragen verlangen nach Antworten, daß ich gar nicht mehr weiß, wo mir der Kopf steht. Aber ich muß bald zu einem Ergebnis kommen, sonst wird alles untergehen.“

„Du übertreibst doch sicher. Die Terraner können Hochtal nicht bekommen. Das ist unmöglich. Man muß ihnen nur sagen, daß sie sich wieder zurückziehen sollen.“

„Nein. Sie werden ganz bestimmt nicht gehen, nur weil wir es ihnen sagen.“

„Aber was können sie uns schon tun? Sie können Apantha unmöglich zerstören.“

„Nicht? Vergiß nicht die Demonstration ihrer Macht im Palast. Erinnerst du dich noch, was sie mit dem Springbrunnen getan haben?“

„Das würden sie uns antun?“ fragte sie schockiert.

„Ich zweifle nicht daran.“

„Aber ... aber das würde Tayteklosh nicht zulassen! Deshalb warst du in der Sakristei, nicht wahr, Han? Du hast den Gott um Schutz angefleht.“

„Glaubst du wirklich, daß Tayteklosh uns beschützen kann?“

„Welche andere Hoffnung bleibt uns noch?“ fragte sie, und der Hohepriester schüttelte den Kopf.

„Ich glaube, wir können offen zueinander sprechen“, sagte der Botschafter des Westens. „Wir scheinen die einzigen zu sein, die sich ein klares Bild von der Lage machen können.“

Megan zog fragend die Brauen in die Höhe, doch dann erkannte sie, daß der Botschafter ihre Miene nicht deuten konnte. „Ich weiß nicht, ob ich Sie völlig richtig verstehe“, sagte sie.

„Ganz einfach. Wir haben es einerseits mit Barbaren, andererseits mit einer hochentwickelten Technologie zu tun. Mit der Zivilisation, und die Apantheser sind außerstande, mit ihr etwas anfangen zu können. Ich bezweifle sogar, daß Han-Tor, der einer der Klügsten von ihnen zu sein scheint, genau weiß, was sich direkt vor seinen Händen befindet."

„Und das wäre?"

„Die Sterne, meine Freundin." Der Botschafter beugte sich nach vorne und streichelte sein Weinglas mit den Händen. „Überlegen Sie doch nur einmal - Handelsrouten zwischen den Sternen, neue Lernmöglichkeiten, fortschrittliche Methoden, das könnte unendlichen Wohlstand für diesen Planeten bedeuten. Und wir könnten als Gegenleistung etwas zur Föderation beisteuern. Ist das so schlecht?"

„Ja. Können Sie sich vorstellen, was mit diesem Planeten geschieht, wenn die Föderation sich darauf niederläßt? Man wird Ihnen überhaupt nicht gestatten, an den Vorteilen der Föderation teilzuhaben. Statt dessen würde dieser Planet kolonisiert werden, er würde eine terranische Regierung bekommen, und Sie hätten überhaupt nichts mehr zu sagen. Es ist in der Föderation nicht üblich, außerirdische Mitglieder aufzunehmen."

„Aber Ihre Informationen sind doch gewiß überaltet? Sie haben zwölf Jahre auf diesem Planeten verbracht, ohne Kontakt mit der Föderation zu haben. Zwölf Jahre sind eine lange Zeit. Die Lage könnte sich drastisch verändert haben."

„Das bezweifle ich. Auf der Zentralwelt geht der Fortschritt nur sehr langsam voran."

Der Botschafter machte eine wegwerfende Geste. „Möglich. Nichtsdestotrotz, auch wenn dieser Planet zu einer terranischen Kolonie werden sollte, würde das Kontaktkönigreich alle Macht erhalten und damit automatisch zur bedeutendsten Kultur werden. Doch all diese Pläne werden durch den Aberglauben der Apantheser gefährdet. Eine Schande, daß die Terraner nicht weiter westlich gelandet sind."

„So ist es eben geschehen, und Apantha ist nicht Teil des westlichen Königreiches", sagte Megan vorsichtig, doch der Botschafter lächelte nur.

„Sie sind doch keine Terranerin, oder?" fragte er.

„Ich bin nicht hergekommen, um über mich selbst zu sprechen", sagte Megan.

„Dieses Thema ist unvermeidlich. Sie sind … etwas Besonderes, wissen Sie das?“

Megan zuckte die Achseln, gab sich aber keine Mühe, ihre Geste zu erläutern. „Ich danke Ihnen für Ihre Freundlichkeit“, sagte sie ernst und wollte gerade aufstehen, doch der Botschafter kam nicht mehr zu einer Antwort, denn sie vernahmen einen lauten Knall aus dem Vorzimmer, dann stürzte ein maskierter Taebish herein und warf sich auf den Botschafter. Er hatte einen langen Dolch in der Hand. Megan bewegte sich mit einer Geschwindigkeit, die sie längst verloren geglaubt hatte, sie stand plötzlich direkt vor dem Attentäter, schlug seine Waffe beiseite, umklammerte ihn und hob ihn einen Meter über den Fußboden, wo sie ihn im Schock baumeln ließ. All das geschah, noch bevor der Botschafter seinen Warnruf beenden konnte. Die Wachen kamen ins Zimmer gestürzt und starrten mit offenen Mündern um sich, während sie den rechten Arm senkte und den Attentäter sanft auf dem Boden absetzte.

„Sie lassen besser herausfinden, wer ihn geschickt hat“, sagte Megan ruhig.

„Korvan. Es kann nur Korvan gewesen sein.“

„Nicht unbedingt“, begann Megan.

„Natürlich. Meine Regierung wird hiervon unterrichtet werden.“ Er gestikulierte zu den Wachen, die sich vorsichtig näherten, die schlaffe Gestalt entgegennahmen und wieder zurückwichen, ohne den Blick von Megans Gestalt abzuwenden. Der Botschafter wandte sich wieder seinem Schreibtisch zu, hielt inne und wandte sich langsam wieder um.

„Ich verdanke Ihnen mein Leben“, sagte er.

„Nein, Sie haben mir gegenüber keinerlei Verpflichtungen.“

„Und ich habe nicht einmal gesehen, wie Sie sich bewegt haben.“

„Meine Reflexe sind sehr schnell“, sagte sie und wandte sich zum Gehen.

„Sind die anderen Terraner ebenso schnell?“ fragte er hastig, doch sie gab ihm keine Antwort.

7

„Ökonomische Notwendigkeiten“, führte Abrams aus, „bestimmen die Unverrückbarkeit unserer Position, was das Schürfen im Hochtal anbelangt. Wir sind darauf vorbereitet, mehr als großzügig zu den … äh … Apanthesern zu sein, aber wir sind nicht darauf vorbereitet, völlig auf unsere Ansprüche zu verzichten.“

„Was für Ansprüche? Was für Ansprüche können Sie auf das Hochtal geltend machen, wenn nicht die illegalen Ansprüche von Piraterie und Raub? Das Tal ist kein loser Felsbrocken, den der erste, der daherkommt, mitnehmen kann. Wenn Sie diesen Unfug von wegen ‚Ansprüchen‘ nicht fallenlassen, werden wir erst gar nicht mit Verhandlungen beginnen können.“ Korvan, den die Würde seiner schweren, offiziellen Roben fast niederzudrücken drohte, setzte sich wieder. Taebish und Terraner starrten einander, jeder auf seine Weise, finster an.

Megan griff kopfschüttelnd nach einem Krug Wasser. Die Sitzung dauerte bislang sieben Stunden, und noch zeichnete sich kein Ende und keine Lösung ab. Der Streit über irgendwelche Ansprüche war nur der letzte einer ganzen Reihe semantischer Drahtseilakte, wobei jede Seite anscheinend der Meinung war, wenn sie ihre Argumente nur mit einer nachdrücklichen Betonung vorbrachte, würde die andere Seite schon widerspruchslos darauf eingehen. Keine Seite arbeitete auf einen für alle akzeptablen Kompromiß hin, und es schien sich auch niemand über die komplexe Verhandlungsbasis des anderen im klaren zu sein.

Völlig verschiedene Positionen, dachte sie trocken. Die Taebish hatten gewiß verschieden denkende Geister in ihren Reihen, was eine Diskussion zusätzlich erschwerte. Megans Behandlung hatte den Möchtegern-Attentäter so erschüttert, daß er immer noch katatonisch war und keine Auskunft darüber geben konnte, wer ihn geschickt hatte, um den Botschafter des Westens zu töten. Korvan behauptete seine Position als Repräsentant des Königs, wenn auch nicht notwendigerweise als der beste Wahrer von Agins Interessen. Die Wünsche des Ratgebers waren einfacher Natur – er wollte, daß sich die Terraner aus Apantha – und damit aus dem gesamten Königreich – zurückzogen. Er wollte weiterhin, daß die Fischer sich den Apanthesern rückhaltlos unterordneten. Abschließend wollte er noch, daß der Botschafter des Westens verschwand und sein gesamtes Königreich mit ihm. Doch der Botschafter des Westens erweckte nicht den Eindruck, als würde er ihm diesen Wunsch bereitwillig erfüllen. Soweit Megan es beurteilen konnte, wollte der Botschafter die Terraner für sich und sein eigenes Königreich beanspruchen, und wenn die Terraner ausschließlich und allein auf Hochtal bestehen würden – nun, das war ein einfach zu lösendes Problem: Das Tal konnte nicht versetzt werden, aber die Grenzen seines Reiches ganz gewiß. Und da eine Nation im Chaos einfach zu überrennen ist, beobachtete der Botschafter, schmiedete Ränke und Intrigen und trug gelegentlich, dessen war Megan sicher, seinen Teil zur allgemeinen Verwirrung bei. Hier deckten sich die Befürchtungen Megans und Korvans auf verblüffende Weise, doch der König war zu sehr in die Güter und Waren des Westens vernarrt, um auf jene zu hören, die ihm seine Ideale ausreden wollten.

Die Apantheser selbst fühlten sich allein aus der Beobachtung der Diskussion über die Heimat ihres Gottes überfordert und erzürnt. Königliche Würdenträger und Fremde stritten über das Schicksal der Heimat ihrer Gottheit, und der Hohepriester schien zu allem Verdruß in Gedankengänge verstrickt zu sein, denen überhaupt niemand mehr folgen konnte, die aber weit davon entfernt schienen, Hochtal zu beschützen.

Und dann war da auch noch Krispeh, die stumm im Palast umherschlich und sich den Untergang von Apantha, des Westens und der Terraner wünschte, und die bereit war, jeden gegen jeden auszuspielen, um ihre Ziele zu erreichen.

Die Position der Terraner war gleichermaßen verzwickt, und was Megan ihren Ausführungen nicht entnehmen konnte, hatte man ihr erst an diesem Morgen anläßlich eines persönlichen Gespräches mit Abrams klargemacht. Die Entscheidung, auf diesem Planeten zu landen, in diesem speziellen Tal, war nicht allein auf Zufälligkeiten zurückzuführen - Abrams' Beharren auf seinen „Rechten" reflektierte eine bittere ökonomische und politische Wirklichkeit, die zwar Lichtjahre entfernt, aber nichtsdestotrotz stark genug war. Padric hatte gesagt, es würde das Ende der Schürfgesellschaft bedeuten, wenn dieser Fischzug nicht lohnend genug verlief, und Abrams hatte diesen Punkt noch unterstrichen. Das Schiff hatte zehn Terramonate lang gesucht, bis es diesen Planeten gefunden hatte - die Treibstoffvorräte waren fast erschöpft, und mit jedem Monat, den es unbeladen im All verbrachte, verschlechterte sich die Position der Gesellschaft. Zusätzlich hatte Megan Informationsfragmente aufschnappen können, aus denen heraus sie eine wahrscheinliche Fusion, die lebensrettend sein konnte, mit einem größeren Kombinat in GalZentral herauslesen konnte. Doch diese Fusion würde nur zustande kommen, wenn es der Gesellschaft gelang, auch weiterhin Profite zu machen, und die Optionszeit verrann rapide. Zusätzlich vermutete Megan, daß noch stärkere und einflußreichere politische Kräfte am Wirken waren, Faktoren, die verhindert hatten, daß die Terraner einfach im Tal gelandet waren und sich mit Gewalt geholt hatten, was sie wollten. Padric hatte von einer Verzichtsbewegung gesprochen, die innerhalb der Föderation tätig war. Die von dieser Bewegung unterstützten Gesetzentwürfe zielten darauf ab, die Kolonialwelten wieder unter die Herrschaft ihrer eingeborenen Bewohner zu stellen und ein akzeptables Verhalten der Terraner gegenüber den Eingeborenen zu erzwingen, was im Endeffekt zu einem Akzeptieren von Nicht-Terranern in der Föderation selbst führen konnte. Daher war Abrams zwischen zwei gleichermaßen bedeutenden Interessenssphären eingeklemmt - einerseits mußte er in nicht allzu ferner Zukunft eine wertvolle und lohnende Fracht nach Hause bringen, andererseits aber mußte er auf die fast schon traditionell gewordene Gewaltanwendung verzichten, die der Verzichtsbewegung nur weiteren Auftrieb gesichert hätte, womit schlußendlich auch die möglichen zukünftigen Aktivitäten der Gesellschaft im All eingeschränkt worden wären. Doch während Megan hoffte, daß die politischen Gegenkräfte stark genug waren, Abrams' Gewaltanwendungsdrohungen zu bloßen Bluffs zu degradieren, konnte sie sich immer mehr davon überzeugen, daß Abrams, würde er in eine Ecke gedrängt, das Wohl der Gesellschaft keineswegs hinter die weiter entfernten und daher weniger akuten politischen Strömungen zurückstellen würde.

Megan stellte den Krug ab und bemühte sich, Korvan erneut zu erklären, weshalb die Terraner nicht einfach verschwinden und sich einen anderen Planeten suchen konnten, während sie gleichzeitig Abrams klarzumachen versuchte, weshalb die Taebish nicht auf ihr heiligstes Fleckchen Land verzichten konnten, das die Heimat ihres Gottes darstellte. Während sie sprach, fühlte sie sich wie in einer Endlosschleife gefangen, als müßte sie endlos von einer Wand zur anderen Wand reden, und das frustrierte sie sehr.

Bevor sie am Ende der Sitzung den Raum verlassen konnte, hielt Abrams sie auf, und Korvan, der sich nichts entgehen lassen wollte, verharrte ebenfalls in Hörweite. Das schien den Ethnologen allerdings nicht zu kümmern.

„Mir ist gerade eine andere Information zu Ohren gekommen, die vielleicht von Interesse für Sie sein könnte", sagte er mit hämischem Grinsen.

„Und die wäre?" fragte Megan erschöpft.

„Ich weiß, wer Sie sind."

„Was?"

„Hören Sie, Sie können vielleicht die Taebbies hier hinters Licht führen, aber mich können Sie nicht so leicht zum Narren halten. Ich weiß, wer Sie sind und woher Sie kommen, bis in jede Einzelheit. Sie glauben vielleicht zu wissen, wo Ihre Interessen liegen, vielleicht glauben Sie, Sie haben sich hier eine nette kleine Zuflucht aufgebaut, aber vergessen Sie nicht, daß ich alles mit wenigen Worten zum Platzen bringen kann. Kapiert?"

„Nein, ich glaube nicht", antwortete Megan unbehaglich.

„Mir ist aufgefallen, wie die Taebbies Sie behandeln. Sie weichen immer vor Ihnen zurück, starren Sie immer an. Das alte Gott-Spiel."

„Schalten Sie doch um Himmels willen den Übersetzer ab", verlangte Megan.

Abrams gehorchte grinsend. „Klar. Ich verstehe. Sie haben die Taebbies davon überzeugt, daß wir keine Götter sind, woraus ich Ihnen keinen Vorwurf machen will. Schließlich sind wir ja hier die Neuankömmlinge, ja? Sie haben alles so gedeichselt, wie Sie es haben wollten. Schön. Aber seien wir realistisch. Ich weiß jetzt etwas, das Sie nicht gern an die große Glocke gehängt sehen, richtig? Als Gegenleistung können Sie mir nun auch einen Gefallen tun. Vielleicht kommen wir ja zu einer Einigung."

„Hat Padric ..."

„Padric sagte kein Wort, das war auch gar nicht nötig." Abrams' Grinsen wurde noch breiter. „Ich war auch nicht ganz sicher, bis Sie eben diese Frage gestellt hatten. Vielleicht können wir tatsächlich zu einer Einigung kommen."

Megan sah Korvan, der immer noch neben der Tür stand und sich stirnrunzelnd bemühte, die fremde Sprache zu verstehen. Die weniger bedeutenden Funktionäre und Bediensteten hatten den Raum bereits verlassen.

„Sehen Sie, Abrams, erzählen Sie den Taebish, was ich bin. Ich habe ihnen nie vorgeheuchelt, eine Göttin zu sein; erzählen Sie Ihnen daher ruhig alles, mir ist das egal."

„Warum mußte ich dann den Übersetzer abschalten?"

„Weil ich ganz einfach nicht mit einem von Ihnen in Verbindung gebracht werden möchte."

„Nein? Zu schade. Das wird nämlich geschehen, klar? Und ich kann ihnen auch erzählen, daß sie eine Diebin und ein Freak sind und ..."

„Begreifen Sie denn nicht, daß ich Ihre einzige Hoffnung auf diesem Planeten bin? Wenn Sie ihren Glauben an mich zerstören, werden Sie Hochtal niemals bekommen."

„Ich bin einfach nur höflich. Ich könnte mir Hochtal jederzeit nehmen, wenn ich es wollte."

„Das ist ein Bluff."

„Lassen Sie's drauf ankommen", meinte Abrams gehässig und verließ den Raum. Korvan betrachtete sie noch einen Augenblick argwöhnisch, bevor er dem Terraner folgte.

„Verdammt, Padric..."

„Ich habe kein Wort gesagt, ich schwöre es!"

„Woher weiß Abrams dann Bescheid?"

„Er hat die Bänder. Er hat mein Persönlichkeitsprofil, und darin gibt es genügend Informationen über dich. Ich sagte dir doch, daß die ganze Geschichte Allgemeingut ist. Du hast mir nicht geglaubt."

„Allgemeingut. Kannst du dir überhaupt vorstellen, was dieses Allgemeingut hier anrichten kann? Ich bin die einzige, mit der alle Parteien verhandeln können. Vielleicht haben nicht alle Vertrauen zu mir, aber wenigstens ist jeder der Meinung, daß er mir mehr als den anderen trauen kann. Wenn Abrams mich diskreditiert, dann kann er seinen Übersetzer gleich wegwerfen, denn dann wird er von niemandem etwas bekommen."

„Dann laß es eben nicht soweit kommen. Du mußt alles so arrangieren, daß uns die Taebbies das Tal überlassen. Wir werden schürfen, dann verschwinden wir, und alles hier kann seinen gewohnten Gang gehen. Du kannst mich vergessen, und ich werde mich nach Kräften bemühen, dich zu vergessen."

„Paddy, so kann das nicht funktionieren! Was würdest du denn sagen, wenn übermächtige Außerirdische in ... sagen wir mal, in Althing Green landen, mitten im Gemeinderat? Und stell dir vor, sie würden daraus eine Schutthalde machen wollen!"

„Das würden wir nicht zulassen. Wir würden sie verjagen."

„Und wenn das nicht möglich wäre? Was würdet du sagen, wenn der Bürgermeister von Acadia dann plötzlich beginnen würde, jedem das Maul zu verbieten, um den Fremden Althing Green zu überlassen?"

„Megan, das ist etwas vollkommen anderes. So etwas kann einfach nicht geschehen."

„Laß deine Phantasie spielen, Paddy! Deine Empathie. Oder hast du die auch löschen lassen?“

„Megan ...“

„Nein, tut mir leid. Ich nehme das zurück. Aber du mußt mir helfen.“

„Wie? Was kann ich tun?“

„Wie kann ich es Abrams heimzahlen? Hat er Geheimnisse, deren er sich schämt? Etwas, das ich gegen ihn einsetzen kann?“

„Du möchtest wirklich mit *allen* Mitteln verhindern, daß die Taebbies die Wahrheit über dich herausfinden. Du würdest dich selbst zu einem zweiten Abrams machen, um das zu verhindern.“

„Paddy ...“

„Ganz davon abgesehen, ich weiß nichts, das uns weiterhelfen könnte. Er ist ein Arschloch, er ist dumm, er ist egoistisch – aber wird uns das weiterhelfen?“

„Weiß ich nicht. Fällt dir denn nichts anderes ein? Irgend etwas?“

„Wovor hast du solche Angst?“

„Ich will nicht Teil von dir werden, Paddy. Ich will nichts mit euch zu tun haben. Ich will nicht einmal entfernt mit den Terranern in Verbindung gebracht werden. Gierig, gewalttätig, abscheulich, dumm ...“

„Du kannst uns nicht zurückstoßen, Megan. Was du auch möchtest, du bist immer noch eine von uns. Dem kannst auch du dich nicht entziehen.“

„Ja? Wart's ab.“

Aber sie konnte es der Tebye-Mutter nicht erzählen.

Sie schritt im Tempel auf und ab, an Priestern und Meßgehilfen und Zivilisten vorbei, die sich stumm an den Wänden hielten und respektvolles Schweigen bewahrten. In einem der Gärten verharrte sie, wo ein Mädchen mit zwei sehr jungen Kättchen spielte. Die Taebish bemerkte sie plötzlich und erhob sich, um sich zu entfernen, doch Megan bestand darauf, daß sie blieb, und zog sich wieder aus dem grünen Garten mit den Springbrunnen zurück. Zwei Stockwerke höher sah sie an einer Außenwand die Sakristei, die für Hatama vorbereitet wurde, die Göttin der Fischer. Arbeiter waren unter der Anleitung eines Künstlers geschäftig tätig. Sie bemalten die Steinwände mit Szenen vom Stromleben des Flusses Margave, die vom Alltag der Fischer und dem Treiben der Götter berichteten. Stille senkte sich herab, die Künstlerin kam herunter und wischte sich im Näherkommen die Hände an ihrer Schürze ab.

„Möchten Sie unsere Arbeit betrachten?" fragte die Künstlerin voller Respekt. „Wir haben uns viel Zeit gelassen. Ich habe mir ihre Heldengesänge angehört und viel Zeit mit der Stammesmutter verbracht. Gefällt es Ihnen? Sind die Arbeiten ordentlich ausgeführt? Sind Sie zufrieden?"

„Ja", antwortete Megan. „Hatama wird es hier gefallen."

„Das freut uns", erwiderte die Künstlerin. Megan fühlte sich plötzlich veranlaßt, die Frau zu fragen, wofür sie sie hielt, doch dann bekam sie Angst vor der Antwort. Statt dessen verbeugte sie sich rasch und verließ die Sakristei. Hinter ihr schwoll wieder das vertraute Summen der Unterhaltungen an.

Schließlich führte ihr Weg sie zu den Quartieren der Fischerabordnung. Die Tebye-Mutter war unterwegs, doch die anderen Fischerinnen begrüßten sie voller Wärme und machten ihr an dem niederen Tischchen Platz, wo sie Fischerspiele spielten.

„Wie geht's?" fragte eine der Fischerinnen. Megan vollführte ein taebisches Schulterzucken.

„Ein Fisch erzählt einem anderen Fisch von Vögeln", sagte sie, und die Fischerinnen lachten über dieses alte Sprichwort ihres Volkes.

„Typisch für das Bergvolk", antwortete die Fischerin, worauf die anderen nickten.

„Es erfordert schon einen Fischer, vernünftig zu reden."

„Klar. Megan, erinnerst du dich noch an die Zeit, als die Apantheser den Fluß herab zur Küste kamen?"

„Und an die Wasserfälle?"

„Und keiner kam auf die Idee, die Boote um sie herum zu tragen, anstatt mitten hindurchzufahren?"

„Die haben ganz einfach nicht ihre fünf Sinne beisammen. Sie müssen alles bei anderen abschauen, weil sie von selbst nicht darauf kommen."

„Her mit den Würfeln, wir fangen von vorne an. Möchtest du auch mitspielen, Megan?"

„Ja, ich glaube schon. Spielen wir die einfache oder die doppelte Variante?"

„Die doppelte! Mit dir? Als du die doppelte Variante das letzte Mal mit der Tebye ..."

„Einen ganzen Korb voller Fische ..."

„Ein Feigling bist du nicht, was?"

„Wer, ich? Natürlich nicht. Ich vertraue lediglich auf meinen gesunden Menschenverstand."

„Fischerin!"

Zwei Stunden später, als der Bote von Han-Tor sie schließlich fand, hockte sie mit den anderen Fischerinnen auf einer Bank, trank fermentierten Saft aus einem Krug und erzählte Geschichten.

„Der Hohepriester wünscht Ihre Gesellschaft beim Essen", sagte der Bote und bemühte sich, die Szenerie zu ignorieren.

„Übermittle Han-Tor meine Komplimente", antwortete Megan. „Sag ihm, ich hätte den heutigen Abend meinem Volk versprochen, das ich nicht im Stich lassen möchte. Sag ihm, ich bedanke mich für die erwiesene Ehre, aber ich werde den Abend zu Hause verbringen."

Der Bote verbeugte sich steif und verließ mit aufgerichtetem Schwanz das Zimmer.

„Noch mehr Saft, Megan? Gut. Erinnerst du dich noch daran, wie ..."

8

„Der Schädel sollte dir zerspringen", sagte die Tebye-Mutter ohne jedes Mitleid. „Ich hätte dich nicht für so verantwortungslos gehalten."

Megan richtete sich langsam auf und betastete ihren Kopf, als befürchtete sie, bei einer zu festen Berührung könnte er ihren Fingern entgleiten und zum Fenster hinausfliegen. „Habe ich Han-Tor beleidigt?" fragte sie.

„Nicht offiziell. Er hat dich für heute abend zum Essen eingeladen." Die alte Fischerin hob die Einladung vom Tisch auf. „Sehr informell für den Hohepriester, Bruder des Königs und so weiter. Es wird sich zeigen, ob dieser Verzicht auf Formalitäten ein Zeichen von Gunst oder mangelndem Respekt ist."

Megan antwortete nicht sofort. Sie konzentrierte sich auf ihren Körper und aktivierte kraft ihres Geistes die eingepflanzten Hilfsmittel, die ihren Blutkreislauf von dem angesammelten Alkohol klärten. Die Kopfschmerzen ließen nach, sie fühlte sich wieder besser. Tebye folgte ihr ins Badezimmer und nahm auf einem Sims Platz, während Megan sich entkleidete und ihren langen Körper in die Badewanne faltete.

„Tebye, ich möchte heute nacht nicht mit Han-Tor essen. Ich glaube nicht, daß ich überhaupt noch mal einen von ihnen sehen will, außer bei den Sitzungen. Und vielleicht nicht einmal dort."

„Gibst du schon so bald auf? Wir sind doch erst seit drei Tagen hier."

„Und in dieser Zeit hat mich jeder mindestens einmal beiseite genommen und versucht, mich von seiner Denkweise zu überzeugen. Jeder, mit Ausnahme von Han-Tor, der mich heute nacht in die Mangel nehmen möchte. Und Krispeh."

„Sie wird dich nicht belästigen. Ich glaube, sie zählt dich zum Feind. Zusammen mit Agin, Han-Tor, den Terranern, den Westländern, Korvan, mir und jedem anderen auch. Aber es gehört zu deiner Aufgabe, daß man dich zur Seite nimmt und mit dir spricht. Wie könntest du sonst über alle Seiten des Streitfalls

Bescheid wissen? Sie sprechen mit dir, weil sie nicht miteinander sprechen können."

„Weil ich jedem so fremd bin wie dem anderen auch?"

„Ja."

Megan glitt nach vorne, bis ihr Kopf unter Wasser war, dann setzte sie sich abrupt wieder auf. Ihre Augen sahen Tebye unter den transparenten Lidern an.

„Ich bin eine Terranerin", sagte sie und verschwand wieder unter der Wasseroberfläche.

„So?" sagte Tebye, als Megan wieder auftauchte. „Du bist trotzdem unparteiischer als alle anderen."

„Glaubst du nicht, daß diese Tatsache meine Sympathien anders einfärbt?"

„Nein, warum sollte es? Du bist eine recht ausgefallene Terranerin und ganz gewiß mehr Fischerin als alles andere."

„Verdammte Fischer-Vernunft."

Megan kletterte aus der Wanne und wickelte sich in ein Handtuch. „Die Lage ist wesentlich komplizierter. Aber weshalb nimmst du das so ruhig auf? Bist du nicht überrascht?"

„Benimm dich nicht wie diese Närrin Krispeh und unterstelle mir, ich sei alt und blind. Ich vermutete es bereits, als die Terraner zum ersten Mal nach Apantha, der Stadt, gebracht wurden. Und als ich den jungen Terraner zu dir zum Fluß brachte, da war ich ganz sicher."

„Und es macht dir nichts aus? Nein, wie ich sehe, nicht. Aber allen anderen wird es etwas ausmachen."

„Dann sag es eben keinem."

„Ich glaube aber, das werde ich tun müssen."

Megan warf das nasse Handtuch über den Rand der Badewanne und stakste ins Schlafzimmer zurück, wo Tebye wieder einen komfortablen Sims für sich fand.

„Abrams, der Anführer der Terraner, weiß, wer ich bin."

„Hast du es ihm gesagt?"

„Nein. Das hat er allein herausgefunden. Gestern nahm er mich nach der Sitzung beiseite und befahl mir, die Verhandlungen zu seinen Gunsten abzubiegen, ansonsten würde er alles über mich erzählen, mich diskreditieren und sich das Tal gewaltsam nehmen."

„Hast du schon mit jemandem darüber gesprochen?"

„Nur mit dir. Und nicht einmal das hatte ich vor."

„Was wirst du jetzt tun?"

Megan knöpfte kopfschüttelnd den Fischerkilt zu. „Weiß ich noch nicht. Ich kann dir lediglich sagen, was ich gerne tun würde. Ich möchte hier hinausspazieren und durch das Osttor wieder nach Hause gehen. Auf der Stelle."

„Feigling."

„Drückt sich Feigheit im Willen aus oder in den Taten?"

Tebye tat diesen Einwand mit einem Schwanzwedeln ab.

„Was wirst du also tun?"

„Zeit gewinnen", antwortete Megan und schlang das Band über ihre Stirn.

„Aber die Zeit wird knapp."

„Alles wird knapp, meine Geduld eingeschlossen. Tebye, du weißt nun, daß ich eine Terranerin bin. Stoße ich dich deswegen ab?"

„Warum solltest du?"

„Bevor sie gekommen sind, hast du mich für eine typische Vertreterin meiner Rasse gehalten. Jetzt hast du sie gesehen und weißt, wie Terraner eigentlich aussehen sollten. Findest du mich nicht häßlich?"

„Du benimmst dich wie ein Kättchen. Ich betrachte euch alle als Freaks", sagte die Tebye-Mutter leichthin. „Schon immer. Für mich siehst du aus wie Megan, die am Flußufer lebt. Die Sitzung fängt gleich an. Gehst du hin?"

„Aber ich habe dir noch nicht alles gesagt", rief Megan.

„Das wirst du schon noch tun. Es ist besser, wenn du jetzt gehst."

Megan betrachtete die alte Taebish einen Augenblick, dann warf sie ihren weißen Mantel über die Schulter und stakste zur Tür.

„Halt, du hast etwas vergessen", rief ihr Tebye hinterher.

Megan wandte sich um, und die Fischerin warf ihr etwas zu.

Megan fing es mit den Händen auf, öffnete die Fäuste und sah Agins hellen Schneestein.

Padric stand mit wütender Miene vor der Tür. Die Wachen achteten nicht auf ihn, auch nicht die Taebish, die gelegentlich geschäftig an der Tür vorbeigingen. Läufer, fragte sich Padric, die König oder Priester oder Ministern Geschichten erzählten? Jeder außer ihm schien nur noch an die Verhandlungen zu denken. Sicher, die Räumlichkeiten waren bewacht, doch die Wache schien lediglich eine zeremonielle Funktion zu erfüllen, Taebish und Terraner konnten unbehelligt zu den Ereignissen drinnen vordringen. Doch Padric fürchtete die Wachen ebenso wie den kalten Empfang, den ihm die anderen Terraner im Saal bereiten würden, und zum Schluß fürchtete er sich vor den gleichgültigen, rätselhaften Blicken der Taebish. Und selbstverständlich war auch seine Schwester dort drinnen und befaßte sich ruhig mit Mißverständnissen und Hinterlistigkeiten; sie war kompetent und intelligent und wurde allseits geschätzt. Er war noch nicht bereit zuzugeben, daß er sich auch vor seiner Schwester fürchtete, doch das Gefühl war da, es wurde lediglich von den Zweifeln des Augenblicks umwölkt.

Seit ihrer Ankunft in Apantha, der Stadt, hatte er sie zweimal gesehen - einmal war sie hurtig einen Flur hinabgeeilt, wobei sie sich angeregt mit einem hochdekorierten Offiziellen des Hofes unterhalten hatte, beim zweiten Mal hatte sie selbst ihn halb verborgen in einem Garten entdeckt und ihn beschuldigt, er habe sie an Abrams verraten. Immer, wenn er ihre Gemächer aufgesucht hatte, war er von dem Wachpriester abgewiesen worden, der ständig vor der Tür stand. Oder die alte, graue Taebish war herausgekommen und hatte ihm erzählt, daß seine Schwester zu beschäftigt sei, um ihn zu empfangen, daß sie sich in einer Konferenz befand oder schlief. Er hatte daraufhin immer die Achseln gezuckt, Unverständliches gemurmelt und war brütend in den öffentlichen Korridoren von Tempel oder Palast umherspaziert. Und wenngleich er sich auch immer um Vernunft bemühte, schien jede dieser Abweisungen noch brutaler, abrupter und willkürlicher zu sein als die vorangegangenen.

Auch von den anderen Terranern war er abgewiesen worden. Abrams hatte ihn einmal beiseite genommen und ihn über seine Beziehung zu seiner außergewöhnlichen, lavendelfarbenen Schwester befragt, und als Padric sich geweigert hatte, auch nur das zuzugeben, was der Ethnologe bereits wußte, hatte er Padric als nicht länger vertrauenswürdig gebrandmarkt und ihn von der Gesellschaft der anderen Mannschaftsmitglieder ausgeschlossen, so daß er nun rastlos in den Fluren und verborgenen Gärten umherirren mußte, von seinen Kollegen verachtet, argwöhnisch gegenüber dem etwas geringschätzigen Fischervolk, erfüllt von Ehrfurcht und Angst vor den großen, ernst dreinblikkenden Bergtaebish und wieder einmal vom Überbleibsel seiner Familie getrennt. Der ständige Konflikt dieser Gefühle äußerte sich dahingehend, daß seine übliche Bitterkeit von einer zunehmenden Verwirrung ertränkt wurde.

Sein Stirnrunzeln vertiefte sich noch, als die Stimmen im Innern des Raumes anschwollen, und er eilte rasch den Korridor hinab, da er nicht zugegen sein wollte, wenn Verhandelnde und Zuschauer zur Mittagspause herauskamen. Doch trotz seiner Geschwindigkeit gelang es einem Zuschauer, ihn einzuholen. Er spürte eine Berührung an der Schulter. Er wandte sich verblüfft um und sah sich der jüngeren Taebish Krispeh gegenüber. Sie sprach einige Worte in ihrer Heimatsprache und deutete auf eine Tür.

„Zwecklos“, antwortete Padric in Standard. „Ich kann kein Wort von dem verstehen, was du sagst.“

Doch er folgte ihr trotzdem in das Zimmer, wo sie einen Analog-Übersetzer aus den Falten ihres Gewandes holte und klikkend einschaltete.

„Wo haben Sie das her?“ fragte Padric flüsternd.

„Ihr Anführer hat drei Stück davon, da habe ich mir eben einen eine Weile geborgt. Ihnen ist das doch egal, oder? Ich wollte mit Ihnen reden, aber das kann ich nicht, wenn er dabei ist.“

„Ja, ich glaube, es ist mir egal. Aber stellen Sie ihn trotzdem etwas leiser. Hier, so.“ Er griff nach dem Übersetzer, doch sie zog ihn rasch weg. „Ich mache das“, sagte sie. „Dieser Schalter? Ist es so besser?“

„Ja, ich wollte ihn Ihnen nicht wegnehmen.“

„Setzen Sie sich.“

Er sah sich zum erstenmal um und entdeckte, daß sie sich in einem der kleinen Nebenzimmer des Palastes befanden. Ohne die junge Taebish aus den Augen zu lassen, griff er nach einem komfortablen Sitzkissen und ließ sich darauf nieder. Sie wartete, bis er Platz genommen hatte, erst dann rollte sie sich auf einem anderen Kissen zusammen und beugte sich zu ihm vor.

„Wie würde es Ihnen gefallen, in Apantha zu regieren?“ fragte sie mit leiser Stimme.

„Was? In Apantha regieren?“

„Exakt. Diese Idioten dort drinnen laufen umher und reden dummes Zeug, und derweil geschieht überhaupt nichts. Der Palast ist in ständiger Hektik, der Tempel sucht dauernd Unterstützung von seinem Götzen, die Stadtbewohner sind verwirrt. Können Sie sich einen besseren Zeitpunkt für eine Machtübernahme vorstellen?“

„Da haben Sie sich den Falschen ausgesucht, Krispeh. Sie sollten sich an Abrams wenden oder auch an Megan, aber nicht an mich.“

„Nein. Abrams ist ein Narr, ein dummer Narr, und Megan ist nebensächlich. Sie sind der einzige, der es schaffen könnte, der einzige, der den Umsturz vom Zaun brechen und hinterher auch damit fertig werden könnte. Ich beobachte Sie schon die ganze Zeit, Sie sind genau derjenige, den wir brauchen.“

„*Wir?* Wer ist ‚wir‘?“

„Ich und die anderen. Apantha hat viele Feinde, von denen die allerwenigsten im Westen leben. Dies ist ein Königreich von Unterdrückern, Padric. Ein Königreich der Diebe und Mörder – sie nehmen uns unsere Waren, sie nehmen uns unsere Arbeiter, sie nehmen sogar unser Leben, wie es ihnen gefällt, und mit unseren Tränen benetzen sie ihre Räume und füllen ihre Kelche. Selbst diese Stadt haben sie denen gestohlen, die vorher hier gelebt haben, und man würde Sie als Erlöser feiern, wenn

Sie Apantha unter Ihre Fittiche nehmen und seine Bewohner befreien könnten."

Ihre langen, braunen Arme griffen nach ihm, sie umklammerte mit einer Hand seinen Schenkel.

„Stehlen Sie Abrams' Kontrollkästchen, mit dem er das Schiff über uns bringen kann. Stehlen Sie es, und legen Sie den Palast in Trümmer. Legen Sie den Tempel des betrügerischen Götzen in Schutt und Asche. Und wenn das Volk sich erhoben hat, um Ihnen zu danken, können wir mit Ihrem Schiff auch die entlegeneren Orte dieses Planeten besuchen, alle werden sich vor Ihrem Namen verbeugen, Ihnen Tribut zollen und Sie preisen."

Padric war hiervon sehr angetan, einen Augenblick gab er sich der Vision hin, er sah sich selbst über einem grünen Globus schweben, Herrscher über alles, was er sah. Doch wie immer vollführte sein Verstand den gewohnten Sprung in den Argwohn, und er wich vor ihr zurück.

„Warum ich?" wollte er wissen. „Was wollen Sie von mir?"

„Wir wollen Freiheit", schrie sie. „Wir wollen unsere Heimat und unser Leben zurück. Ist das so schwer zu verstehen?"

„Aber warum ich? Warum nicht eine andere Taebish? Ihr wollt die Apantheser nicht als eure Herrscher - warum dann ausgerechnet jemanden, der nicht einmal von diesem Planeten stammt?"

„Weil Sie Zugang zum Schiff haben", sagte sie. „Sie können über ein solches Ausmaß an Macht verfügen, daß sogar das Westvolk kuschen würde."

„Nein. Wenn ihr die Freiheit wollt, müßt ihr sie euch selbst erkämpfen. Wenn ich mittels des Kontrollkästchens die Macht in Apantha übernehmen würde, würdet ihr mich im erstmöglichen Augenblick umbringen. Ich will damit nichts zu tun haben."

Sie stand wütend auf, schaltete den Übersetzer ab und schrie ihn in Taebish an, bis er schließlich in Standard zurückbrüllte und aus dem Raum stürmte. Seine Wut war so groß, daß er sich direkt in den Verhandlungsraum begab, wo gerade die Nachmittagssitzung begann. Er achtete gar nicht auf die Wachen, sondern stolzierte mitten durch den Raum auf seine Schwester zu, die sich gerade privat mit Abrams unterhielt. Doch bevor er sie erreicht hatte, drehte sich der Ethnologe um und kam auf die Tür zu. Abrams umklammerte Padrics Arm, beugte das Gesicht dicht zu seinem und zischte: „Bei euch scheint die Dummheit eine Familienkrankheit zu sein, Balg. Aber dieses Mal ist sie zu weit gegangen. Wenn ich mit ihr fertig bin, wird es keine Tabby auf diesem Planeten mehr geben, die sich ihrem Todesurteil widersetzen würde."

Abrams stieß Padric beiseite und verschwand durch die Tür. Als Padric wieder aufsah, war seine Schwester verschwunden.

Megan stand auf, als Han-Tor das Zimmer betrat. „Bitte entschuldigen Sie, daß ich Sie warten ließ", sagte er, bevor sie etwas sagen konnte. „Ich habe nicht erwartet, Sie so früh zu sehen."

„Und ich bitte um Entschuldigung, weil ich mich Ihnen aufgedrängt habe, ich meinte aber, es sei sehr dringend."

„Nichts", erwiderte der Priester, „ist so dringend, daß es nicht ein Glas Wein lang warten kann. Möchten Sie eines?"

„Ich ... ja, danke."

Der Hohepriester holte eine Karaffe und zwei Kelche und stellte beides auf ein niederes Tischchen, bevor er sich in eines der Kissen sinken ließ. Megan saß ihm gegenüber und beobachtete, wie er den farblosen Wein eingoß.

„Ich habe gehört, daß die Terraner es lieben, vor dem Trinken einen Segensspruch auszusprechen", sagte Han-Tor. „Würden Sie einen aussprechen?"

Sie setzte das Glas vorsichtig ab und sah ihn an.

„Wie haben Sie das erfahren?"

„Auf komplizierte Weise", entgegnete Han-Tor. „Ich spioniere meinen Gästen nicht nach, obwohl es eigentlich so aussehen mag. Ihr Bademeister wird von Korvan bezahlt, und ich wünschte nur, daß er von mir bezahlt würde - er ist sehr schlau und gewöhnlich übervorsichtig. Er hat heute morgen Ihre Unterhaltung mit der Tebye-Mutter mitangehört und Korvans sogenanntem Hauswächter davon berichtet, der wiederum Korvan in strengster Geheimhaltung informierte. Jedoch ist Korvans Hauswächter der Bettgenosse einer gewissen jungen Dame, die von mir bezahlt wird. Des weiteren nehme ich an, bei meinem Herrn, daß der Botschafter des Westens, wiederum von Korvans Speichelleckern ausspioniert wird und diese wieder von Agins Spionen. Und das alles, vergessen Sie nicht, ist nur hohe diplomatische Spionage. Wir sind von Agenten der Stadtgilde infiltriert, von Freunden der Tochter der Tebye-Mutter und auch von jenen, die in der Bezahlung der reisenden Händler stehen - ich bin überrascht, daß die Terraner hier noch nicht eingegriffen haben, obwohl ich ihren Auftritt jetzt jeden Tag erwarte. Heute zur Mittagszeit war uns allen Ihre Vergangenheit bekannt. Und ich bin sicher, daß sie heute abend in ganz Apantha bekannt ist, und am Ende dieser Jahreszeit wird der König des Westens in seinen bequemen Gemächern an diesem Leckerbissen nagen. Trinken Sie, der Wein ist wirklich gut."

Megan nippte am Wein, ohne ihn zu schmecken, und stellte den Kelch nieder.

„Warum hielten Sie mich nicht davon ab, an der Sitzung heute morgen teilzunehmen, wenn Sie es wußten?"

„Die Tebye-Mutter sagte, daß Sie mehr Fischerin sind, und ich glaube ihr. Deswegen brauchen Sie keine Angst zu haben."

„Da Sie jetzt alles so genau wissen, glauben Sie denn, daß ich ein Freak bin?" fragte sie. „Stoße ich Sie ab?"

„Sie machen zuviel Aufhebens davon", erwiderte Han-Tor. „Ich wunderte mich darüber, aber die Antwort ist wirklich sehr einfach. Kommen Sie mit mir, ich werde es Ihnen zeigen."

Megan folgte dem Priester in ein angrenzendes Zimmer. Hier waren die Wände mit schweren, kunstvoll gewebten Wandbehängen verkleidet, die alle fest an der Wand befestigt waren. Han-Tor blieb vor dem stehen, der der Tür am nächsten war, und zeigte darauf.

„Familiengeschichte", sagte er. „Keine besonders lange, wie ich befürchte - gewiß viel weniger, als die Tebye-Mutter rezitieren könnte. Hier ist der erste unseres Geschlechts, der Apantha, die Stadt, erreichte - ein gefleckter Taebish, der durch das Zeichen des Kreises über der rechten Braue kenntlich war. Sein ältester Sohn, hier, war vollkommen rotgelb, ohne besondere Zeichen. Sein Ältester, hier drüben, war schwarz und dunkel. Sein Kind, mein Vater, war vollkommen schwarz und hatte nur einen weißen, unregelmäßigen Fleck auf dem rechten Arm - das ist dieser Knoten hier über dem Generationszeichen. Und hier ist das Zeichen für meinen Bruder, wieder gefleckt. Sie sehen, wir ändern uns dauernd. Ich kann mir aber vorstellen, daß bei terranischen Familien eine gewisse Familienähnlichkeit ständig weitervererbt wird - Hautfarbe, Haarfarbe, Augenfarbe. Habe ich recht?"

„Aber ich bin größer, meine Glieder haben andere Proportionen, und ich habe diese Dinge auf meinen Schultern ..."

„Unwichtig. Sie sind dennoch unmißverständlich eine Terranerin, wenn man sich einmal die Mühe macht, Sie näher zu betrachten."

Sie kehrten schweigend in das mit Kissen ausgestattete Zimmer zurück.

„Jetzt sehen Sie", fuhr Han-Tor fort, nachdem sie wieder Platz genommen hatten, „daß Ihre ‚Unterschiede' für uns nur sehr geringfügige Unterschiede sind."

„Und Sie sind nicht der Meinung, daß ich mich auf die terranische Seite schlagen werde?"

„Wollen Sie das?"

„Nein", gab sie mit einem Lächeln zu. „Genau das habe ich Abrams heute nachmittag gesagt. Darum kam ich her - ich wollte es Ihnen persönlich sagen, bevor er die Gelegenheit dazu hat. Das schien mir der ehrlichste Weg zu sein." Sie schwieg und betrachtete ihren Kelch. „Nicht nur, weil ich eine Terranerin bin. Ich verließ die Föderation sehr abrupt. Ich ... nun, ich habe viele Sachen gestohlen."

„Oh?"

Sie legte ihm rasch ihre Geschichte dar, wobei sie außer ihren eigenen Ängsten und Schmerzen nichts ausließ. „Deshalb entschied ich, daß InterStel mir diese Sachen schuldet, und ich nahm sie mir. Und kam hierher. Wenn Sie nichts dagegen haben, daß ich eine Terranerin bin, haben Sie dann Einwände, daß ich eine Diebin bin?"

„Aber was glauben Sie, was wir waren?" antwortete Han-Tor lächelnd. „Apantha, die Stadt, gehörte früher nicht uns. Wir kamen und nahmen sie uns. Das letzte Königreich haben wir uns ursprünglich von denen genommen, die es zuerst besaßen, von den Fischern und Apanthesern, vom Grenzvolk und den Sammlern."

„Ist das eine anerkannte Doktrin? Daß sie eine Rasse von Dieben sind?"

„Nein, nicht daß wir Diebe *sind,* sondern daß wir es *waren.* So wie Sie eine Diebin waren, aber jetzt keine mehr sind."

„Das scheint mir eine dubiose Moral zu sein."

„Vielleicht. Aber Tebye, zum Beispiel, versteht es. Ihre Kultur ist unermeßlich älter als die unsrige und besser an ihre Welt angepaßt. Sie versteht besser als wir, was Wirklichkeit ist. Dies ist etwas, was mein Bruder, der König, nicht immer richtig einschätzt, und er erkennt auch nicht, daß wir noch viel von Tebyes Volk lernen müssen, und das macht mir Angst." Der Priester gestikulierte verzerrt. „Das ist eine Streitfrage zwischen uns beiden."

Megan war versucht, die Unterhaltung wieder auf ihre eigenen Probleme zu lenken, aber sie spürte, daß Han-Tor näher an den Kern der Unterhaltung herankam, den er von vornherein eingeplant hatte.

„Das Leben am Fluß ist stabil, soweit ich das beurteilen kann", sagte Megan. „Aber Ihre Kultur scheint sich noch immer rapide zu verändern."

„Vielleicht viel rapider, als wir zuzugeben bereit sind, und das Erscheinen der Terraner beschleunigt die Dinge noch mehr. Nehmen Sie zum Beispiel einmal den armen alten Tayteklosh dort drüben in der Ecke."

Megan drehte sich um, um die Steinfigur des Gottes zu betrachten, die in einer mit Pelzen ausgeschlagenen Nische stand.

„Ein Kriegsgott", fuhr Han-Tor fort. „Ein angemessener Gott

für ein Volk, das von Expansion und Eroberung, von der Befestigung seiner Besitztümer und von der Schaffung seiner Heimat gebeugt war, die es sich, wenn nötig, gewaltsam nahm. Aber wir sind jetzt eine urbane Kultur, unser Hauptziel muß notwendigerweise eher Frieden als Krieg mit unseren Nachbarn sein, Freundschaft und gegenseitiges Verständnis statt Unterdrükkung. Wir brauchen eine Gottheit, die uns durch dieses Labyrinth neuer Wege und Wünsche lenkt, und ich habe die Befürchtung, daß der alte Mann dort nicht diese Gottheit ist."

Megan setzte ihren Kelch nieder. „Ich hatte nicht erwartet, daß Sie das so sehen", erwiderte sie freiheraus.

„Man erwartet von mir nicht, viel zu sehen", sagte der Priester. „Und schon gar nicht darüber zu sprechen - was auch geschehen mag. Aber nicht selten findet man jemanden, der über seine eigene Zeit hinauszublicken scheint. Mein Vater war vor langer Zeit schon vorausschauend, er erkannte die Trockenheit und die Wanderungen und formte sein Volk dahingehend, daß es mit den Veränderungen fertig werden konnte. Aber ich bin dank geltendem Geburtsrecht kein König und muß deshalb mein Bestes tun. Trotz des festen Wissens, daß sich unsere Bedürfnisse ändern, geht der alte Gott weiter und strahlt noch immer seine alte, überkommene Macht ab. Nicht nur über das Volk selbst, obwohl sich der Glaube an ihn hält. Auch im Hochtal, in der Heimat des Gottes, ist er präsent. Es ist schwer zu erklären, ohne sich in religiöser Rhetorik zu verlieren, aber es ist tatsächlich so. Doch ich bin der festen Überzeugung, würden Gott und Volk mit einer neuen Gottheit konfrontiert werden, die unseren derzeitigen Belangen nähersteht, würde Tayteklosh sich in den wohlverdienten Ruhestand zurückziehen."

„Ich kann mir aber kaum vorstellen, daß es so einfach ist, einen Gott zu erschaffen", bemerkte Megan. Obwohl sie großes Interesse an den Ausführungen des Priesters hatte, lasteten die Spannungen des Tages schwer auf ihr, und sie dachte sehnsüchtig an ein heißes Bad und einen langen Schlaf. Doch Han-Tor beugte sich eifrig nach vorn, und sie fühlte sich erneut von seiner Rede gefesselt.

„Götter sind uns gegeben“, sagte er, „sie kommen aus freien Stücken. Man könnte gewissermaßen sagen, sie erwählen uns, und wer kann schon der Wahl eines Gottes widerstehen?“

„Da ich selbst keinen habe, kann ich darauf auch nicht antworten.“

„Keinen Gott? Keine leitende Macht, keinen allumfassenden Verantwortlichen, keinen, der das Universum zusammenhält?“

„Nein. Nur den Willen zum Frieden und zur Einsamkeit, den Wunsch, meinen eigenen Garten zu bestellen, während die Welt ihren bestellt und sich nicht weiter um mich kümmert.“

„Und doch“, hielt Han-Tor dem langsam entgegen, „muß man seine Entscheidungen treffen. Sich einfach der Verantwortung zu entziehen, der Frage auszuweichen, kann keine solide Lebensgrundlage sein.“

„Ich habe mich nicht entzogen, wenn man mich vielleicht auch des Ausweichens anklagen könnte. Meine Wahl ist getroffen, felsenfest und unabwendbar. Wenn es einen Zusammenhalt des Universums gibt, eine allumfassende Macht, so ist sie in einem keimenden Samen oder in der abendlichen Stille über dem Fluß.“

„Und was ist mit den anderen?“

„Die kümmern mich nicht, und ich bin dankbar, wenn sie sich auch nicht um mich kümmern.“

„Und doch sind Sie hier in Apantha, geben sich mit Leuten ab, die Sie verabscheuen, und das nicht einmal in Ihrer eigenen Angelegenheit.“

Megan vollführte eine unbehagliche Geste, das Licht brach sich auf den Skalen an ihrer Schulter. „So ist es. Ich habe auch nie behauptet, daß ich mich vollkommen uneinsichtig an meine Auffassungen klammere.“

„Das tut auch ein Gott nicht.“

Sie hob den Kopf und sah ihn an. „Ich glaube, ich verstehe nicht ganz, was Sie meinen.“

„Nein? Dann hören Sie zu. Sie sind vom Flußvolk zu uns gekommen, und mit dieser Reise haben Sie Apantha, die Stadt, mit den Ländern der Flußstämme verbunden. Sie haben keine Götter über sich. Ihre Sorge gilt dem Wachstum, der Natur, dem Leben, und - vielleicht ungeachtet Ihrer selbst - der Meditation. Sie verfügen über Kräfte, die unsere eigenen übersteigen ..."

„Nein ..."

„Doch. Die Tebye-Mutter erzählte mir, daß Sie einmal ohne Kanu den Fluß bei Flut überquert haben."

„Schwimmeinheiten. Die wurden mir eingebaut."

„Sie sagte mir auch, daß Sie Ihr Haus an einem einzigen Nachmittag erbaut haben, angefangen vom Bäumefällen bis hin zum Dachdecken."

„Kraftverstärker. Mit denen wurde ich nicht geboren."

„Einmal sind Sie sogar geflogen."

„Antigravpacks. Nicht mein Verdienst, nicht mein Verdienst."

„Und Sie haben dem Botschafter des Westens das Leben gerettet."

„Sie machten meine Reflexe sehr schnell. Doch keine dieser Eigenschaften gehört mir - sie wurden mir alle gegeben, eingepflanzt. *Ich* verfüge nicht über diese Kräfte."

„Der Speer Taytekloshs, der die Berge zum Erzittern bringt, war ein Geschenk der niederen Götter. Der Schild Taytekloshs, der die Feinde hilflos macht, ist eine Siegestrophäe von den arktischen Dämonen. Seine Augen, die Zunge, seine Fersen und die Ohren hat er den Sieben Blinden gestohlen. Nehmen Sie ihm all diese Gaben und Diebesgüter, und er wird zu einem traurigen, jämmerlichen und hilflosen Kättchen werden. Doch wenn Sie von all Ihren geschenkten Kräften verlassen werden, dann werden Sie immer noch etwas besitzen, das Tayteklosh in all seiner Glorie niemals besaß."

Han-Tor erhob sich rasch und zog einen Vorhang zurück, wodurch er eine polierte Metallfläche enthüllte. „Schauen Sie sich an", sagte er. „Ist dies nicht die Erscheinung einer Göttin?"

„Oh nein", sagte Megan, die sich rasch von dem Spiegel abwandte. „Wir haben lange genug geredet. Bisher wurde mir angeboten, nach Hause zu gehen, eine Westländerin zu werden, eine Terranerin zu werden, zu sterben oder eine Göttin zu werden. Das alles ist Unsinn, und Sie alle sollten so schlau sein, das auch einzusehen.“

„Das Flußvolk behauptete schon immer, daß das Nichtstun unseren Hirnen geschadet hat“, sagte Han-Tor, während er den Vorhang wieder zuzog.

„Das Flußvolk … ist Tebye … haben Sie mit ihr …“

„Die Tebye-Mutter ist gebeten worden, uns die Flußgöttin zu bringen.“

„Sie haben eine Sakristei für Hatama vorbereitet. Hatama wird auch darin wohnen. Nicht ich, Hohepriester. Nicht ich.“

9

Den Kopf voller Selbstmordgedanken, entdeckte Padric tief im Steinlabyrinth des Palastes einen Garten. Das Sonnenlicht wurde durch einen komplizierten Kanal von Tunneln und Metallspiegeln hereingeleitet und übergoß die luxuriösen Gewächse in dem großen Raum. Ein schmales Bächlein plätscherte durch die Laube, in dem die Luftwurzeln der Bäume dahintrieben, gelegentlich zirpte ein Luftlebewesen in den Ästen. Hier fiel ein Teil seiner Anspannung von ihm ab, da er sich sowohl vor den Taebish als auch vor den Terranern sicher fühlte – er begab sich in eine abgeschiedene Ecke des Raumes, wo er sich hinter dem schützenden Überhang eines Baumes niederließ und in einen Zustand zwischen Wachsein und Schlafen verfiel.

„Hier drüben“, hörte er plötzlich eine leise Stimme. Padric setzte sich auf und wollte gerade antworten, als er Abrams' Stimme vernahm.

„Okay, hier bin ich. Was wollen Sie?“

„Pst. Wir könnten sogar hier belauscht werden.“

Padric vernahm die einförmigen Laute des Übersetzers, die die leise gesprochenen Taebish-Worte überlagerten. Einem ersten Impuls gehorchend, wollte er rufen, doch die nächsten Worte dämpften diesen Impuls wieder, und er kauerte sich tiefer hinter den schützenden Zweigen nieder.

„Nun, was ist los?“

„Wir wollen Ihnen mitteilen, daß Sie Ihre Zeit verschwenden. Die Treffen und Zusammenkünfte sind vollkommen unnötig. Wir könnten das Tal und alles, was dazugehört, binnen zweier Tage in unsere Gewalt bringen. Statt dessen lassen Sie sich in endlose Diskussionen verwickeln, die Sie vom eigentlichen Ziel Ihrer Reise abhalten. Das dürfen Sie nicht zulassen.“

Padric drehte sich leise um, teilte die Zweige und betrachtete die Sprecher. Abrams hatte Padrics Versteck den Rücken zugekehrt, und hinter ihm standen Krispeh und ein weiterer Taebish, dessen Gesicht in den Falten seines Gewandes verborgen war.

Der vermummte Taebish sagte: „Keine Sorge, Sie werden Unterstützung erhalten. Meine Regierung ist bereit, Sie voll und ganz zu unterstützen.“

„Aber meine Regierung ist an Vorschriften gebunden“, antwortete Abrams. „Wir können das Tal nicht einfach in unsere Gewalt bringen - das würde zu Verwicklungen führen. Schließlich gehört das Tal den Apanthesern ...“

„Dem Bergvolk gehört überhaupt nichts“, sagte Krispeh. „Was sie haben, haben sie von ihren Vorgängern gestohlen. Sie sind Unterdrücker. Nur durch Unterdrückung und Ausbeutung konnten sie ihre Städte erbauen und Reichtümer anhäufen. Wir mußten ihre Expansionskriege ausfechten. Wir müssen für ihr Wohl arbeiten, während unser eigenes Volk hungert.“

„Die Apantheser sind wahrlich keine angenehmen Nachbarn“, sagte der andere Taebish. „Meine Regierung ist ständig durch Grenzzwischenfälle, Raubzüge und durch die dauernde Gefahr eines Krieges bedroht. Die Apantheser sind Unruhestifter, deren wir uns gerne entledigen würden.“

„Das hilft mir nicht weiter“, protestierte Abrams. „Ich muß bei allen Taten Gerechtigkeit ...“

„Wenn das Bergvolk vernichtet wäre, würde das Flußvolk Sie als einen Erlöser preisen. Wir würden Sie bis zum letzten Blutstropfen unterstützen. Wir würden Sie unseren Anführern als großen Befreier präsentieren.“

„Ich verstehe. Nun ..."

„Und angesichts Ihrer Machtfülle würde sogar mein Volk sich Ihnen willig beugen. Wir würden mit Freuden in Ihren Belangen mit Ihnen zusammenarbeiten, was die Apantheser offensichtlich nicht wollen."

Es folgte ein kurzes Schweigen. Dann sagte Abrams: „Aber wie stellen Sie sich vor, daß wir ... ich meine, daß das ..."

„Holen Sie das Schiff herunter und übernehmen Sie das Tal. So einfach ist das. Das Bergvolk verfügt nur über eine Handvoll Priester im Hochtal, die man augenblicklich eliminieren könnte. Dann können Sie sich aus dem Tal holen, was Sie wollen, und sich anschließend wieder zurückziehen, noch bevor die Apantheser ihre Verteidigung organisieren können."

„Und dieses Mal werden wir nicht für sie kämpfen, dieses Mal nicht."

„Und weshalb sollte das Ihrem Volk nützen?"

„Wenn Hochtal fällt, wird die Moral des Bergvolks am Boden sein. Sie sind abergläubisch, ihre Würde verdanken sie einzig ihrem Gott, und wenn sie sehen, daß Tayteklosh nicht einmal mächtig genug ist, seine Heimat zu verteidigen, wird ihre Willenskraft zerfallen, und wir werden wieder frei sein."

„Ich verstehe. Wir werden unsere Fracht bekommen und Ihr Volk seine Freiheit. Und sollte es je zu einer Untersuchung kommen, werden Sie uns Rückendeckung geben, richtig?"

„Ja, und mehr noch. Ich kann Ihnen versichern, daß meine Regierung Truppen an der Grenze zusammengezogen hat. Nehmen Sie Ihre Fracht, und wenn Sie wieder zu uns zurückkehren, wird meine Regierung darauf brennen, ein Handelsabkommen mit Ihnen zu unterzeichnen."

„Ja, ja, aber Sie müssen rasch handeln, bevor das Bergvolk eine Chance zur Vorbereitung bekommt, damit Sie das Überraschungsmoment auf Ihrer Seite haben. Wenn Sie das Raumschiff jetzt herbeirufen, wird das Tal innerhalb einer Stunde in Ihrer Macht sein, das Bergvolk aber wird zu verblüfft sein, um Widerstand zu leisten."

„Aber ich habe noch nicht mit den anderen ..."

„Sind Sie nicht der Anführer? Haben Sie keine Entscheidungsgewalt? Wollen Sie mir jetzt etwa erzählen, daß wir uns an den Falschen gewandt haben?“

„Nein, nein, so ist das gewiß nicht. Selbstverständlich bin ich der Anführer dieser Expedition, natürlich ...“

„Jede verstreichende Minute verringert das Überraschungsmoment, jede Stunde entfernt Sie weiter von Ihrem Ziel.“

„Na schön! Sehen Sie, hier ist mein Kommunikator, mein Kontrollkästchen. Ich muß einfach hier drauf drücken und dann hier, und die Automatik, der Computer, weiß allein, was er zu tun hat ... Ah! Jetzt!“

„Kommt das Raumschiff jetzt herunter?“

„Ja, auf der Stelle. Es dürfte Hochtal in einer Stunde erreicht haben.“

„Eine Stunde. Dann werden die Tempel von Tayteklosh zerfallen, das Bergvolk wird untergehen. Sie haben dem Volk dieser Welt einen großen Dienst erwiesen, Terraner. Solange es das Flußvolk gibt, werden wir die Erinnerung an Sie in hohen Ehren halten.“

„Und wenn Sie von Ihren großen Städten im All zurückkehren, werden Sie freudig willkommen geheißen werden. Doch rasch jetzt, wir müssen gehen. Sie und Ihre Mannschaft müssen Apantha binnen einer Stunde verlassen, denn die Nachrichten werden sich rasch verbreiten. Vielleicht kann man sogar von den Tempelzinnen die Lichtblitze erkennen. Kommen Sie, hier entlang, gut, ja ...“

Stimmen und rasche Schritte verschwanden in der Ferne. Padric erhob sich zitternd. Dann rannte er aus dem Garten hinaus und den langen Korridor hinab zum Gemach seiner Schwester.

Mitten im Rufen hörte er die alte, graue Taebish so etwas wie den Namen des Hohepriesters aussprechen. Er packte sie am Arm. „Führen Sie mich“, brüllte er in Standard. „Megan, Han-Tor, bringen Sie mich zu ihnen.“

Sie stand einen Augenblick still, dann riß sie sich los, raffte ihren Mantel und eilte aus dem Raum. Er folgte ihr durch die verworrenen Korridore des Tempels. Sie hastete durch eine Tür, gestikulierte zu den Vorhängen und bellte den Taebishwachen etwas zu, während Padric hinter die Vorhänge stürzte, wo er mit seiner Schwester zusammenstieß.

„Abrams", keuchte er. „Schiff ... im Tal ... Auslöschen ... Kontrollkästchen."

Megan führte ihn zu einem Stuhl und hielt ihm ein Weinglas an die Lippen, während der Priester etwas murmelte und in die Falten seines Gewandes griff. Daraus brachte er einen weiteren Übersetzer zum Vorschein, den er mit einer gekonnten Bewegung des Daumens einschaltete.

„Wir sind alle Diebe", sagte seine maschinenübersetzte Stimme. „Was haben Sie gesagt? Was ist los?"

„Ich habe gehört, wie Abrams sich mit der Flußfrau Krispeh und einem weiteren Taebish unterhielt, der ganz in einen Mantel gehüllt war. Er schien von anderswo zu stammen – er sprach von ‚seiner Regierung'. Sie haben Abrams dazu überredet, das Schiff zu rufen. Er hat dem Computer befohlen, den Tempel im Hochtal zu zerstören. Das dürfte in weniger als einer Stunde geschehen. Abrams und seine Mannschaft wollen fliehen."

„Der Botschafter", sagte Han-Tor sofort. „Damit hätte ich rechnen müssen."

„Sucht Abrams", befahl Megan. „Trennt ihn von den anderen Taebish und seiner Mannschaft, und sperrt alle ein. Umzingelt ihn. Droht ihm den Tod an, wenn sein Schiff das Tal zerstört. Tebye, ruf das Fischervolk. Ihre Unterkunft ist nicht weit von der Suite des Botschafters entfernt. Sie sollen ihn suchen und festhalten. Und du mußt dich um Krispeh kümmern."

Tebye eilte gestikulierend aus dem Zimmer.

„Han-Tor, laß Agin und Korvan alarmieren und beide hierherbringen. Doch kein Wort darf nach draußen dringen – wir müssen eine Panik vermeiden. Ich möchte unverzüglich unterrichtet werden, wenn Abrams gefaßt ist. Ich muß sofort mit ihm sprechen. Wenn noch Zeit ist, soll er hierhergebracht werden. Ich möchte mit allen gleichzeitig reden."

Han-Tors Hand verharrte über dem Klingelzug. „Und für wen wollen Sie sprechen?"

Megan richtete sich auf. „Ich spreche für die Taebish. Habe ich eine andere Wahl?"

„Die hatten Sie. Und Sie haben soeben Ihre Entscheidung getroffen."

In diesem Augenblick beschloß Padric, von seinem Stuhl aufzuspringen und durch die Tür zu verschwinden.

„Paddy! Komm zurück! Sie werden dich umbringen", rief Megan ihm hinterher. Hätte er noch Zeit und genügend Luft gehabt, so hätte er gegrinst.

Der hohe Hügel inmitten von Apantha, der Stadt, brodelte und glomm im letzten Licht der Sonne, doch die Tore zur äußeren Stadt waren fest verschlossen und streng bewacht, damit weder Gerüchte noch Bürger passieren konnten. Und doch ließen sich die Ereignisse nicht so leicht verheimlichen, die Bürger der Stadt versammelten sich unter den verschlossenen Toren, murmelten und beratschlagten und riefen den schweigsamen Wachen Fragen zu. Die wildesten Gerüchte gingen in der Menge um: Der Palast stand in Flammen, der König schwebte in Lebensgefahr, der Tempel war eingestürzt. Einige der wagemutigeren Bürger der Stadt erklommen die Dächer hoher Gebäude bei den Mauern und riefen ihren Kameraden Neuigkeiten herab, doch so groß war die Verwirrung auf dem Hügel, daß keiner sich einen Reim darauf machen konnte, und die Meldungen der Beobachter schürten nur noch die Nervosität der Versammelten. Nach fünfzehn Minuten machten Pläne die Runde, die Tore zu erstürmen.

Lange vor alledem war es den Fischern gelungen, den Botschafter des Westens zu verhaften, der bereits Vorbereitungen zum Verlassen der Stadt getroffen hatte. Nun saß er gefesselt in einer Ecke des Zimmers des Hohepriesters und beteuerte seine Unschuld. Mitglieder des Fischervolks bewachten ihn stumm. Auch die drei Terraner hatte man gefaßt und herbeigeschafft – sie standen voll nacktem Entsetzen in einer Ecke und verstanden keine der Fragen, die ihnen die Taebish entgegenbrüllten. Megan hatte sich längst entfernt und schlich auf ihren eigenen Wegen durch den Palast. Sie bewegte sich so rasch, daß die Taebish nur ihren verschwommenen Umriß erkennen konnten, und wenn ihre Stimme erklang, war sie meist bereits wieder anderswo. König Agin, der sich den Gemächern seines Bruders näherte, sah sie als hellen Blitz in einem nur spärlich beleuchteten Zimmer, und ihre Aufforderung, er solle sich beeilen, schien ihrer rasenden Gestalt zu folgen wie Donner auf Blitz. Der König vollführte eine unsichere Dankesgeste und eilte weiter.

Die Tebye-Mutter, die gerade die Räumlichkeiten ihrer Tochter durchsuchte, war verblüfft, Megan plötzlich an ihrer Seite zu sehen.

„Wo ist sie?"

„Geflohen", antwortete Tebye. „Mit dem Terraner – eine der Wachen sah sie vor einer Weile nach Westen durch den Tempel eilen."

„Gut", sagte Megan und war auch schon wieder verschwunden, noch ehe die alte Fischerin ein weiteres Wort sagen konnte. Tebye-Mutter ließ die Kleider ihrer Tochter fallen und nahm langsam und mit gesenktem Kopf im Raum ihrer Tochter Platz.

Auch Padric eilte nach Westen durch den Tempel, sein Pfad wurde von Instinkt und wenig Wissen geleitet. Abrams würde nur schwerlich versuchen, die Stadt zu Fuß zu verlassen – wahrscheinlicher war, daß er sich den höchsten Punkt im Tempel aussuchen würde, um sich vom Schiff aufnehmen zu lassen, wenn es sein Vernichtungswerk beendet hatte. Die Apantheser, die den Flugverkehr nicht kannten, würden ihre Suche natürlich auf die unteren Stadtbezirke beschränken, sie würden sich auf die untersten Stockwerke des Tempels und die Stadttore konzentrieren. Daher eilte Padric beständig nach Westen und in die Höhe, orientierte sich bei jeder Kreuzung neu und eilte wieder zurück, wenn er einen falschen Weg gewählt hatte. Er folgte wahllos jeder Abzweigung, wenn sie nur aufwärts führte. Abrams war mit Ausrüstung beladen und würde sich daher viel langsamer bewegen – und tatsächlich konnte Padric schon bald den keuchenden Atem des Ethnologen hören. Er verdoppelte seine Geschwindigkeit und erreichte kurz nach Abrams und Krispeh das Dach.

Die drei Gestalten hoben sich wie Scherenschnitte gegen das flammende Sonnenlicht ab – sie kämpften, parierten, stießen unerwartet zu. Die Tebye-Mutter eilte auf eine hohe Zinne des Palastes und schrie zusammen mit den erstaunten Apanthesern, als sie ihre Tochter so hoch oben sah. König, Priester und Ratgeber wurden von den wilden Rufen, die nur von kurzen Intervallen des Schweigens unterbrochen wurden, nach draußen gelockt.

Die beiden Terraner rangen am Rande des Daches. Padric entwand Abrams das Kontrollkästchen. Er hielt es hoch über den Kopf und wollte sich gerade vom Dachrand entfernen, als sich Krispeh auf ihn stürzte. Das Kästchen entglitt seinen Fingern und stürzte dem weit unten liegenden Palasthof entgegen. Plötzlich wurde Megan auf einem der unteren Simse aktiv und eilte dem fallenden Kästchen entgegen. Als ihre Finger es berührten, war plötzlich der ganze Himmel in grelles Licht gebadet – der ganze Hügel von Apantha, dem Berg, hob sich gegen die leuchtenden Flammen ab. Nach einem entsetzten Aufschrei verstummten alle versammelten Apantheser, eine Totenstille senkte sich über den Platz. In dieser Stille stürzten Padric und Krispeh über den Rand des Daches herab. Padrics Hand, die verzweifelt nach Schutz suchte, griff nach Abrams Schulter und krallte sich daran fest – und dann fielen alle drei Gestalten wie schwarze Schatten aus dem purpurnen Himmel herab.

Megan, die sich immer noch in der Luft befand, warf das Kästchen weg und raste auf die drei Fallenden zu. Sie konnte Padric und Krispeh auffangen, doch Abrams fiel an ihr vorbei und schlug auf der Erde auf. Das Gewicht der beiden Körper in ihren Armen riß sie nach unten, doch im letzten Augenblick bremsten ihre Schwerkraftabsorber den Fall. Sie schwebte langsam wieder in die Höhe.

Das Schweigen hielt immer noch an, als sie langsam vor der

Tebye-Mutter herabsank und ihr Bündel auf dem Steinboden ablegte. Krispehs Genick war gebrochen, ihr scharfes Messer ragte aus Padrics Seite hervor.

„Mein Bruder“, flüsterte Megan. „Padric, mein Bruder.“

Plötzlich gingen tiefe und drängende Laute von den unten versammelten Taebish aus. Megan stand im Licht des brennenden Tales und betrachtete die Stadt voller kniender Wesen, und nun endlich verstand sie, daß sie ihren Namen riefen.